高等职业教育精品示范教材（信息安全系列）

信息安全等级保护与风险评估

主　编　李贺华

副主编　武春岭　鲁先志　巍　崑　宋敦波

中国水利水电出版社
www.waterpub.com.cn

内 容 提 要

本书根据高职高专教育教学特点，面向等级保护测评师岗位，以等级保护工作实施过程所需要的技术为主线选择教材内容。阐述如何对一个信息系统进行等级保护定级、安全设计、安全建设、安全测评、安全整改等有关等级保护和风险评估的相关工作。

本书内容难度适中，语言通俗易懂，适合作为计算机相关专业开设的"信息安全等级保护和风险评估"课程的配套教材，也适合作为考取国家"信息安全等级保护测评师"的学习材料，对从事网络安全管理、网络安全规划与设计的工程技术人员也有一定的参考价值。

图书在版编目（CIP）数据

信息安全等级保护与风险评估 / 李贺华主编. -- 北京：中国水利水电出版社，2014.11（2019.12重印）
高等职业教育精品示范教材. 信息安全系列
ISBN 978-7-5170-2145-2

Ⅰ. ①信… Ⅱ. ①李… Ⅲ. ①信息系统-安全技术-高等职业教育-教材 Ⅳ. ①TP309

中国版本图书馆CIP数据核字(2014)第128963号

策划编辑：寇文杰　　责任编辑：樊昭然　　封面设计：李 佳

书　　名	高等职业教育精品示范教材（信息安全系列） **信息安全等级保护与风险评估**
作　　者	主　编　李贺华 副主编　武春岭　鲁先志　巍　嵬　宋敦波
出版发行	中国水利水电出版社 （北京市海淀区玉渊潭南路1号D座　100038） 网址：www.waterpub.com.cn E-mail：mchannel@263.net（万水） 　　　　sales@waterpub.com.cn 电话：（010）68367658（发行部）、82562819（万水）
经　　售	北京科水图书销售中心（零售） 电话：（010）88383994、63202643、68545874 全国各地新华书店和相关出版物销售网点
排　　版	北京万水电子信息有限公司
印　　刷	三河市航远印刷有限公司
规　　格	184mm×240mm　16开本　17.5印张　457千字
版　　次	2014年11月第1版　2019年12月第2次印刷
印　　数	3001—5000册
定　　价	34.00元

凡购买我社图书，如有缺页、倒页、脱页的，本社发行部负责调换
版权所有·侵权必究

前　　言

随着我国经济的持续发展和国际地位的不断提高，我国的基础信息网络和重要信息系统面临的安全威胁和安全隐患十分严峻，计算机病毒传播和网络非法入侵猖獗，犯罪分子利用一些安全漏洞，使用黑客病毒技术、网络钓鱼技术、木马间谍程序等进行网络盗窃、网络诈骗、网络赌博等违法活动，带来了大量的社会问题。出于对信息安全的重视，国家陆续出台了信息安全等级保护和风险评估与管理的一系列文件和标准，用以促进和指导信息安全的建设。

为加强信息安全等级保护测评机构建设和管理，规范等级测评活动，保障信息安全等级保护测评工作的顺利开展，公安部下发了《关于推动信息安全等级保护测评体系建设和开展等级测评工作的通知》（公信安[2010]303号），对等级测评工作、等级测评机构建设以及等级测评人员进行了规范和要求。要求开展等级测评的人员要参加专门培训和考试，并取得由公安部信息安全等级保护评估中心颁发的"信息安全等级测评师证书"（等级测评师分为初级、中级和高级），持证上岗。

本书根据高职高专教育教学特点，面向等级保护测评师岗位，以等级保护工作实施过程所需的技术为主线选择教材内容，阐述如何对一个信息系统进行等级保护定级、安全设计、安全建设、安全测评、安全整改等有关等级保护和风险评估的相关工作。全书共分七个章节，具体内容安排如下：

第一章，介绍了等级保护的基础知识，内容包括：等级保护的来源、发展，等级保护的基本含义、实施原则，等级保护的相关工作部门，以及相关标准简介等。

第二章，介绍了等级保护的实施过程，主要包括等级保护五个环节：信息系统定级、总体安全规划、安全设计与实施、安全运行与维护和信息系统终止的主要工作内容和工作方法等。

第三章，介绍了信息系统定级的方法，包括信息系统定级的重要性、定级要素、主要的定级过程，并以学生最为熟悉的高校教育信息系统为例详细描述了定级的方法和应用。

第四章，介绍了信息系统等级保护测评的方法和过程，主要包括等级保护测评实施过程、测评对象的确定方法、测评内容和测评要求，以及测评方案和测评报告的编制。

第五章，介绍了基于等级保护的信息系统安全建设与整改方法，包括新建系统等级保护设计和已建系统的整改方案设计等。

第六章，介绍了根据国家对"数字海洋"应用系统的定级要求，及等级保护三级标准进行建设方案的分析与设计的过程和方法。

第七章，介绍了信息安全风险评估的基本概念、原则和要求等，给出了信息安全风险评估的一般方法和流程。

本书适合作为计算机相关专业开设的"信息安全等级保护和风险评估"课程的配套教材，

也适合作为考取"信息安全等级保护测评师"的学习材料，对从事网络安全管理、网络安全规划与设计的工程技术人员也有一定的参考价值。

本书由重庆电子工程职业学院教师李贺华任主编（编写第 1、2、3、5 和 7 章），武春岭、鲁先志、巍鬼（西安理工大学）和宋敦波（西昌学院）任副主编（编写第 4、6 章和附录），最后由巍鬼博士统稿，胡云兵、李腾、何倩、童均等老师参与部分内容的审稿和修订，对本书编写提出了宝贵意见。本书在编写过程中参考了大量的国际标准、国家标准、专著、教材和网络资源等，在此对其作者表示衷心的感谢。另外，由于编者水平有限，书中难免存在不妥甚至错误之处，请广大读者批评指正，不胜感激。编者的联系方法：lihehuacqcet@yeah.net。

目 录

前言

第1章 信息安全与等级保护概述 ··········· 1
1.1 等级保护的基本概念 ··········· 1
1.1.1 什么是等级保护 ··········· 1
1.1.2 等级保护的来源与发展 ··········· 2
1.1.3 安全等级的划分 ··········· 3
1.1.4 等级保护基本原则 ··········· 4
1.2 等级保护主要标准介绍 ··········· 5
1.2.1 相关标准及其体系结构 ··········· 5
1.2.2 十大主要标准作用简介 ··········· 9
1.3 等级保护与风险评估和安全测评 ··········· 11
1.3.1 三者的基本概念和工作背景 ··········· 11
1.3.2 三者的内在联系与区别 ··········· 12
1.3.3 在SDLC过程中三者的实施建议 ··········· 14
思考与练习 ··········· 16

第2章 等级保护工作的实施过程 ··········· 17
2.1 等级保护主要工作 ··········· 17
2.1.1 等级保护的实施流程 ··········· 17
2.1.2 相关部门的工作责任 ··········· 18
2.2 等级保护五个环节 ··········· 19
2.2.1 信息系统定级 ··········· 19
2.2.2 总体安全规划 ··········· 22
2.2.3 安全设计与实施 ··········· 28
2.2.4 安全运行与维护 ··········· 36
2.2.5 信息系统终止 ··········· 44
思考与练习 ··········· 46

第3章 信息系统的等级保护定级 ··········· 47
3.1 信息系统定级概述 ··········· 47
3.1.1 信息系统定级的重要性 ··········· 47
3.1.2 安全保护等级的定级要素 ··········· 48
3.1.3 安全保护等级定级方法 ··········· 49
3.2 等级保护定级主要过程 ··········· 50
3.2.1 确定定级对象 ··········· 50
3.2.2 确定受侵害的客体 ··········· 50
3.2.3 确定对客体的侵害程度 ··········· 51
3.2.4 确定定级对象的安全保护等级 ··········· 52
3.2.5 等级变更 ··········· 53
3.3 教育信息系统分析与定级 ··········· 53
3.3.1 教育信息系统等级保护的对象 ··········· 53
3.3.2 教育系统受破坏时侵害的客体 ··········· 58
3.3.3 教育系统受到破坏对客体的侵害程度 ··········· 59
3.3.4 教育信息系统的等级保护级别 ··········· 60
思考与练习 ··········· 64

第4章 基于等级保护的安全测评 ··········· 65
4.1 安全等级测评实施过程 ··········· 65
4.1.1 测评申请 ··········· 65
4.1.2 测评准备 ··········· 67
4.1.3 核查测评 ··········· 68
4.1.4 测评结果评价 ··········· 68
4.1.5 测评报告备案 ··········· 69
4.2 确定测评对象的方法 ··········· 69
4.2.1 等级测评执行主体 ··········· 69
4.2.2 测评对象确定原则 ··········· 69
4.2.3 具体确定方法的说明 ··········· 70
4.3 等级保护测评内容与实施 ··········· 72
4.3.1 单元测评内容(以三级系统为例) ··· 72
4.3.2 整体测评内容 ··········· 108
4.4 测评方案与测评报告编制 ··········· 110

  4.4.1 测评方案编制示例……110
  4.4.2 测评报告编制示例……121
 思考与练习……123

第5章 等级保护安全建设与整改……125
 5.1 等级保护建设整改概述……125
  5.1.1 安全建设整改目的……125
  5.1.2 安全建设工作内容……126
  5.1.3 安全建设整改工作流程……127
  5.1.4 理解和掌握《信息安全技术 信息系统安全等级保护基本要求》……128
 5.2 新建系统安全等级保护设计……133
  5.2.1 等级保护安全需求分析……133
  5.2.2 安全等级与安全设计……135
  5.2.3 总体安全设计方法……136
 5.3 已建系统安全整改方案设计……142
  5.3.1 确定系统改建的安全需求……142
  5.3.2 存在差距的原因分析……142
  5.3.3 分类处理的改建措施……143
  5.3.4 改建措施的详细设计……143
 5.4 安全管理措施的建设与整改……144
  5.4.1 安全管理制度建设流程……144
  5.4.2 落实安全管理措施……145
  5.4.3 安全自查与调整……147
 5.5 安全技术措施的建设与整改……147
  5.5.1 安全技术建设整改流程……147
  5.5.2 安全保护技术现状分析……148
  5.5.3 安全技术建设整改方案设计……149
  5.5.4 安全建设整改工程管理……151
 思考与练习……152

第6章 等级保护方案设计与分析……153
 6.1 等级保护项目设计概述……153
  6.1.1 项目设计要求与任务……153
  6.1.2 等级保护的建设流程……154
  6.1.3 建设方案参照的标准……155
  6.1.4 安全区域框架……156
 6.2 系统安全风险与需求分析……157
  6.2.1 安全技术需求分析……157
  6.2.2 安全管理的需求分析……160
 6.3 安全技术体系方案设计……161
  6.3.1 方案设计目标……161
  6.3.2 方案设计框架……161
  6.3.3 安全技术体系设计……162
 6.4 安全管理体系的设计……174
  6.4.1 安全管理制度……174
  6.4.2 安全管理机构……175
  6.4.3 人员安全管理……175
  6.4.4 系统建设管理……175
  6.4.5 系统运维管理……175
 6.5 安全运维服务的设计……175
  6.5.1 安全扫描……176
  6.5.2 人工检查……176
  6.5.3 安全加固……176
  6.5.4 日志分析……179
  6.5.5 补丁管理……179
  6.5.6 安全监控……180
  6.5.7 安全通告……181
  6.5.8 应急响应……181
 6.6 方案合规性分析……183
  6.6.1 技术部分……183
  6.6.2 管理部分……193
 思考与练习……201

第7章 信息安全风险评估与实施……202
 7.1 等级保护中的风险评估……202
  7.1.1 风险评估对等级保护的意义……202
  7.1.2 风险评估的主要依据……203
 7.2 风险评估框架及流程……204
  7.2.1 风险要素与属性关系……204
  7.2.2 风险分析主要内容……205
  7.2.3 风险评估一般流程……205
 7.3 风险评估实施过程……206

7.3.1 风险评估的准备 …………………… 206
　　7.3.2 资产识别 …………………………… 207
　　7.3.3 威胁识别 …………………………… 210
　　7.3.4 脆弱性识别 ………………………… 212
　　7.3.5 已有安全措施的确认 ……………… 214
　　7.3.6 风险分析 …………………………… 214
　　7.3.7 风险评估文件记录 ………………… 216
7.4 风险的计算方法 …………………………… 217
　　7.4.1 使用矩阵法计算风险 ……………… 217
　　7.4.2 使用相乘法计算风险 ……………… 221
7.5 风险评估的角色与工具 …………………… 223
　　7.5.1 风险评估的形式及角色运用 ……… 223
　　7.5.2 风险评估的工具 …………………… 225
7.6 不同阶段的不同评估要求 ………………… 226
　　7.6.1 信息系统生命周期概述 …………… 226
　　7.6.2 生命周期各阶段的风险评估 ……… 227
思考与练习 ……………………………………… 229
附录1 信息系统安全等级保护定级报告 …… 231
附录2 信息系统安全等级保护备案表 ……… 235
附录3 涉密信息系统分级保护备案表 ……… 241
附录4 信息系统安全等级测评报告模板 …… 242
附录5 信息系统安全风险评估报告模板 …… 254
附录6 等级测评师培训及考试指南 ………… 266
参考文献 ………………………………………… 272

1 信息安全与等级保护概述

任务描述

本章主要介绍了等级保护的基本含义、基本原则、等级保护的来源与发展、相关部门的工作责任,以及等级保护的相关标准。涵盖以下主题:
- 等级保护的基本概念
- 等级保护的来源与发展
- 等级保护主要标准的作用
- 等级保护与风险评估的关系

1.1 等级保护的基本概念

1.1.1 什么是等级保护

等级保护是对信息和信息载体按照重要性等级分级别进行保护的一种工作,在中国、美国等很多国家都存在的一种信息安全领域的技术和工作。在中国,等级保护广义上为涉及到该工作的标准、产品、系统、信息等均依据等级保护思想的安全工作;狭义上称为的一般指信息系统安全等级保护,是指对国家安全、法人和其他组织及公民的专有信息以及公开信息和存储、传输、处理这些信息的信息系统分等级实行安全保护,对信息系统中使用的信息安全产品实行按等级管理,对信息系统中发生的信息安全事件分等级响应、处置的综合性工作。

1.1.2　等级保护的来源与发展

为了进一步提高信息安全的保障能力和防护水平，维护国家安全、公共利益和社会稳定，保障和促进信息化建设的健康发展，1994 年国务院颁布的《中华人民共和国计算机信息系统安全保护条例》（国务院 147 号令）中规定，"计算机信息系统实行安全等级保护。安全等级的划分标准和安全等级保护的具体办法，由公安部会同有关部门制定"。

2002 年 7 月 18 日，公安部在 GB 17859 的基础上，又发布实施五个 GA 新标准，分别是：GA/T 387-2002《计算机信息系统安全等级保护网络技术要求》、GA 388-2002《计算机信息系统安全等级保护操作系统技术要求》、GA/T 389-2002《计算机信息系统安全等级保护数据库管理系统技术要求》、GA/T 390-2002《计算机信息系统安全等级保护通用技术要求》、GA 391-2002《计算机信息系统安全等级保护管理要求》。这些标准是我国计算机信息系统安全保护等级系列标准的一部分。

2003 年中央办公厅、国务院办公厅转发的《国家信息化领导小组关于加强信息安全保障工作的意见》（中办发[2003]27 号）明确指出，"要重点保护基础信息网络和关系国家安全、经济命脉、社会稳定等方面的重要信息系统，抓紧建立信息安全等级保护制度，制定信息安全等级保护的管理办法和技术指南"。

2004 年由公安部、国家保密局、国家密码管理局、国务院信息化工作办公室联合转发的《关于信息安全等级保护工作的实施意见》（公通字[2004]66 号）中再次强调"信息安全等级保护制度是国家在国民经济和社会信息化的发展过程中，提高信息安全保障能力和水平，维护国家安全、社会稳定和公共利益，保障和促进信息化建设健康发展的一项基本制度。实行信息安全等级保护制度，能够充分调动国家、法人和其他组织及公民的积极性，发挥各方面的作用，达到有效保护的目的，增强安全保护的整体性、针对性和实效性，使信息系统安全建设更加突出重点、统一规范、科学合理，对促进我国信息安全的发展将起到重要推动作用。"

从国务院 147 号令、27 号文到 66 号文，逐步明确了信息安全等级保护是国家的一项基本制度。实施信息安全等级保护，能够有效地提高我国信息和信息系统安全建设的整体水平，有利于在信息化建设过程中同步建设信息安全设施，保障信息安全与信息化建设相协调；有利于为新信息系统安全建设和管理提供系统性、针对性、可行性的指导和服务，有效控制信息安全建设成本；有利于优化信息安全资源的配置，对信息系统分级实施保护，重点保障基础信息网络和关系国家安全、经济命脉、社会稳定等方面的重要信息系统的安全；有利于明确国家、法人和其他组织、公民的信息安全责任，加强信息安全管理；有利于推动信息安全产业的发展，逐步探索出一条适应社会主义市场经济发展的信息安全模式。

为了落实国务院 147 号令、27 号文和 66 号文的精神，作为信息安全等级保护工作的主管部门，公安部牵头会同有关部门加快了制定信息安全等级保护配套管理办法和技术标准的步伐，先后提出并组织制订了以国家标准《计算机信息系统安全保护等级划分准则》（GB 17859-

1999）为核心的一系列等级保护配套国家标准，并于 2006 年开展了信息安全等级保护试点工作，通过试点工作进一步了解了我国信息系统安全保护的普遍情况，完善了等级保护相关管理规范和标准体系，明确了落实信息安全等级保护的相关单位的责任，加强了信息安全等级保护监督管理队伍和技术支撑队伍的建设，扩大了信息安全等级保护的社会影响。最终，形成"一套经验"、"一套制度"、"一批标准"、"一批工程"和"一支队伍"，为国家信息安全等级保护制度全面实行打下了坚实基础。

鉴于"经验"、"制度"、"标准"、"工程"和"队伍"的逐步成熟，2007 年 7 月公安部、国家保密局、国家密码管理局、国务院信息化工作办公室转发了《信息安全等级保护管理办法（公通字[2007]43 号）（以下简称《管理办法》）和《关于开展全国重要信息系统安全等级保护定级工作的通知》（公信安[2007]861 号)文件，开始部署在全国范围内开展重要信息系统安全等级保护定级工作。

根据信息系统中处理信息的不同，信息系统分为涉密信息系统和非涉密信息系统，根据《管理办法》的要求，涉密信息系统应当依据国家信息安全等级保护的基本要求，按照国家保密工作部门有关涉密信息系统分级保护的管理规定和技术标准，结合系统实际情况进行保护。非涉密信息系统不得处理国家秘密信息。

1.1.3 安全等级的划分

信息系统的安全保护等级应当根据信息系统在国家安全、经济建设、社会生活中的重要程度，信息系统遭到破坏后对国家安全、社会秩序、公共利益以及公民、法人和其他组织的合法权益的危害程度等因素确定。我国把信息系统的安全保护等级分为以下五个级别：

（1）第一级，信息系统受到破坏后，会对公民、法人和其他组织的合法权益造成损害，但不损害国家安全、社会秩序和公共利益。

（2）第二级，信息系统受到破坏后，会对公民、法人和其他组织的合法权益产生严重损害，或者对社会秩序和公共利益造成损害，但不损害国家安全。

（3）第三级，信息系统受到破坏后，会对社会秩序和公共利益造成严重损害，或者对国家安全造成损害。

（4）第四级，信息系统受到破坏后，会对社会秩序和公共利益造成特别严重损害，或者对国家安全造成严重损害。

（5）第五级，信息系统受到破坏后，会对国家安全造成特别严重损害。

特别强调的是：《关于信息安全等级保护工作的实施意见》（简称 66 号文）中的这种分级主要是从信息和信息系统的业务重要性及遭受破坏后的影响出发的，是系统从应用需求出发必须纳入的安全业务等级，而不是 GB 17859-1999 中定义的系统已具备的安全技术等级。

正是因为不同级别的信息系统受到攻击后造成的损害不同，所以对它们进行监督管理的强度也不同，因此这五个级别也分别称为：自主保护级、指导保护级、监督保护级、强制保护级和专控保护级。

（1）第一级信息系统运营、使用单位应当依据国家有关管理规范和技术标准进行保护。

（2）第二级信息系统运营、使用单位应当依据国家有关管理规范和技术标准进行保护。国家信息安全监管部门对该级信息系统信息安全等级保护工作进行指导。

（3）第三级信息系统运营、使用单位应当依据国家有关管理规范和技术标准进行保护。国家信息安全监管部门对该级信息系统信息安全等级保护工作进行监督、检查。

（4）第四级信息系统运营、使用单位应当依据国家有关管理规范、技术标准和业务专门需求进行保护。国家信息安全监管部门对该级信息系统信息安全等级保护工作进行强制监督、检查。

（5）第五级信息系统运营、使用单位应当依据国家有关管理规范、技术标准和业务特殊安全需求进行保护。国家指定专门部门对该级信息系统信息安全等级保护工作进行专门监督、检查。

1.1.4 等级保护基本原则

信息系统安全等级保护的核心是对信息系统分等级、按标准进行建设、管理和监督。信息系统安全等级保护实施过程中应遵循以下基本原则。

1. 自主保护原则

信息系统的安全责任主体是信息系统运营、使用单位及其主管部门，"自主"体现在运营使用单位及其主管部门按照相关标准自主定级、自主保护。在等级保护工作中，信息系统运营使用单位和主管部门按照"谁主管谁负责，谁运营谁负责"的原则开展工作，并接受信息安全监管部门对开展等级保护工作的监管。运营使用单位和主管部门是信息系统安全的第一责任人，对所属信息系统安全负有直接责任；公安、保密、密码部门对运营使用单位和主管部门开展等级保护工作进行监督、检查、指导，对重要信息系统安全负监管责任。由于重要信息系统的安全运行不仅影响本行业、本单位的生产和工作秩序，也会影响国家安全、社会稳定、公共利益，因此，国家需要对重要信息系统的安全进行监管。

2. 重点保护原则

重点保护就是要解决我国信息安全面临的主要威胁和存在的主要问题，实行国家对重要信息系统进行重点安全保障的重大措施，有效体现"适度安全、保护重点"的目的，将有限的财力、物力、人力投入到重要信息系统安全保护中，依据相关标准建设安全保护体系，建立安全保护制度，落实安全责任，加强监督检查，有效保护重要信息系统安全，有效提高我国信息系统安全建设的整体水平。优化信息安全资源的配置，重点保障基础信息网络和关系国家安全、经济命脉、社会稳定等方面的重要信息系统的安全。

3. 同步建设原则

信息安全建设的特点要求在信息化建设中必须同步规划、同步实施，信息系统在新建、改建、扩建时应当同步规划和设计安全方案，投入一定比例的资金建设信息安全设施，保障信息安全与信息化建设相适应，避免重复建设而带来的资源浪费。因此，在《管理办法》第十二条规定,在信息系统建设过程中,运营、使用单位应当按照《计算机信息系统安全保护等级划分准则》(GB17859-1999)、《信息安全技术　信息系统安全等级保护基本要求》等技术标准,同步建设符合该等级要求的信息安全设施。

4. 动态调整原则

跟踪信息系统的变化,调整安全保护措施。由于信息系统的应用类型、数量、范围等会根据实际需要而发生相应调整,当调整和变更的内容发生较大变化时,应当根据等级保护的管理规范和技术标准的要求,重新确定信息系统的安全保护等级,根据信息系统安全保护等级的调整情况,重新实施安全保护。同时,信息安全本身也具有动态性,不是一成不变的,当信息安全技术、外部环境、安全威胁等因素发生变化时,需要信息安全策略、安全措施进行相应的调整,以满足安全需求的变化。

1.2 等级保护主要标准介绍

1.2.1 相关标准及其体系结构

国家开始实施等级保护制度以来,为了加强等级保护的可执行性,制定一系列的标准规范来指导等级保护的具体落实工作。信息安全等级保护相关标准大致可以分为四类:基础类、应用类、产品类和其他类。不同标准在等级保护各个不同工作环节中的作用如图1-1所示,标准间的相互关系如图1-2所示。

1. 基础类标准

《计算机信息系统安全保护等级划分准则》(GB17859-1999)

《信息安全技术　信息系统安全等级保护基本要求》(GB/T 22239-2008)

2. 应用类标准

(1)信息系统定级。

《信息安全技术　信息系统安全等级保护定级指南》(GB/T 22240-2008)

(2)等级保护实施。

《信息安全技术　信息系统安全等级保护实施指南》(GB/T 25058-2010)

(3)信息系统安全建设。

《信息安全技术　信息系统通用安全技术要求》(GB/T 20271-2006)

《信息安全技术　信息系统等级保护安全设计技术要求》(GB/T 25070-2010)

《信息安全技术　信息系统安全管理要求》(GB/T 20269-2006)

《信息安全技术　信息系统安全工程管理要求》(GB/T 20282-2006)

《信息安全技术　信息系统物理安全技术要求》(GB/T 21052-2007)

《信息安全技术　网络基础安全技术要求》(GB/T 20270-2006)

《信息安全技术　信息系统安全等级保护体系框架》(GA/T 708-2007)

《信息安全技术　信息系统安全等级保护基本模型》（GA/T 709-2007）
《信息安全技术　信息系统安全等级保护基本配置》（GA/T 710-2007）

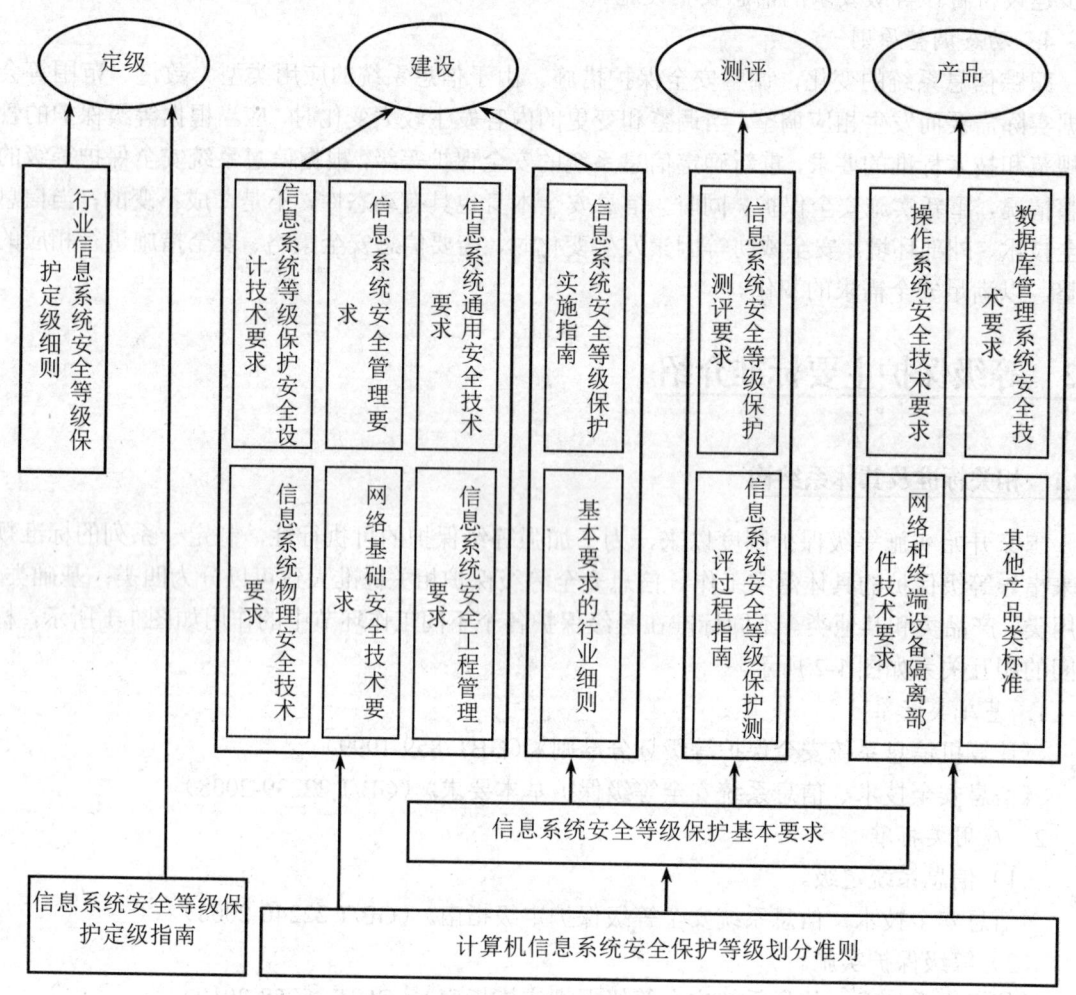

图 1-1　信息安全等级保护相关标准体系

（4）等级测评。
《信息安全技术　信息系统安全等级保护测评要求》（GB/T 28448-2012）
《信息安全技术　信息系统安全等级保护测评过程指南》（GB/T 28449-2012）
《信息安全技术　信息系统安全管理测评》（GA/T 713-2007）

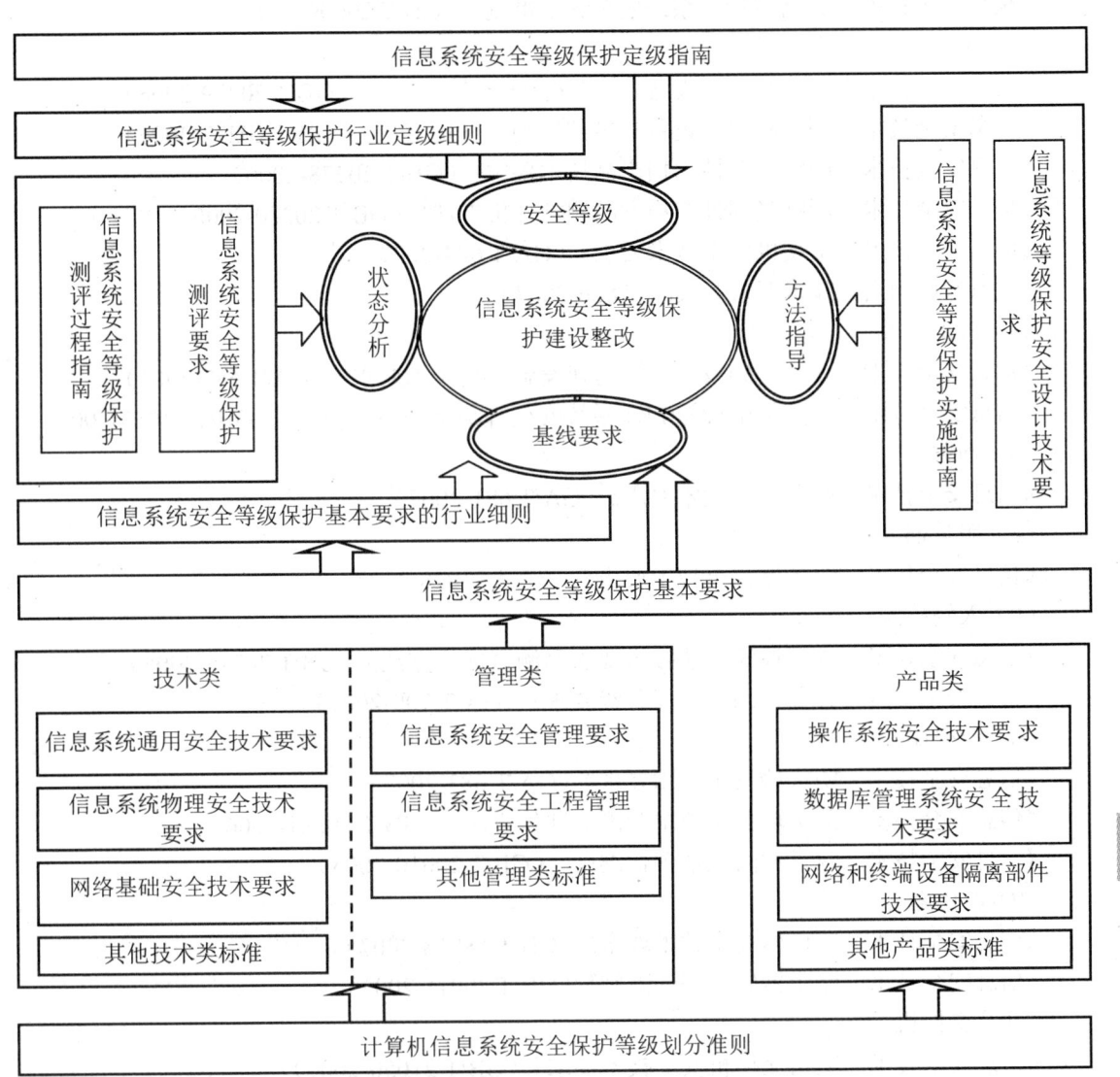

图 1-2　等级保护标准间相互关系

3．产品类标准
（1）操作系统。
《信息安全技术　操作系统安全技术要求》（GB/T 20272-2006）
《信息安全技术　操作系统安全评估准则》（GB/T 20008-2005）
（2）数据库。
《信息安全技术　数据库管理系统安全技术要求》（GB/T 20273-2006）

《信息安全技术 数据库管理系统安全评估准则》（GB/T 20009-2005）

（3）网络。

《信息安全技术 网络和终端设备隔离部件安全技术要求》（GB/T 20279-2006）

《信息安全技术 网络和终端设备隔离部件测试评价方法》（GB/T 20277-2006）

《信息安全技术 网络脆弱性扫描产品技术要求》（GB/T 20278-2006）

《信息安全技术 网络脆弱性扫描产品测试评价方法》（GB/T 20280-2006）

《信息安全技术 交换机安全技术要求》（GA/T 684-2007）

《虚拟专用网安全技术要求》（GA/T 686-2007）

（4）PKI。

《信息安全技术 公共基础设施公钥基础设施安全技术要求》（GA/T 687-2007）

《信息安全技术 公共基础设施PKI系统安全等级保护技术要求》（GB/T 21053-2007）

（5）网关。

《信息安全技术 网关安全技术要求》（GA/T 681-2007）

（6）服务器。

《信息安全技术 服务器安全技术要求》（GB/T 21028-2007）

（7）入侵检测。

《信息安全技术 入侵检测系统技术要求和测试评价方法》（GB/T 20275-2006）

《信息安全技术 计算机网络入侵分级要求》（GA/T 700-2007）

（8）防火墙。

《信息安全技术 防火墙安全技术要求》（GA/T 683-2007）

《信息安全技术 防火墙技术要求和测试评价方法》（GB/T 20281-2006）

《信息安全技术 包过滤防火墙评估准则》（GB/T 20010-2005）

（9）路由器。

《信息安全技术 路由器安全技术要求》（GB/T 18018-2007）

《信息安全技术 路由器安全评估准则》（GB/T 20011-2005）

（10）交换机。

《信息安全技术 网络交换机安全技术要求》（GB/T 21050-2007）

《信息安全技术 交换机安全评估准则》（GA/T 685-2007）

（11）其他产品。

《信息安全技术 终端计算机系统安全等级技术要求》（GA/T 671-2006）

《信息安全技术 审计产品技术要求和测评方法》（GB/T 20945-2006）

《信息安全技术 虹膜识别系统技术要求》（GB/T 20979-2007）

《信息安全技术 虚拟专用网安全技术要求》（GA/T 686-2007）

《信息安全技术 应用软件系统安全等级保护通用技术指南》（GA/T 711-2007）

《信息安全技术 应用软件系统安全等级保护通用测试指南》（GA/T 712-2007）

《信息安全技术　网络和终端设备隔离部件测试评价方法》（GB/T 20277-2006）

《信息安全技术　网络脆弱性扫描产品测评方法》（GB/T 20280-2006）

4. 其他类标准

（1）风险评估。

《信息安全技术　信息安全风险评估规范》（GB/T 20984-2007）

（2）事件管理。

《信息安全技术　信息安全事件管理指南》（GB/Z 20985-2007）

《信息安全技术　信息安全事件分类分级指南》（GB/Z 20986-2007）

《信息安全技术　信息系统灾难恢复规范》（GB/T 20988-2007）

1.2.2　十大主要标准作用简介

1. 《计算机信息系统安全保护等级划分准则》（GB17859-1999）

本标准对计算机信息系统的安全保护能力划分了五个等级，并明确了各个保护级别的技术保护措施要求。本标准是国家强制性技术规范，其主要用途包括：一是用于规范和指导计算机信息系统安全保护有关标准的制定；二是为安全产品的研究开发提供技术支持；三是为计算机信息系统安全法规的制定和执法部门的监督检查提供依据。

2. 《信息安全技术　信息系统安全等级保护基本要求》（GB/T 22239-2008）

根据《信息安全等级保护管理办法》（公通字[2007]43号，以下简称《管理办法》）的规定，信息系统按照重要性和被破坏后对国家安全、社会秩序、公共利益的危害性分为五个安全保护等级。不同安全保护等级的信息系统有着不同的安全需求，为此，针对不同等级的信息系统提出了相应的基本安全保护要求，各个级别信息系统的安全保护要求构成了《信息安全技术　信息系统安全等级保护基本要求》（以下简称《基本要求》）。《基本要求》以《计算机信息系统安全保护等级划分准则》（GB 17859-1999）为基础研究制定，提出了各级信息系统应当具备的安全保护能力，并从技术和管理两方面提出了相应的措施，为信息系统建设单位和运营使用单位在系统安全建设中提供参照。

3. 《信息安全技术　信息系统安全等级保护实施指南》（GB/T 25058-2010）

《信息安全等级保护管理办法》第九条规定，信息系统运营、使用单位应当按照《信息安全技术　信息系统安全等级保护实施指南》具体实施等级保护工作。信息系统从规划设计到终止运行要经历几个阶段，《信息安全技术　信息系统安全等级保护实施指南》（以下简称《实施指南》）用于指导信息系统运营、使用单位，在信息系统从规划设计到终止运行的过程中如何按照信息安全等级保护政策、标准要求实施等级保护工作。

4. 《信息安全技术　信息系统安全等级保护定级指南》（GB/T 22240-2008）

《信息安全等级保护管理办法》对信息系统的安全保护等级给出了明确定义。信息系统定级是等级保护工作的首要环节，是开展信息系统安全建设整改、等级测评、监督检查等后续工作的重要基础。《信息安全技术　信息系统安全等级保护定级指南》（以下简称《定级指南》）

依据《信息安全等级保护管理办法》，从信息系统对国家安全、经济建设、社会生活的重要作用，信息系统承载业务的重要性以及业务对信息系统的依赖程度等方面，提出确定信息系统安全保护等级的方法。

5. 《信息安全技术　信息系统安全管理要求》（GB/T 20269-2006）

《信息安全等级保护管理办法》明确规定，信息系统运营、使用单位应当参照《信息安全技术　信息系统安全管理要求》、《信息安全技术　信息系统安全工程管理要求》、《信息安全技术　信息系统安全等级保护基本要求》等管理规范，制定并落实符合本系统安全保护等级要求的安全管理制度。不同安全保护等级的信息系统有着不同的安全管理需求，为此，针对不同安全等级的信息系统提出了相应的安全管理要求。各个等级的安全管理要求构成了《信息安全技术　信息系统安全管理要求》（以下简称《安全管理要求》）的基本内容。

《安全管理要求》为信息系统运营、使用单位的信息系统安全管理策略制定、信息系统安全管理组织体系建设、信息系统安全管理制度体系建设、信息系统运维及规划建设管理、信息系统安全管理监督检查、信息系统安全管理体系建立和完善等提供指导和参考。在信息系统安全整改阶段进行信息系统等级保护安全管理方案设计的过程中，也可按照《安全管理要求》所规定的各个安全保护等级的安全管理要求，作为建立信息安全管理体系和制定相关信息安全管理制度、措施的基本依据。

6. 《信息安全技术　信息系统通用安全技术要求》（GB/T 20271-2006）

不同安全保护等级的信息系统具有相应的安全技术要求，各个等级的安全技术要求构成了《信息安全技术　信息系统通用安全技术要求》的基本内容。本标准涉及组成各类信息系统的计算机系统、网络系统、应用软件系统及其所使用的信息技术产品和信息安全产品中所涉及的安全技术，其主要用途：一是为信息系统选择安全技术产品和设置安全设备的相应安全机制提供指导；二是为这些产品和设备的相关安全标准的制定提供参考。

7. 《信息安全技术　信息系统等级保护安全设计技术要求》（GB/T 25070-2010）

本标准依据《计算机信息系统安全保护等级划分准则》（GB 17859-1999）规定的信息系统安全保护能力等级，以及配套系列标准的安全等级保护技术要求，给出了五个级别信息系统安全保护设计的技术要求，用于指导信息系统运营使用单位、信息安全企业、信息安全服务机构等开展信息系统等级保护安全技术设计。

8. 《信息安全技术　信息系统安全工程管理要求》（GB/T 20282-2006）

不同安全保护等级的信息系统有着不同的安全工程管理需求，安全工程由安全等级、保证与实施要求两个维度组成，不同等级要求的安全工程对应不同的保证与实施要求。为此，针对不同等级信息系统的具体要求构成了安全工程管理要求体系。保证要求、实施要求、安全工程管理分等级要求和安全工程流程与安全工程要求构成了《信息安全技术　信息系统安全工程管理要求》（以下简称《工程管理要求》）。《工程管理要求》以《计算机信息系统安全保护等级划分准则》为基础研究制定，规定了信息系统安全工程管理的不同要求，为信息系统建设的需求方、实施方与第三方工程实施在系统安全建设中提供参照，各方可以此为依据建立安全工程管理体系。

9. 《信息安全技术　信息系统安全等级保护测评要求》（GB/T 28448-2012）

根据《信息安全等级保护管理办法》的规定，信息系统建设完成后，运营、使用单位或者其主管部门应当选择符合规定条件的测评机构，依据《信息安全技术　信息系统安全等级保护测评要求》等技术标准，定期对信息系统安全等级状况开展等级测评。《信息安全技术　信息系统安全等级保护测评要求》（以下简称《测评要求》）依据《信息安全技术　信息系统安全等级保护基本要求》规定了对信息系统安全等级保护进行安全测试评估的内容和方法，用于规范和指导测评人员的等级测评活动。

10. 《信息安全技术　信息系统安全等级保护测评过程指南》（GB/T 28449-2012）

根据《信息安全等级保护管理办法》的规定，信息系统建设完成后，运营、使用单位或者其主管部门应当选择符合规定条件的测评机构，依据《信息系统安全等级保护测评要求》等技术标准，定期对信息系统安全等级状况开展等级测评。为规范等级测评机构的测评活动，保证测评结论准确、公正，《信息安全技术　信息系统安全等级保护测评过程指南》（以下简称《测评过程指南》）明确了信息系统等级测评的测评过程，阐述了等级测评的工作任务、分析方法以及工作结果等，为信息系统测评机构、运营使用单位及其主管部门在等级测评工作中提供指导。

1.3　等级保护与风险评估和安全测评

1.3.1　三者的基本概念和工作背景

自《国家信息化领导小组关于加强信息安全保障工作的意见》出台后，等级保护、风险评估、系统安全测评（或称系统安全评估，简称安全测评）都是当前国家信息安全保障体系建设中的热点话题。

1. 风险评估

基本概念：信息安全风险评估是参照风险评估标准和管理规范，对信息系统的资产价值、潜在威胁、薄弱环节、已采取的防护措施等进行分析，判断安全事件发生的概率以及可能造成的损失，提出风险管理措施的过程。

工作背景：风险评估不是一个新概念，金融、电子商务等许多领域都有风险及风险评估需求的存在。当风险评估应用于 IT 领域时，就是对信息安全的风险评估。国内这几年对信息安全风险评估的研究进展较快，具体的评估方法也在不断改进。风险评估也从早期简单的漏洞扫描、人工审计、渗透性测试这种类型的纯技术操作，逐渐过渡到目前普遍采用 BS7799、OCTAVE、NIST SP800-26、NIST SP800-30、AS/NZS4360、SSE-CMM 等方法，充分体现以资产为出发点、以威胁为触发、以技术/管理/运行等方面存在的脆弱性为诱因的信息安全风险评估综合方法及操作模型。

国务院信息化工作办公室2004年组织完成了《信息安全风险评估指南》及《信息安全风险管理指南》标准草案的制定，并在其中规定了信息安全风险评估的工作流程、评估内容、评估方法和风险判断准则，对规范我国信息安全风险评估的做法具有很好的指导意义。

2．系统安全测评

基本概念：由具备检验技术能力和政府授权资格的权威机构，依据国家标准、行业标准、地方标准或相关技术规范，按照严格程序对信息系统的安全保障能力进行的科学公正的综合测试评估活动，以帮助系统运行单位分析系统当前的安全运行状况、查找存在的安全问题，并提供安全改进建议，从而最大程度地降低系统的安全风险。

工作背景：在我国，中国信息安全产品测评认证中心（简称CNITSEC）是较早并较有影响的开展有关系统安全测评认证的机构。这里强调一下测评和认证的区别：测评如前述定义，认证则是对测评活动是否符合标准化要求和质量管理要求所作的确认，认证以标准和测评的结果作为依据。在美国，系统认证的结果通常作为主管部门对新建系统投入运行前的安全审批或已建系统安全动态监管（即系统认可）的依据。根据美国FISMA6及NIST SP800-37的规定，系统认证是"对信息系统的技术类、管理类和运行类安全控制所进行的综合评估"，认可则是"由管理层作出的决策，用来授权一个信息系统投入运行"。

我国的系统认证虽然起步较早，但由于认证周期、建设差异等多方面的原因，目前的系统认证数量还非常少。特别是中国国家认证认可监督管理委员会（简称国家认监委）成立后，强调了信息安全要"一个统一认证出口"的要求。国家认监委等八部委联合下发的《关于建立国家信息安全产品认证认可体系的通知》中已明确规定了对信息安全产品进行"统一标准、技术规范与合格评定程序；统一认证目录；统一认证标志；统一收费标准"的"四统一"的认证要求。在国家认监委对信息系统的安全认证相关具体意见尚未出台前，多数情况下，系统安全测评的结果可直接作为主管部门对系统安全认可的依据。典型例子如上海市信息安全测评认证中心，在相关职能部门授权下，2005年已完成了对上海市100余家重要信息系统、涉密信息系统、区县以上综合医院的信息系统的安全测评工作，并为市信息委、市国家保密局、市卫生局等信息化主管部门或行业主管部门提供了重要的技术决策依据。

1.3.2 三者的内在联系与区别

1．三者关系的基本判断

基本判断：等级保护是指导我国信息安全保障体系建设的一项基础管理制度，风险评估、系统测评都是在等级保护制度下，对信息及信息系统安全性评价方面两种特定的、有所区分但又有所联系的不同研究、分析方法。

等级保护是指导我国信息安全保障体系总体建设的基础管理原则，是围绕信息安全保障全过程的一项基础性管理制度，其核心内容是对信息安全分等级、按标准进行建设、管理和监督。风险评估、系统测评则只是针对信息安全评价方面两种有所区分但又有所联系的不同研究、分析方法。从这个意义上讲，等级保护要高于风险评估和系统测评。当系统定级原则确定并根据该原则将系统分类分级后,那风险评估、系统测评都可以理解为在等级保护制度下的风险评估和等级保护制度下的系统测评,操作时只需在原有风险评估、系统测评方法、操作程序的基础上,加入特定等级的特殊要求就是了。打个比方:如果说等级保护是指导信息安全建设的宪法,则风险评估、安全测评则是针对系统安全性评估或合格判定方面的专项法律。至于 66 号文中提及的等级保护制度中的其他建设内容,如等级化安全保障体系设计、等级化安全产品选用、等级化安全事件处理响应,由于和安全评估没有特别直接的关系,这里不再展开讨论。

2. 等级保护与风险评估

基本判断:风险评估是等级保护(不同等级不同安全需求)的出发点。风险评估中的风险等级和等级保护中的系统定级均充分考虑到信息资产 CIA 特性的高低,但风险评估中的风险等级加入了对现有安全控制措施的确认因素,也就是说,等级保护中高级别的信息系统不一定就有高级别的安全风险。

风险评估是安全建设的出发点,它的重要意义就在于改变传统的以技术驱动为导向的安全体系结构设计及详细安全方案制定,以成本——效益平衡的原则,通过对用户关心的重要资产(如信息、硬件、软件、文档、代码、服务、设备、企业形象等)的分级、安全威胁(如人为威胁、自然威胁等)发生的可能性及严重性分析、对系统物理环境、硬件设备、网络平台、基础系统平台、业务应用系统、安全管理、运行措施等方面的安全脆弱性(或称薄弱环节)分析,并通过对已有安全控制措施的确认,借助定量、定性分析的方法,推断出用户关心的重要资产当前的安全风险,并根据风险的严重级别制定风险处理计划,确定下一步的安全需求方向。

等级保护的前提是对系统定级。系统定级根据系统信息的机密性、完整性、可用性(简称 CIA 特性)等三性损失的最大值来确定,即"明确各种信息类型——确定每种信息类型的安全类别——确定系统的安全类别"三个步骤进行系统最终的定级。将信息系统安全类别(简称 SC)表示为一个与 CIA 特性的潜在影响相关的三重函数,一般模式是:SC={(保密性,影响),(完整性,影响),(可用性,影响)}。

等级保护中的系统分类分级的思想和风险评估中对信息资产的重要性分级基本一致,不同的是:等级保护的级别是从系统的业务需求或 CIA 特性出发,定义系统应具备的安全保障业务等级,而风险评估中最终风险的等级则是综合考虑了信息的重要性、系统现有安全控制措施的有效性及运行现状后的综合评估结果,也就是说,在风险评估中,CIA 价值高的信息资产不一定风险等级就高。在确定系统安全等级级别后,风险评估的结果可作为实施等级保护、等级安全建设的出发点和参考。

3. 等级保护与系统测评

基本判断:系统安全测评及行政认可是安全等级保护的落脚点。

根据 NIST SP 800-37,认证过程偏重于对系统安全性的评估,认可过程则属于管理机关的行为,是指根据评估的结果来判断信息系统的安全控制措施是否有效、残余风险是否可接受。根据前述,在我国,目前主管部门安全认可的依据多数是系统安全测评的结果。主管部门根据系统测评结果判断，如果残余风险可以接受，则允许系统投入运行或继续运行，否则信息系统便没有达到特定安全等级的安全要求。没有最终的主管认可过程，等级保护无法落到实处。从这个意义上讲，进行等级保护建设、实施风险管理过程后的系统安全测评及行政认可是等级保护的落脚点。

4. 风险评估与系统测评

基本判断：风险评估与系统测评分别是针对系统生命周期建设不同阶段存在的安全风险的相近判断方法。对同一个生命周期的系统，风险评估是安全建设的起点，系统测评是安全建设的终点。或者可以理解为，系统安全测评是实施风险管理措施后的风险再评估。

二者均是对信息及信息系统系统安全性的一种评价判断方法，因此，二者并没有本质的区别，或者说，二者的安全工作目标基本一致，二者的工作核心都是对信息及系统安全风险的评价，因此，二者在实施内容上有许多共同之处。具体讲二者在操作方面的差异性，则风险评估是系统明确安全需求，确定成本——效益适合的安全控制措施的出发点，风险评估通过对被评估用户广泛的、战略性的分析来判断机构内各类重要资产的风险级别；系统安全测评则是对已采取的安全控制措施（如管理措施、运行措施、技术措施等）有效性的验证，安全测评更关注于对系统现有安全控制措施的技术验证，从而给出系统现存安全脆弱性的准确判断。行业主管部门或信息化主管部门在系统测评结果的基础上，判断系统安全风险是否可接受或已得到了有效的管理，从而给出是否批准系统投入运行或继续运行的最终结论。

1.3.3 在SDLC过程中三者的实施建议

通常情况下，我们将信息系统建设生命周期（SDLC）划分为4个阶段：规划需求阶段、设计开发阶段及实施阶段、运行维护阶段和废弃阶段。也就是说，系统是不断变化的，安全建设也应随之发生变化。因此，从理论上分析，无论是等级保护、风险评估或是系统测评，均适用于SDLC的各个阶段。为避免三者之间相近的工作内容在SDLC的同一个阶段重复进行，按照"谁主管，谁负责；谁运行，谁负责"的原则，从系统建设单位（多数情况下建设单位即运行单位）、行业主管部门或信息化主管部门（简称主管部门）等两类不同发起主体或组织主体的角度考虑，建议按下述内容实施。

1. 规划需求阶段

建设单位自觉按照国家有关安全等级划分及系统定级的原则进行定级，并报主管部门备案。

建设单位按照既定等级的风险评估管理要求和国家有关风险评估的技术标准自觉进行风险评估，明确系统在机密性、完整性、可用性等方面的安全需求目标。

2. 设计开发阶段及实施阶段

建设单位（或委托承建单位）根据既定的安全需求目标，按照国家有关等级保护的管理规范和技术标准，进行系统安全体系结构及详细实施方案的设计，采购和使用相应等级的信息安全产品，建设安全设施，落实安全技术措施。

主管部门委托或指定第三方机构对建设单位的系统安全设计方案进行评审,并将第三方机构出具的安全方案评审报告作为是否允许安全实施的依据。

注:建设单位在进行风险评估时,应根据自身的客观条件选择自评估方式或委托第三方机构评估的方式进行;主管部门发起的安全测评一般应委托具有授权资质和技术能力的第三方机构进行。客观上讲,任何一个第三方机构的评估介入都有可能对系统本身带来新的安全威胁和风险,因此,加强对第三方评估机构的管理至关重要,特别是对参与基础信息网络或三级以上重要信息系统安全评估的机构可实行强制许可制度,具体的许可制度和许可要求可以由相关信息安全主管部门或信息系统行业主管部门制定。此外,还应加强对第三方评估机构的安全保密教育,要求所有第三方评估机构应自觉遵守国家有关保密法规和其他相关规定,对评估工作中涉及的保密事项,应签定保密协议,承担保密责任并采取相应保密措施。

3. 运行维护阶段

主管部门在系统安全建设基本完成后,委托或指定第三方机构对基本建成的系统进行安全测评,以评价系统当前运行环境下的安全控制措施是否和既定等级的安全需求一致、关键资产的安全风险是否控制在可接受范围之内,并将第三方机构的安全测评报告作为是否批准系统投入运行(即系统认可)的依据。此外,考虑到信息技术、安全技术、安全攻防技术及相关标准、理论、方法的不断发展,即使系统在认可有效期内没有任何关于技术、业务及管理内容的变更,主管部门也应该发起周期性的安全测评和安全认可,以保持系统的安全状态维持在标准许可及公众接受的范围之内。

在《关于进一步加强上海市信息安全保障工作的实施意见》中,对上海行政区域内公用通信网、广播电视传输网等基础信息网络,银行/税务/证券/海关/铁道/电力/民航/水务/燃气/轨道交通/医疗卫生和大型国有企业等涉及国计民生的信息系统,以及使用财政性资金建设的信息系统(统称"重要信息系统"),作出了强制实行等级保护和安全测评的要求。对新建、改建、扩建的重要信息系统,在立项后由安全测评机构评审其安全设计方案,评审报告报有关主管部门确认,未通过评审的不得实施;正式投入运行前,应进行系统安全测评,测评结果报有关主管部门确认,未达到要求的不得投入运行、不予验收;对已通过安全测评的重要信息系统,投入运行后要继续加强安全保护,由安全测评机构定期进行安全测评。

4. 废弃阶段

建设单位重点对废弃处理不当对资产(如硬件、软件、设备、文档等)的影响、对信息/硬件/软件的废弃处置方面威胁、对访问控制方面的弱点进行综合风险评估,以确保硬件和软件等资产及残留信息得到了适当的废弃处置,并且要确保系统的更新换代能以一个安全和系统化的方式完成。

需要说明的是:上述实施建议主要针对同一个完整的 SDLC,但事实上,在 SDLC 的某一个具体阶段,也有可能由于业务类型变化(并可能导致安全等级变化)、新的安全威胁的出现或安全形势的突变,要立即进行安全需求及安全设计、安全实施方案的调整。这时,应参照上述 SDLC 过程中的"安全定级→风险评估→确定安全需求→安全体系设计及方案→方案评审

→等级保护实施→安全测评→主管认可"的步骤进行。当然，这个过程中涉及的风险评估、方案评审、安全测评等活动要充分考虑利用已有的评估/测评成果，减少再评估/再测评造成的重复投入。

思考与练习

1. 简述什么是等级保护？信息安全等级保护五个等级是怎样定义的？
2. 简述信息安全等级保护国家标准把信息系统的安全保护等级划分为哪五个级别？
3. 简述 GB 17859-1999 从技术的角度将计算机信息系统安全保护等级划分为哪五个级别？
4. 通过网络下载学习等级保护的主要标准，并概述它们的主要内容和相互关系？
5. 概述等级保护与风险评估和安全测评之间的区别与联系？

2 等级保护工作的实施过程

任务描述

本章主要介绍了等级保护实施流程,等级保护的五个主要环节:信息系统定级、总体安全规划、安全设计与实施、安全运行与维护、信息系统终止等内容。涵盖以下主题:
- 等级保护的实施流程
- 相关部门的工作责任
- 等级保护的五个环节

2.1 等级保护主要工作

2.1.1 等级保护的实施流程

根据国家制定的《信息安全技术 信息系统安全等级保护实施指南》相关要求,一个完整的等级保护工作实施过程具体包括五个工作环节,如图2-1所示。

在安全运行与维护阶段,信息系统因需求变化等原因导致局部调整,而系统的安全保护等级并未改变,应从安全运行与维护阶段进入安全设计与实施阶段,重新设计、调整和实施安全措施,确保满足等级保护的要求;但信息系统发生重大变更导致系统安全保护等级变化时,应从安全运行与维护阶段进入信息系统定级阶段,重新开始一轮信息安全等级保护的实施过程。

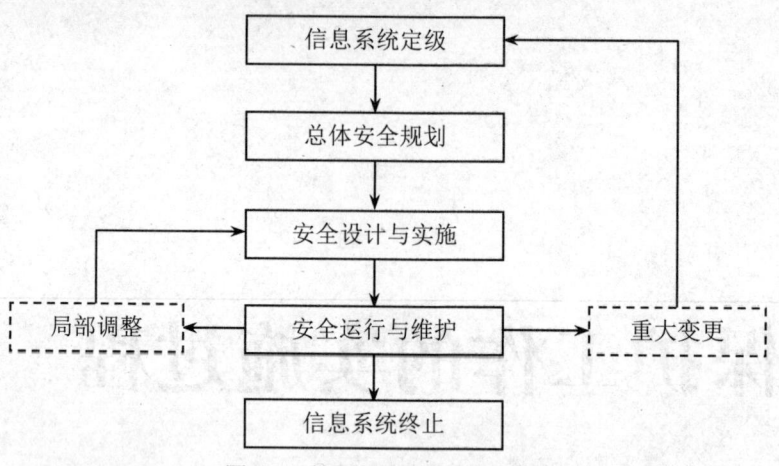

图 2-1 等级保护工作实施流程

2.1.2 相关部门的工作责任

在信息安全等级保护工作中,信息系统运营、使用单位依据《信息安全等级保护管理办法》,以下简称《管理办法》和相关技术标准对信息系统进行保护,国家有关信息安全职能部门对其信息安全等级保护工作进行监督管理。信息系统安全等级保护实施过程中涉及的各类角色和职责如下:

1. 国家管理部门

公安机关负责信息安全等级保护工作的监督、检查、指导;国家保密工作部门负责等级保护工作中有关保密工作的监督、检查、指导;国家密码管理部门负责等级保护工作中有关密码工作的监督、检查、指导;涉及其他职能部门管辖范围的事项,由有关职能部门依照国家法律法规的规定进行管理;国务院信息化工作办公室及地方信息化领导小组办事机构负责等级保护工作的部门间协调。

2. 信息系统主管部门

信息系统主管部门负责依照国家信息安全等级保护的管理规范和技术标准,督促、检查和指导本行业、本部门或者本地区信息系统运营、使用单位的信息安全等级保护工作。

3. 信息系统运营、使用单位

信息系统运营、使用单位负责依照国家信息安全等级保护的管理规范和技术标准,确定其信息系统的安全保护等级,有主管部门的,应当报其主管部门审核批准;根据已经确定的安全保护等级,到公安机关办理备案手续;按照国家信息安全等级保护管理规范和技术标准,进行信息系统安全保护的规划设计;使用符合国家有关规定,满足信息系统安全保护等级需求的信息技术产品和信息安全产品,开展信息系统安全建设或者改建工作;制定、落实各项安全管理制度,定期对信息系统的安全状况、安全保护制度及措施的落实情况进行自查,选择符合国家相关规定的等级测评机构,定期进行等级测评;制定不同等级信息安全事件的响应、处置预案，对信息系统的信息安全事件分等级进行应急处置。

4. 信息安全服务机构

信息安全服务机构负责根据信息系统运营、使用单位的委托，依照国家信息安全等级保护的管理规范和技术标准，协助信息系统运营、使用单位完成等级保护的相关工作，包括确定其信息系统的安全保护等级、进行安全需求分析、安全总体规划、实施安全建设和安全改造等。

5. 信息安全等级测评机构

信息安全等级测评机构负责根据信息系统运营、使用单位的委托或根据国家管理部门的授权，协助信息系统运营、使用单位或国家管理部门，按照国家信息安全等级保护的管理规范和技术标准，对已经完成等级保护建设的信息系统进行等级测评；对信息安全产品供应商提供的信息安全产品进行安全测评。

6. 信息安全产品供应商

信息安全产品供应商负责按照国家信息安全等级保护的管理规范和技术标准，开发符合等级保护相关要求的信息安全产品，接受安全测评；按照等级保护相关要求销售信息安全产品并提供相关服务。

2.2 等级保护五个环节

2.2.1 信息系统定级

1. 信息系统定级阶段的工作流程

信息系统定级阶段的目标是信息系统运营、使用单位按照国家有关管理规范和《信息安全技术 信息系统安全等级保护指南》定级，确定信息系统的安全保护等级。信息系统运营、使用单位有主管部门的，应当经主管部门审核批准。信息系统定级阶段的工作流程如图 2-2 所示。

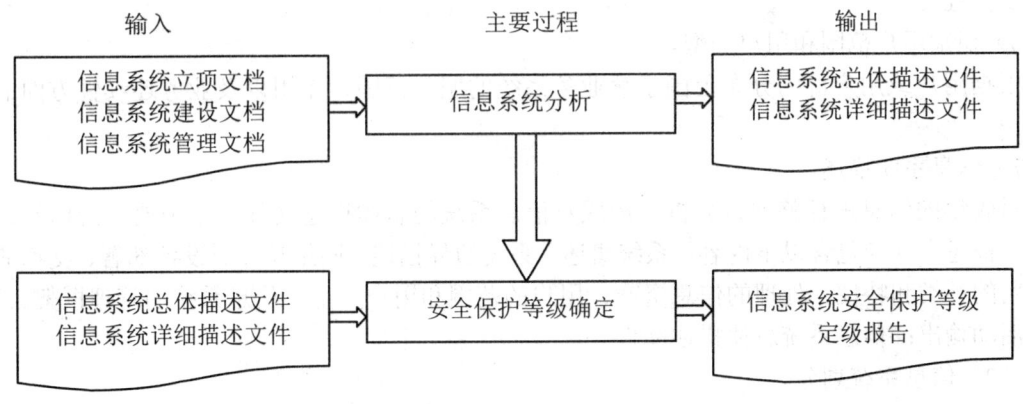

图 2-2 信息系统定级阶段工作流程

2. 信息系统分析

（1）系统识别和描述。

活动目标：本活动的目标是通过从信息系统运营、使用单位相关人员处收集有关信息系统的信息，并对信息进行综合分析和整理，依据分析和整理的内容形成组织机构内信息系统的总体描述性文档。

参与角色：信息系统运营、使用单位，信息安全服务机构。

活动输入：信息系统的立项、建设和管理文档。

活动描述：本活动主要包括以下子活动内容。

1）识别信息系统的基本信息。

调查了解信息系统的行业特征、主管机构、业务范围、地理位置以及信息系统基本情况，获得信息系统的背景信息和联络方式。

2）识别信息系统的管理框架。

了解信息系统的组织管理结构、管理策略、部门设置和部门在业务运行中的作用、岗位职责，获得支持信息系统业务运营的管理特征和管理框架方面的信息，从而明确信息系统的安全责任主体。

3）识别信息系统的网络及设备部署。

了解信息系统的物理环境、网络拓扑结构和硬件设备的部署情况，在此基础上明确信息系统的边界，即确定定级对象及其范围。

4）识别信息系统的业务种类和特性。

了解机构内主要依靠信息系统处理的业务种类和数量，这些业务各自的社会属性、业务内容和业务流程等，从中明确支持机构业务运营的信息系统的业务特性，将承载比较单一的业务应用或者承载相对独立的业务应用的信息系统作为单独的定级对象。

5）识别业务系统处理的信息资产。

了解业务系统处理的信息资产的类型，这些信息资产在保密性、完整性和可用性等方面的重要性程度。

6）识别用户范围和用户类型。

根据用户或用户群的分布范围了解业务系统的服务范围、作用以及业务连续性方面的要求等。

7）信息系统描述。

对收集的信息进行整理、分析，形成对信息系统的总体描述文件。一个典型的信息系统的总体描述文件应包含以下内容：系统概述、系统边界描述、网络拓扑、设备部署、支撑的业务应用的种类和特性、处理的信息资产、用户的范围和用户类型、信息系统的管理框架。

活动输出：信息系统总体描述文件。

（2）信息系统划分。

活动目标：本活动的目标是依据信息系统的总体描述文件，在综合分析的基础上将组织机构内运行的信息系统进行合理分解,确定所包含可以作为定级对象的信息系统的个数。

参与角色:信息系统运营、使用单位,信息安全服务机构。

活动输入:信息系统总体描述文件。

活动描述:本活动主要包括以下子活动内容。

1)划分方法的选择。

一个组织机构可能运行一个大型信息系统,为了突出重点保护的等级保护原则,应对大型信息系统进行划分,进行信息系统划分的方法可以有多种,可以考虑管理机构、业务类型、物理位置等因素,信息系统的运营、使用单位应该根据本单位的具体情况确定一个系统的分解原则。

2)信息系统划分。

依据选择的系统划分原则,将一个组织机构内拥有的大型信息系统进行划分,划分出相对独立的信息系统并作为定级对象,应保证每个相对独立的信息系统具备定级对象的基本特征。在信息系统划分的过程中,应该首先考虑组织管理的要素,然后考虑业务类型、物理区域等要素。

3)信息系统详细描述。

在对信息系统进行划分并确定定级对象后,应在信息系统总体描述文件的基础上,进一步增加信息系统划分信息的描述,准确描述一个大型信息系统中包括的定级对象的个数。

进一步的信息系统详细描述文件应包含以下内容:相对独立信息系统列表、每个定级对象的概述、每个定级对象的边界、每个定级对象的设备部署、每个定级对象支撑的业务应用及其处理的信息资产类型、每个定级对象的服务范围和用户类型、其他内容。

活动输出:信息系统详细描述文件。

3. 安全保护等级确定

(1)定级、审核和批准。

活动目标:本活动的目标是按照国家有关管理规范和《信息安全技术 信息系统安全等级保护指南》,确定信息系统的安全保护等级,并对定级结果进行审核和批准,保证定级结果的准确性。

参与角色:信息系统主管部门,信息系统运营、使用单位,信息安全服务机构。

活动输入:信息系统总体描述文件,信息系统详细描述文件。

活动描述:本活动主要包括以下子活动内容。

1)信息系统安全保护等级初步确定。

根据国家有关管理规范和《信息安全技术 信息系统安全等级保护指南》确定的定级方法,信息系统运营、使用单位对每个定级对象确定初步的安全保护等级。

2)定级结果审核和批准。

信息系统运营、使用单位初步确定了安全保护等级后,有主管部门的,应当经主管部门审核批准。

跨省或者全国统一联网运行的信息系统可以由主管部门统一确定安全保护等级。对拟确定为第四级以上信息系统的,运营使用单位或者主管部门应当邀请国家信息安全保护等级专家评审委员会评审。

活动输出：信息系统定级评审意见。

（2）形成定级报告。

活动目标：本活动的目标是对定级过程中产生的文档进行整理,形成信息系统定级结果报告。

参与角色：信息系统主管部门,信息系统运营、使用单位。

活动输入：信息系统总体描述文件,信息系统详细描述义件,信息系统定级结果。

活动描述：对信息系统的总体描述文档、信息系统的详细描述文件、信息系统安全保护等级确定结果等内容进行整理,形成文件化的信息系统定级结果报告。

信息系统定级结果报告可以包含以下内容：单位信息化现状概述；管理模式；信息系统列表；每个信息系统的概述；每个信息系统的边界；每个信息系统的设备部署；每个信息系统支撑的业务应用；信息系统列表、安全保护等级以及保护要求组合；其他内容。

活动输出：信息系统安全保护等级定级报告。

2.2.2 总体安全规划

1. 总体安全规划阶段的工作流程

总体安全规划阶段的目标是根据信息系统的划分情况、信息系统的定级情况、信息系统承载业务情况,通过分析明确信息系统安全需求,设计合理的、满足等级保护要求的总体安全方案,并制定出安全实施计划,以指导后续的信息系统安全建设工程实施。对于已运营（运行）的信息系统,需求分析应当首先分析判断信息系统的安全保护现状与等级保护要求之间的差距。

总体安全规划阶段的工作流程如图 2-3 所示。

2. 安全需求分析

（1）基本安全需求的确定。

活动目标：本活动的目标是根据信息系统的安全保护等级,判断信息系统现有的安全保护水平与国家等级保护管理规范和技术标准之间的差距,提出信息系统的基本安全保护需求。

参与角色：信息系统运营、使用单位,信息安全服务机构,信息安全等级测评机构。

活动输入：信息系统详细描述文件,信息系统安全保护等级定级报告,信息系统相关的其他文档,信息系统安全等级保护基本要求。

活动描述：本活动主要包括以下子活动内容：

1）确定系统范围和分析对象。

明确不同等级信息系统的范围和边界,通过调查或查阅资料的方式,了解信息系统的构成,包括网络拓扑、业务应用、业务流程、设备信息、安全措施状况等。初步确定每个等级信息系统的分析对象,包括整体对象,如机房、办公环境、网络等,也包括具体对象,如边界设备、网关设备、服务器设备、工作站、应用系统等。

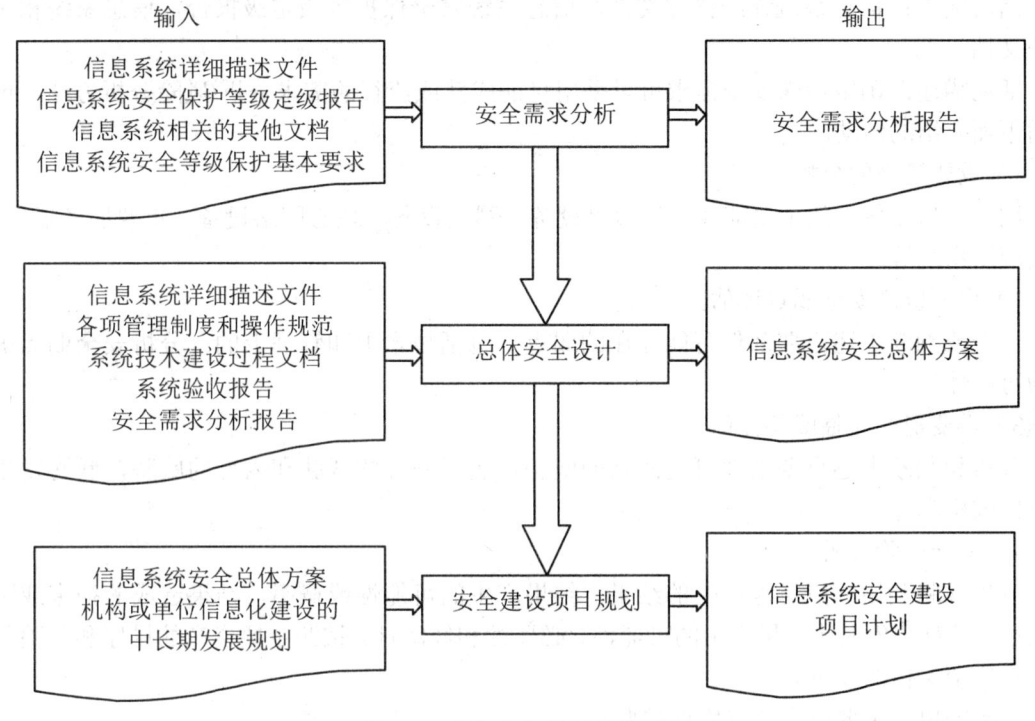

图 2-3 总体安全规划工作流程

2)形成评价指标和评估方案。

根据各个信息系统的安全保护等级从《信息安全技术 信息系统安全等级保护基本要求》中选择相应等级的指标,形成评价指标。根据评价指标,结合确定的具体对象制定可以操作的评估方案,评估方案可以包含以下内容:管理状况评估表格;网络状况评估表格;网络设备(含安全设备)评估表格;主机设备评估表格;主要设备安全测试方案;重要操作的作业指导书。

3)现状与评价指标对比。

通过观察现场、询问人员、查询资料、检查记录、检查配置、技术测试、渗透攻击等方式进行安全技术和安全管理方面的评估,判断安全技术和安全管理的各个方面与评价指标的符合程度,给出判断结论。整理和分析不符合的评价指标,确定信息系统安全保护的基本需求。

活动输出:基本安全需求。

(2)额外/特殊安全需求的确定。

活动目标:本活动的目标是通过对信息系统重要资产特殊保护要求的分析,确定超出相应等级保护基本要求的部分或具有特殊安全保护要求的部分,采用需求分析/风险分析的方法,确定可能的安全风险,判断对超出等级保护基本要求部分实施特殊安全措施的必要性,提出信息系统的特殊安全保护需求。

参与角色：信息系统运营、使用单位，信息安全服务机构。

活动输入：信息系统详细描述文件，信息系统安全保护等级定级报告，信息系统相关的其他文档。

活动描述：确定特殊安全需求可以采用目前成熟或流行的需求分析/风险分析方法，或者采用下面介绍的活动。

1）重要资产的分析。

明确信息系统中的重要部件，如边界设备、网关设备、核心网络设备、重要服务器设备、重要应用系统等。

2）重要资产安全弱点评估。

检查或判断上述重要部件可能存在的弱点，包括技术上和管理上的；分析安全弱点被利用的可能性。

3）重要资产面临威胁评估。

分析和判断上述重要部件可能面临的威胁，包括外部的威胁和内部的威胁，威胁发生的可能性或概率。

4）综合风险分析。

分析威胁利用弱点可能产生的结果，结果产生的可能性或概率，结果造成的损害或影响的大小，以及避免上述结果产生的可能性、必要性和经济性。按照重要资产的排序和风险的排序确定安全保护的要求。

活动输出：重要资产的特殊保护要求。

（3）形成安全需求分析报告。

活动目标：本活动的目标是总结基本安全需求和特殊安全需求，形成安全需求分析报告。

参与角色：信息系统运营、使用单位，信息安全服务机构。

活动输入：信息系统详细描述文件，信息系统安全保护等级定级报告，基本安全需求，重要资产的特殊保护要求。

活动描述：根据基本安全需求和特殊的安全保护需求等形成安全需求分析报告。

安全需求分析报告可以包含以下内容：信息系统描述；安全管理状况；安全技术状况；存在的不足和可能的风险；安全需求描述。

活动输出：安全需求分析报告。

3. 总体安全设计

（1）总体安全策略设计。

活动目标：本活动的目标是形成机构纲领性的安全策略文件，包括确定安全方针，制定安全策略，以便结合等级保护基本要求和安全保护特殊要求，构建机构信息系统的安全技术体系结构和安全管理体系结构。

参与角色：信息系统运营、使用单位，信息安全服务机构。

活动输入：信息系统详细描述文件，信息系统安全保护等级定级报告，安全需求分析报告。

活动描述：本活动主要包括以下子活动内容。

1）确定安全方针。

形成机构最高层次的安全方针文件，阐明安全工作的使命和意愿，定义信息安全的总体目标，规定信息安全责任机构和职责，建立安全工作运行模式等。

2）制定安全策略。

形成机构高层次的安全策略文件，说明安全工作的主要策略，包括安全组织机构划分策略、业务系统分级策略、数据信息分级策略、子系统互连策略、信息流控制策略等。

活动输出：总体安全策略文件。

（2）安全技术体系结构设计。

活动目标：本活动的目标是根据信息系统安全等级保护基本要求、安全需求分析报告、机构总体安全策略文件等，提出系统需要实现的安全技术措施，形成机构特定的系统安全技术体系结构，用以指导信息系统分等级保护的具体实现。

参与角色：信息系统运营、使用单位，信息安全服务机构。

活动输入：信息系统详细描述文件，信息系统安全保护等级定级报告，安全需求分析报告，信息系统安全等级保护基本要求。

活动描述：本活动主要包括以下子活动内容。

1）规定骨干网/城域网的安全保护技术措施。

根据机构总体安全策略文件、等级保护基本要求和安全需求，提出骨干网/城域网的安全保护策略和安全技术措施。骨干网/城域网的安全保护策略和安全技术措施提出时应考虑网络线路和网络设备共享的情况，如果不同级别的子系统通过骨干网/城域网的同一线路和设备传输数据，线路和设备的安全保护策略和安全技术措施应满足最高级别子系统的等级保护基本要求。

2）规定子系统之间互联的安全技术措施。

根据机构总体安全策略文件、等级保护基本要求和安全需求，提出跨局域网互联的子系统之间的信息传输保护策略要求和具体的安全技术措施，包括同级互联的策略、不同级别互联的策略等；提出局域网内部互联的子系统之间的信息传输保护策略要求和具体的安全技术措施，包括同级互联的策略、不同级别互联的策略等。

3）规定不同级别子系统的边界保护技术措施。

根据机构总体安全策略文件、等级保护基本要求和安全需求，提出不同级别子系统边界的安全保护策略和安全技术措施。子系统边界安全保护策略和安全技术措施提出时应考虑边界设备共享的情况，如果不同级别的子系统通过同一设备进行边界保护，这个边界设备的安全保护策略和安全技术措施应满足最高级别子系统的等级保护基本要求。

4）规定不同级别子系统内部系统平台和业务应用的安全保护技术措施。

根据机构总体安全策略文件、等级保护基本要求和安全需求，提出不同级别子系统内部网络平台、系统平台和业务应用的安全保护策略和安全技术措施。

5）规定不同级别信息系统机房的安全保护技术措施。

根据机构总体安全策略文件、等级保护基本要求和安全需求，提出不同级别信息系统机房的安全保护策略和安全技术措施。信息系统机房安全保护策略和安全技术措施提出时应考虑不同级别的信息系统共享机房的情况，如果不同级别的信息系统共享同一机房，机房的安全保护策略和安全技术措施应满足最高级别信息系统的等级保护基本要求。

6）形成信息系统安全技术体系结构。

将骨干网/城域网、通过骨干网/城域网的子系统互联、局域网内部的子系统互联、子系统的边界、子系统内部各类平台、机房以及其他方面的安全保护策略和安全技术措施进行整理、汇总，形成信息系统的安全技术体系结构。

活动输出：信息系统安全技术体系结构。

（3）整体安全管理体系结构设计。

活动目标：本活动的目标是根据等级保护基本要求、安全需求分析报告、机构总体安全策略文件等，调整原有管理模式和管理策略，既从全局高度考虑为每个等级信息系统制定统一的安全管理策略，又从每个信息系统的实际需求出发，选择和调整具体的安全管理措施，最后形成统一的整体安全管理体系结构。

参与角色：信息系统运营、使用单位，信息安全服务机构。

活动输入：信息系统详细描述文件，信息系统安全保护等级定级报告，安全需求分析报告，信息系统安全等级保护基本要求。

活动描述：本活动主要包括以下子活动内容。

1）规定信息安全的组织管理体系和对各信息系统的安全管理职责。

根据机构总体安全策略文件、等级保护基本要求和安全需求，提出机构的安全组织管理机构框架，分配各个级别信息系统的安全管理职责，规定各个级别信息系统的安全管理策略等。

2）规定各等级信息系统的人员安全管理策略。

根据机构总体安全策略文件、等级保护基本要求和安全需求，提出各个不同级别信息系统的管理人员框架，分配各个级别信息系统的管理人员职责，规定各个级别信息系统的人员安全管理策略等。

3）规定各等级信息系统机房及办公区等物理环境的安全管理策略。

根据机构总体安全策略文件、等级保护基本要求和安全需求，提出各个不同级别信息系统的机房和办公环境的安全策略。

4）规定各等级信息系统介质、设备等的安全管理策略。

根据机构总体安全策略文件、等级保护基本要求和安全需求，提出各个不同级别信息系统的介质、设备等的安全策略。

5）规定各等级信息系统运行安全管理策略。

根据机构总体安全策略文件、等级保护基本要求和安全需求，提出各个不同级别信息系统的安全运行与维护框架和运维安全策略等。

6）规定各等级信息系统安全事件处置和应急管理策略。

根据机构总体安全策略文件、等级保护基本要求和安全需求，提出各个不同级别信息系统的安全事件处置和应急管理策略等。

7）形成信息系统安全管理策略框架。

将上述各个方面的安全管理策略进行整理、汇总，形成信息系统的整体安全管理体系结构。

活动输出：信息系统安全管理体系结构。

（4）设计结果文档化。

活动目标：本活动的目标是将总体安全设计工作的结果文档化，最后形成一套指导机构信息安全工作的指导性文件。

参与角色：信息系统运营、使用单位，信息安全服务机构。

活动输入：安全需求分析报告，信息系统安全技术体系结构，信息系统安全管理体系结构。

活动描述：对安全需求分析报告、信息系统安全技术体系结构和安全管理体系结构等文档进行整理，形成信息系统总体安全方案。

信息系统总体安全方案包含以下内容：信息系统概述；总体安全策略；信息系统安全技术体系结构；信息系统安全管理体系结构。

活动输出：信息系统安全总体方案。

4. 安全建设项目规划

（1）安全建设目标确定。

活动目标：本活动的目标是依据信息系统安全总体方案（一个或多个文件构成）、机构或单位信息化建设的中、长期发展规划和机构的安全建设资金状况，确定各个时期的安全建设目标。

参与角色：信息系统运营、使用单位，信息安全服务机构。

活动输入：信息系统安全总体方案、机构或单位信息化建设的中、长期发展规划。

活动描述：本活动主要包括以下子活动内容。

1）信息化建设中、长期发展规划和安全需求调查。

了解和调查单位信息化建设的现况；中、长期信息化建设的目标；主管部门对信息化的投入；对比信息化建设过程中阶段状态与安全策略规划之间的差距；分析急迫和关键的安全问题；考虑可以同步进行的安全建设内容等。

2）提出信息系统安全建设分阶段目标。

制定系统在规划期内（一般安全规划期为 3 年）所要实现的总体安全目标；制定系统短期（1 年以内）要实现的安全目标，主要解决目前急迫和关键的问题，争取在短期内安全状况有大幅度提高。

活动输出：信息系统分阶段安全建设目标。

(2) 安全建设内容规划。

活动目标：本活动的目标是根据安全建设目标和信息系统安全总体方案的要求，设计分期分批的主要建设内容，并将建设内容组合成不同的项目，阐明项目之间的依赖或促进关系等。

参与角色：信息系统运营、使用单位，信息安全服务机构。

活动输入：信息系统安全总体方案，信息系统分阶段安全建设目标。

活动描述：本活动主要包括以下子活动内容。

1）确定主要安全建设内容。

根据信息系统安全总体方案明确主要的安全建设内容，并将其适当的分解。主要建设内容可能分解但不限于以下内容：安全基础设施建设、网络安全建设、系统平台和应用平台安全建设、数据系统安全建设、安全标准体系建设、人才培养体系建设、安全管理体系建设。

2）确定主要安全建设项目。

组合安全建设内容为不同的安全建设项目，描述项目所解决的主要安全问题及所要达到的安全目标，对项目进行支持或依赖等相关性分析，对项目进行紧迫性分析，对项目进行实施难易程度分析，对项目进行预期效果分析，描述项目的具体工作内容、建设方案，形成安全建设项目列表。

活动输出：安全建设项目列表（含安全建设内容）。

(3) 形成安全建设项目计划。

活动目标：本活动的目标是根据建设目标和建设内容，在时间和经费上对安全建设项目列表进行总体考虑，划分到不同的时期和阶段，设计建设顺序，进行投资估算，形成安全建设项目计划。

参与角色：信息系统运营、使用单位，信息安全服务机构。

活动输入：信息系统安全总体方案，信息系统分阶段安全建设目标，安全建设内容等。

活动描述：对信息系统分阶段安全建设目标、安全总体方案和安全建设内容等文档进行整理，形成信息系统安全建设项目计划。

安全建设项目计划可包含以下内容：规划建设的依据和原则；规划建设的目标和范围；信息系统安全现状；信息化的中、长期发展规划；信息系统安全建设的总体框架；安全技术体系建设规划；安全管理与安全保障体系建设规划；安全建设投资估算；信息系统安全建设的实施保障等内容。

活动输出：信息系统安全建设项目计划。

2.2.3 安全设计与实施

1. 安全设计与实施阶段的工作流程

安全设计与实施阶段的目标是按照信息系统安全总体方案的要求，结合信息系统安全建设项目计划，分期分步落实安全措施。安全设计与实施阶段的工作流程，如图2-4所示。

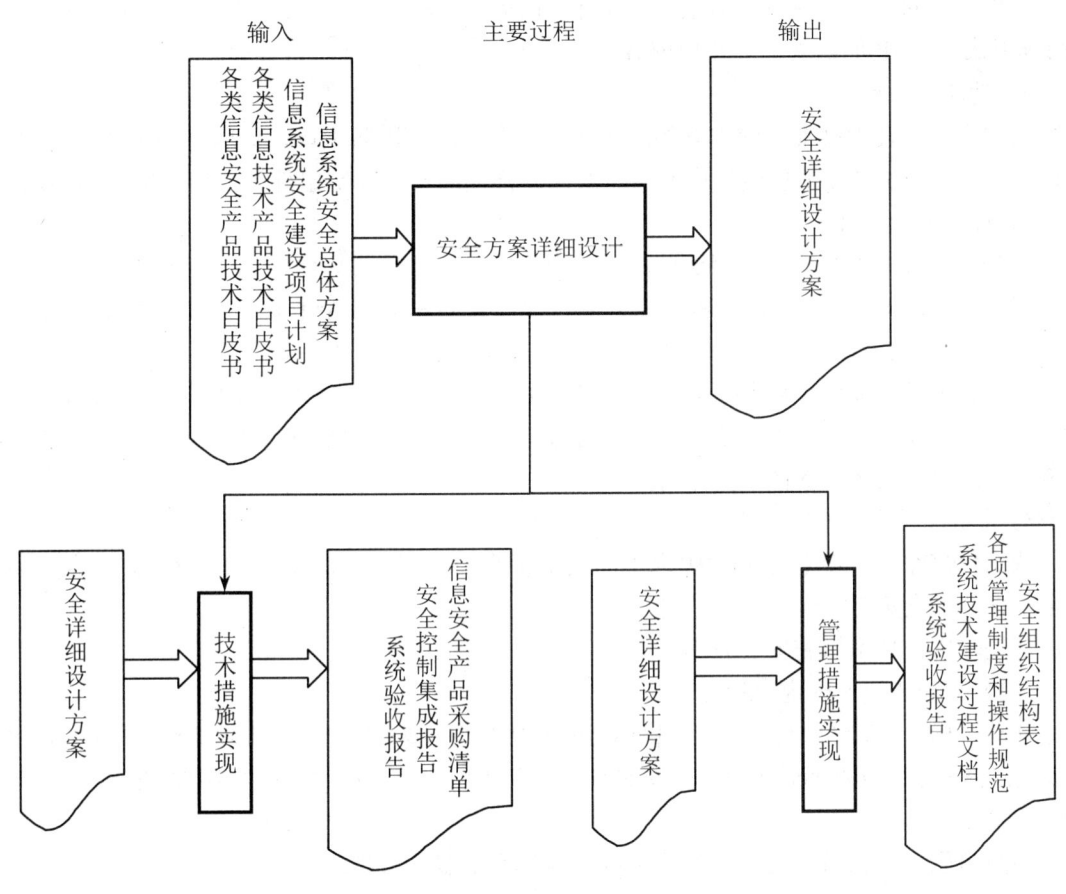

图 2-4　安全设计与实施流程

2．安全方案详细设计

（1）技术措施实现内容设计。

活动目标：根据建设目标和建设内容将信息系统安全总体方案中要求实现的安全策略、安全技术体系结构、安全措施和要求落实到产品功能或物理形态上，提出能够实现的产品或组件及其具体规范，并将产品功能特征整理成文档。使得在信息安全产品采购和安全控制开发阶段具有依据。

参与角色：信息系统运营、使用单位，信息安全服务机构，信息安全产品供应商。

活动输入：信息系统安全总体方案，信息系统安全建设项目计划，各类信息技术产品和信息安全产品技术白皮书。

活动描述：本活动主要包括以下子活动内容。

1）结构框架设计。

依据本次实施项目的建设内容和信息系统的实际情况，给出与总体安全规划阶段的安全体系结构一致的安全实现技术框架，内容可能包括安全防护的层次、信息安全产品的使用、网络子系统划分、IP地址规划等其他内容。

2）功能要求设计。

对安全实现技术框架中使用到的相关信息安全产品，如防火墙、VPN、网闸、认证网关、代理服务器、PKI等提出功能指标要求。对需要开发的安全控制组件，提出功能指标要求。

3）性能要求设计。

对安全实现技术框架中使用到的相关信息安全产品，如防火墙、VPN、网闸、认证网关、代理服务器、PKI等提出性能指标要求。对需要开发的安全控制组件，提出性能指标要求。

4）部署方案设计。

结合目前信息系统网络拓扑结构，以图示的方式给出安全技术实现框架的实现方式，包括信息安全产品或安全组件的部署位置、连线方式、IP地址分配等。对于需对原有网络进行调整的，给出网络调整的图示方案等。

5）制定安全策略实现计划。

依据信息系统安全总体方案中提出的安全策略的要求，制定设计和设置信息安全产品或安全组件的安全策略实现计划。

活动输出：技术措施落实方案。

（2）管理措施实现内容设计。

活动目标：本活动的目标是根据机构当前安全管理需要和安全技术保障需要，提出与信息系统安全总体方案中管理部分相适应的本期安全实施内容，以保证安全技术建设的同时，安全管理的同步建设。

参与角色：信息系统运营、使用单位，信息安全服务机构。

活动输入：信息系统安全总体方案，信息系统安全建设项目计划。

活动描述：结合系统实际安全管理需要和本次技术建设内容，确定本次安全管理建设的范围和内容，同时注意与信息系统安全总体方案的一致性。安全管理设计的内容主要考虑：安全管理机构和人员的配套、安全管理制度的配套、人员安全管理技能的配套等。

活动输出：管理措施落实方案。

（3）设计结果文档化。

活动目标：本活动的目标是将技术措施落实方案、管理措施落实方案汇总，同时考虑工时和费用，最后形成指导安全实施的指导性文件。

参与角色：信息系统运营、使用单位，信息安全服务机构。

活动输入：技术措施落实方案，管理措施落实方案。

活动描述：对技术措施落实方案中技术实施内容和管理措施落实方案中管理实施内容等文档进行整理，形成信息系统安全建设详细设计方案。

安全详细设计方案包含以下内容：本期建设目标和建设内容；技术实现框架；信息安全

产品或组件功能及性能；信息安全产品或组件部署；安全策略和配置；配套的安全管理建设内容；工程实施计划；项目投资概算。

活动输出：安全详细设计方案。

3. 管理措施实现

（1）管理机构和人员的设置。

活动目标：本活动的目标是建立配套的安全管理职能部门，通过管理机构的岗位设置、人员的分工以及各种资源的配备，为信息系统的安全管理提供组织上的保障。

参与角色：信息系统运营、使用单位，信息安全服务机构。

活动输入：机构现有相关管理制度和政策，安全详细设计方案。

活动描述：本活动主要包括以下子活动内容。

1）安全组织确定。

识别与信息安全管理有关的组织成员及其角色，如操作人员、文档管理员、系统管理员、安全管理员等，形成安全组织结构表。

2）角色说明。

以书面的形式详细描述每个角色与职责，确保有人对所有的风险负责。

活动输出：机构、角色与职责说明书。

（2）管理制度的建设和修订。

活动目标：本活动的目标是建设或修订与信息系统安全管理相配套的、包括所有信息系统的建设、开发、运维、升级和改造等各个阶段和环节所应当遵循的行为规范和操作规程。

参与角色：信息系统主管部门，信息系统运营、使用单位，信息安全服务机构。

活动输入：安全组织结构表，安全成员及角色说明书，安全详细设计方案。

活动描述：本活动主要包括以下子活动内容。

1）应用范围明确。

管理制度建立首先要明确制度的应用范围，如机房管理、账户管理、远程访问管理、特殊权限管理、设备管理、变更管理等方面的内容。

2）人员职责定义。

管理制度的建立要明确相关岗位人员的责任和权利范围，并要征求相关人员的意见，要保证责任明确。

3）行为规范规定。

管理制度是通过制度化、规范化的流程和行为，来保证各项管理工作的一致性。

4）评估与完善。

制度在发布、执行过程中，要定期对其进行评估，根据实际环境和情况的变化，对制度进行修改和完善，必要时考虑管理制度的重新制定。

活动输出：各项管理制度和操作规范。

（3）人员安全技能培训。

活动目标：本活动的目标是对人员的职责、素质、技能等方面进行培训，保证人员具有与其岗位职责相适应的技术能力和管理能力，以减少人为因素给系统带来的安全风险。

参与角色：信息系统主管部门，信息系统运营、使用单位，信息安全服务机构。

活动输入：系统/产品使用说明书，各项管理制度和操作规范。

活动描述：针对普通员工、管理员、开发人员、主管人员以及安全人员的特定技能培训和安全意识培训，培训后进行考核，合格者发给上岗资格证书等。

活动输出：培训记录及上岗资格证书等。

（4）安全实施过程管理。

活动目标：本活动的目标是在系统定级、规划设计、实施过程中，对工程的质量、进度、文档和变更等方面的工作进行监督控制和科学管理。

参与角色：信息系统运营、使用单位，信息安全服务机构，信息安全产品供应商。

活动输入：安全设计与实施阶段，参与各方相关进度控制和质量监督要求文档。

活动描述：本活动主要包括以下子活动内容。

1）质量管理。

质量管理首先要控制系统建设的质量，保证系统建设始终处于等级保护制度所要求的框架内进行。

同时，还要保证用于创建系统的过程的质量。在系统建设的过程中，要建立一个不断测试和改进质量的过程。在整个系统的生命周期中，通过测量、分析和修正活动，保证所完成目标和过程的质量。

2）风险管理。

为了识别、评估和减低风险，以保证系统工程活动和全部技术工作项目都成功实施。在整个系统建设过程中，风险管理要贯穿始终。

3）变更管理。

在系统建设的过程中，由于各种条件的变化，会导致变更的出现，变更发生在工程的范围、进度、质量、费用、人力资源、沟通、合同等多方面。每一次的变更处理，必须遵循同样的程序，即相同的文字报告、相同的管理办法、相同的监控过程。必须确定每一次变更对系统成本、进度、风险和技术要求的影响。一旦批准变更，必须设定一个程序来执行变更。

4）进度管理。

系统建设的实施必须要有一组明确的可交付成果，同时也要求有结束的日期。因此在建设系统的过程中，必须制订项目进度计划，绘制网络图，将系统分解为不同的子任务，并进行时间控制确保项目的如期完成。

5）文档管理。

文档是记录项目整个过程的书面资料，在系统建设的过程中，针对每个环节都有大量的文档输出，文档管理涉及系统建设的各个环节，主要包括：系统定级、规划设计、方案设计、安全实施、系统验收、人员培训等方面。

活动输出：各阶段管理过程文档。

4. 技术措施实现

（1）信息安全产品采购。

活动目标：本活动的目标是按照安全详细设计方案中，对于产品的具体指标要求进行产品采购。根据产品或产品组合实现的功能满足安全设计要求的情况，来选购所需的信息安全产品。

参与角色：信息安全产品供应商，信息系统运营、使用单位。

活动输入：安全详细设计方案，相关产品信息。

活动描述：本活动主要包括以下子活动内容。

1）制定产品采购说明书。

信息安全产品选型过程首先依据安全详细设计方案的设计要求，制定产品采购说明书，对产品的采购原则、采购范围、指标要求、采购方式、采购流程等方面进行说明，然后依据产品采购说明书对现有产品进行比对和筛选。对于产品的功能和性能指标，可以依据国家认可的测试机构所出具的产品测试报告，也可以依据用户自行组织的信息安全产品功能和性能选型测试所出具的报告。

2）产品选择。

在依据产品采购说明书对现有产品进行选择时，不仅要考虑产品的使用环境、安全功能、成本（包括采购和维护成本）、易用性、可扩展性、与其他产品的互动和兼容性等因素，还要考虑产品质量和可信性。产品可信性是保证系统安全的基础，用户在选择信息安全产品时应确保符合国家关于信息安全产品使用的有关规定。对于密码产品的使用，应当按照国家密码管理的相关规定进行选择和使用。

活动输出：需采购信息安全产品清单。

（2）安全控制开发。

活动目标：本活动的目标是对于一些不能通过采购现有信息安全产品来实现安全措施和安全功能，而要通过专门进行的设计、开发来实现。安全控制的开发应当与系统的应用开发同步设计、同步实施，而应用系统一旦开发完成后，再增加安全措施会造成很大的成本投入。因此，在应用系统开发的同时，要依据安全详细设计方案进行安全控制的开发设计，保证系统应用与安全控制同步建设。

参与角色：信息系统运营、使用单位，信息安全服务机构。

活动输入：安全详细设计方案。

活动描述：本活动主要包括以下子活动内容。

1）安全措施需求分析。

以规范的形式准确表达安全方案设计中的指标要求，确定软件设计的约束和软件同其他系统相关的接口细节。

2）概要设计。

概要设计要考虑安全方案中关于身份鉴别、访问控制、安全审计、剩余信息保护、通信完整性、通信保密性、抗抵赖等方面的指标要求，设计安全措施模块的体系结构，定义开发安全措施的模块组成，定义每个模块的主要功能和模块之间的接口。

3）详细设计。

依据概要设计说明书，将安全控制开发进一步细化，对每个安全功能模块的接口，函数要求，各接口之间的关系，各部分的内在实现机理都要进行详细的分析和细化设计。

按照功能的需求和模块划分进行各个部分的详细设计，包含接口设计和管理方式设计等。详细设计是设计人员根据概要设计书进行模块设计，将总体设计所获得的模块按照单元、程序、过程的顺序逐步细化，详细定义各个单元的数据结构、程序的实现算法以及程序、单元、模块之间的接口等，作为以后编码工作的依据。

4）编码实现。

按照设计进行硬件调试和软件的编码，在编码和开发过程中，要关注硬件组合的安全性和编码的安全性，并通过论证和测试。

5）测试。

开发基本完成后要进行测试，保证功能的实现和安全性的实现。测试分为单元测试、集成测试、系统测试和以用户试用为主的用户测试四个步骤。

6）安全控制开发过程文档化。

安全控制开发过程需要将概要设计说明书、详细设计说明书、开发测试报告以及开发说明书等整理归档。

活动输出：安全控制开发过程相关文档。

（3）安全控制集成。

活动目标：本活动的目标是将不同的软硬件产品集成起来，依据安全详细设计方案，将信息安全产品、系统软件平台和开发的安全控制模块与各种应用系统综合、整合成为一个系统。安全控制集成的过程需要把安全实施、风险控制、质量控制等有机结合起来，遵循运营使用单位与信息安全服务机构共同参与相互配合的实施原则。

参与角色：信息系统运营、使用单位，信息安全服务机构。

活动输入：安全详细设计方案。

活动描述：本活动主要包括以下子活动内容。

1）集成实施方案制定。

主要工作内容是制定集成实施方案，集成实施方案的目标是具体指导工程的建设内容、方法和规范等，实施方案有别于安全设计方案的一个显著特征之处就是它的可操作性很强，要具体落实到产品的安装、部署和配置中，实施方案是工程建设的具体指导文件。

2）集成准备。

主要工作内容是对实施环境进行准备，包括硬件设备准备、软件系统准备、环境准备。

为了保证系统实施的质量，信息安全服务机构应该依据系统设计方案，制定一套可行的系统质量控制方案，以便有效地指导系统实施过程。该质量控制方案应该确定系统实施各个阶段的质量控制目标、控制措施、工程质量问题的处理流程、系统实施人员的职责要求等，并提供详细的安全控制集成进度表。

3）集成实施。

主要工作内容是将配置好策略的信息安全产品和开发控制模块部署到实际的应用环境中，并调整相关策略。集成实施应严格按照集成进度安排进行，出现问题各方应及时沟通。系统实施的各个环节应该遵照质量控制方案的要求，分别进行系统测试，逐步实现质量控制目标。如综合布线系统施工过程中，应该及时利用网络测试仪测定线路质量，及早发现并解决质量问题。

4）培训。

信息系统建设完成后，安全服务提供商应当向运营和使用单位提供信息系统使用说明书及建设过程文档，同时需要对系统维护人员进行必要培训，培训效果的好坏将直接影响到今后系统能否安全运行。

5）形成安全控制集成报告。

应将安全控制集成过程相关内容文档化，并形成安全控制集成报告，其包含集成实施方案、质量控制方案、集成实施报告以及培训考核记录等内容。

活动输出：安全控制集成报告。

（4）系统验收。

活动目标：

本活动的目标是检验系统是否严格按照安全详细设计方案进行建设，是否实现了设计的功能和性能。在安全控制集成工作完成后，系统测试及验收是从总体出发，对整个系统进行集成性安全测试，包括对系统运行效率和可靠性的测试，也包括对管理措施落实内容的验收。

参与角色：信息系统主管部门，信息系统运营、使用单位，信息安全服务机构。

活动输入：安全详细设计方案，安全控制集成报告。

活动描述：本活动主要包括以下子活动内容。

1）系统验收准备。

安全控制开发、集成完成后，要根据安全设计方案中需要达到的安全目标，准备系统验收方案。系统验收方案应当立足于合同条款、需求说明书和安全设计方案，充分体现用户的安全需求。

成立系统验收工作组对验收方案进行审核，组织制定验收计划、定义验收的方法和严格程度。

2）组织系统验收。

由系统验收工作组按照验收计划负责组织实施，组织测试人员根据已通过评审的系统验收方案对系统进行测试。

3）验收报告。

在测试完成后形成验收报告，验收报告需要用户与建设方进行确认。验收报告将明确给出验收的结论，安全服务提供商应当根据验收意见尽快修正有关问题，重新进行验收或者转入合同争议处理程序。

4）系统交付。

在系统验收通过以后，要进行系统的交付，需要安全服务提供商提交系统建设过程中的文档、指导用户进行系统运行维护的文档、服务承诺书等。

活动输出：系统验收报告。

2.2.4 安全运行与维护

1. 安全运行与维护阶段的工作流程

安全运行与维护是等级保护实施过程中，确保信息系统正常运行的必要环节。该环节涉及的内容很多，包括安全运行与维护机构的安全运行、安全运行与维护机制的建立，环境、资产、设备、介质的管理，网络、系统的管理，密码、密钥的管理，运行、变更的管理，安全状态监控和安全事件处置，安全审计和安全检查等内容。

这里并不对上述所有的过程进行描述，而是只关注安全运行与维护阶段的运行管理和控制、变更管理和控制、安全状态监控、安全事件处置和应急预案、安全检查和持续改进以及监督检查等过程，安全运行与维护阶段的工作流程如图 2-5 所示。

2. 运行管理和控制

（1）运行管理职责确定。

活动目标：本活动的目标是通过对运行管理活动或任务的角色划分，并授予相应的管理权限，来确定安全运行管理的具体人员和职责。

参与角色：信息系统运营、使用单位。

活动输入：安全详细设计方案，安全组织机构表。

活动描述：本活动主要包括以下子活动内容。

1）划分运行管理角色。

根据管理制度和实际运行管理需求，划分运行管理需要的角色。越高安全保护等级的运行管理角色划分越细。

2）授予管理权限。

根据管理制度和实际运行管理需要，授予每一个运行管理角色不同的管理权限。安全保护等级越高的系统管理权限的划分也越细。

3）定义人员职责。

根据不同的安全保护等级要求的控制粒度，分析所需要运行管理控制的内容，并以此定义不同运行管理角色的职责。

活动输出：运行管理人员角色和职责表。

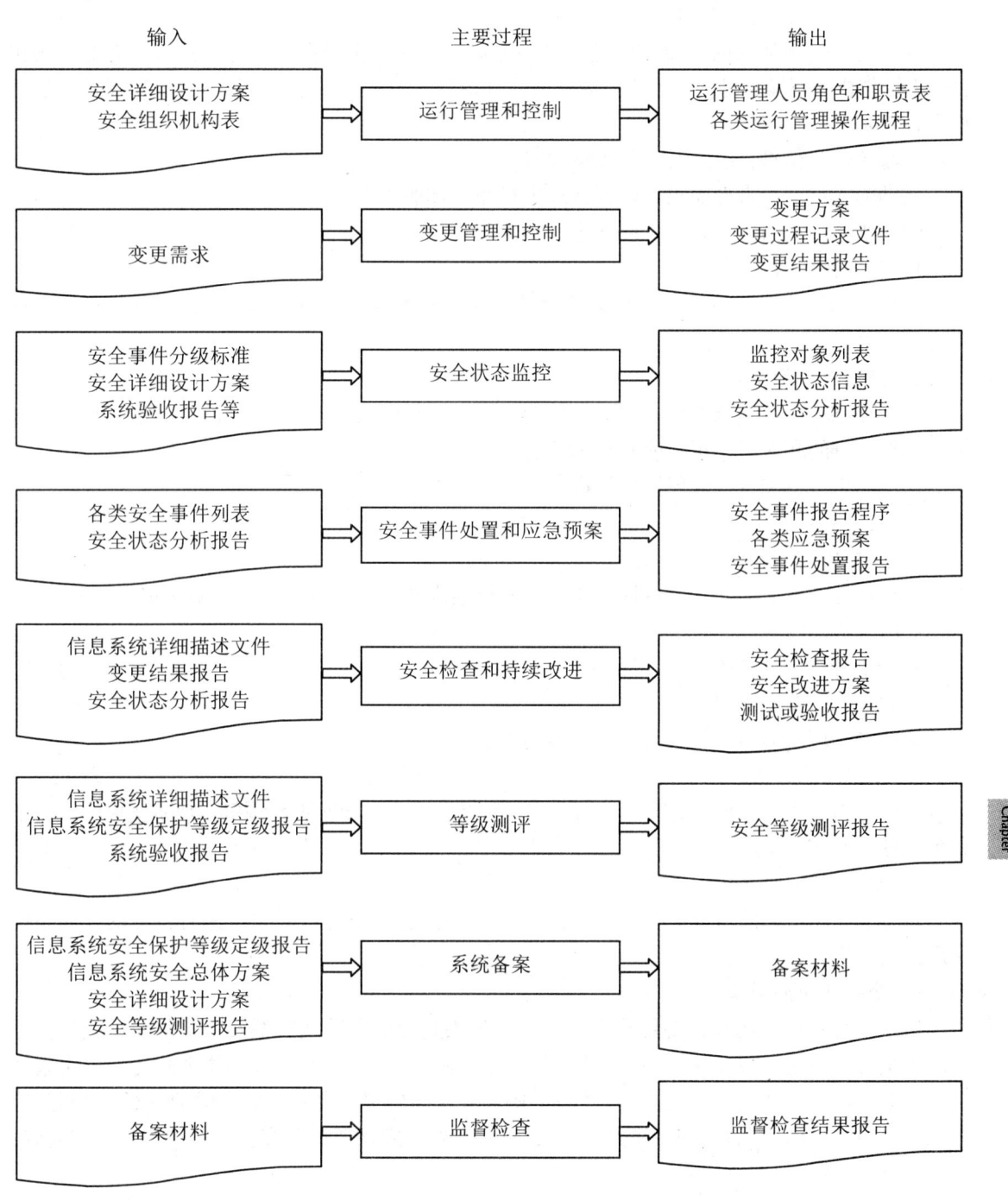

图 2-5 安全运行与维护阶段的主要过程

（2）运行管理过程控制。

活动目标：本活动的主要目标是通过制定运行管理操作规程，确定运行管理人员的操作目的、操作内容、操作时间和地点、操作方法和流程等，并进行操作过程记录，确保对操作过程进行控制。

参与角色：信息系统运营、使用单位。

活动输入：运行管理需求，运行管理人员角色和职责表。

活动描述：本活动主要包括以下子活动内容。

1）建立操作规程。

将操作过程或流程规范化，并形成指导运行管理人员工作的操作规程，操作规程作为正式文件处理。

2）操作过程记录。

对运行管理人员按照操作规程，执行的操作过程形成相关的记录文件，可能是日志文件，记录操作的时间和人员、正常或异常等信息。

活动输出：各类运行管理操作规程。

3. 变更管理和控制

（1）变更需求和变更影响分析。

活动目标：本活动的主要目标是通过对变更需求和变更影响的分析，来确定变更的类别，计划后续的活动内容。

参与角色：信息系统运营、使用单位。

活动输入：变更需求。

活动描述：本活动主要包括以下子活动内容。

1）变更需求分析。

对变更需求进行分析，确定变更的内容、变更资源需求和变更范围等，判断变更的必要性和可行性。

2）变更影响分析。

对变更可能引起的后果进行判断和分析，确定可能产生的影响大小，进行变更的先决条件和后续活动等。

3）明确变更的类别。

确定信息系统是局部调整还是重大变更。如果是由信息系统类型发生变化、承载的信息资产类型发生变化、信息系统服务范围发生变化和业务处理自动化程度发生变化等原因引起信息系统安全保护等级发生变化的重大变更，则需要重新确定信息系统安全保护等级，返回到等级保护实施过程的信息系统定级阶段。如果是局部调整，则需要确定配套进行的其他工作内容。

4）制定变更方案。

根据1）、2）、3）的结果制定变更方案。

活动输出：变更方案。

（2）变更过程控制。

活动目标：本活动的目标是确保变更实施过程受到控制，各项变化内容进行记录，保证变更对业务的影响最小。

参与角色：信息系统运营、使用单位。

活动输入：变更方案。

活动描述：本活动主要包括以下子活动内容。

1）变更内容审核和审批。

对变更目的、内容、影响、时间和地点以及人员权限进行审核，以确保变更合理、科学的实施。按照机构建立的审批流程对变更方案进行审批。

2）建立变更过程日志。

按照批准的变更方案实施变更，对变更过程各类系统状态、各种操作活动等建立操作记录或日志。

3）形成变更结果报告。

收集变更过程的各类相关文档，整理、分析和总结各类数据，形成变更结果报告，并归档保存。

活动输出：变更结果报告。

4. 安全状态监控

（1）监控对象确定。

活动目标：本活动的目标是确定可能会对信息系统安全造成影响的因素，即确定安全状态监控的对象。

参与角色：信息系统运营、使用单位。

活动输入：安全详细设计方案、系统验收报告等。

活动描述：本活动主要包括以下子活动内容。

1）安全关键点分析。

对影响系统、业务安全性的关键要素进行分析，确定安全状态监控的对象，这些对象可能包括防火墙、入侵检测、核心路由器、核心交换机、主要通信线路、关键服务器或客户端等系统范围内的对象；也可能包括安全标准和法律法规等外部对象。

2）形成监控对象列表。

根据确定的监控对象，分析监控的必要性和可行性、监控的开销和成本等因素，形成监控对象列表。

活动输出：监控对象列表。

（2）监控对象状态信息收集。

活动目标：本活动的目标是选择状态监控工具，收集安全状态监控的信息，识别和记录入侵行为，对信息系统的安全状态进行监控。

参与角色：信息系统运营、使用单位。

活动输入：监控对象列表。

活动描述：本活动主要包括以下子活动内容。

1）选择监控工具。

根据监控对象的特点、监控管理的具体要求、监控工具的功能和性能特点等，选择合适的监控工具。

监控工具也可能不是自动化的工具，而只是由各类人员构成的，遵循一定规则进行操作的组织，或者是两者的综合。

2）状态信息收集。

收集来自监控对象的各类状态信息，可能包括网络流量、日志信息、安全报警和性能状况等；或者是来自外部环境的安全标准和法律法规的变更信息。

活动输出：安全状态信息。

（3）监控状态分析和报告。

活动目标：本活动的目标是通过对安全状态信息进行分析，及时发现安全事件或安全变更需求，并对其影响程度和范围进行分析，形成安全状态结果分析报告。

参与角色：信息系统运营、使用单位。

活动输入：安全状态信息。

活动描述：本活动主要包括以下子活动内容。

1）状态分析。

对安全状态信息进行分析，及时发现险情、隐患或安全事件，并记录这些安全事件，分析其发展趋势。

2）影响分析。

根据对安全状况变化的分析，分析这些变化对安全的影响，通过判断它们的影响决定是否有必要作出响应。

3）形成安全状态分析报告。

根据安全状态分析和影响分析的结果，形成安全状态分析报告，上报安全事件或提出变更需求。

活动输出：安全状态分析报告。

5. 安全事件处置和应急预案

（1）安全事件分级。

活动目标：本活动的目标是结合信息系统的实际情况，分析事件对信息系统的破坏程度，所造成后果严重程度，将安全事件依次进行分级。

参与角色：信息系统运营、使用单位。

活动输入：各类安全事件列表。

活动描述：本活动主要包括以下子活动内容。

1）安全事件调查和分析。

针对各类安全事件列表，调查本系统内安全事件的类型、安全事件对业务的影响范围和程度以及安全事件的敏感程度等信息，分析对安全事件进行响应恢复所需要的时间。

2）安全事件等级划分。

根据以上调查和分析结果，根据信息安全事件造成的损失程度，信息系统遭到破坏后对国家安全、社会秩序、公共利益以及公民、法人和其他组织的合法权益的危害程度等因素，确定事件等级，制定安全事件的报告程序。

活动输出：安全事件报告程序。

（2）应急预案制定。

活动目标：本活动的目标是通过对安全事件的等级分析，在统一的应急预案框架下制定不同安全事件的应急预案。

参与角色：信息系统运营、使用单位。

活动输入：安全事件报告程序。

活动描述：本活动主要包括以下子活动内容。

1）确定应急预案对象。

针对安全事件等级，考虑其可能性和对系统和业务产生的影响，确定需制定应急预案的安全事件对象。

2）确定和认可各项职责。

在统一的应急预案框架下，明确和认可应急预案中各部门的职责，并协调各部门间的合作和分工。

3）制定应急预案程序及其执行条件。

针对不同等级、不同优先级的安全事件，制定相应的应急预案程序，确定不同等级事件的响应和处置范围、程度以及适用的管理制度，说明应急预案启动的条件，发生安全事件后要采取的流程和措施，并按照预案定期开展演练。

活动输出：各类应急预案。

（3）安全事件处置。

活动目标：本活动的目标是对监控到的安全事件采取适当的方法进行处置，对安全事件的影响程度和等级进行分析，确定是否启动应急响应。

参与角色：信息系统运营、使用单位。

活动输入：安全状态分析报告，安全事件报告程序，各类应急预案。

活动描述：本活动主要包括以下子活动内容。

1）安全事件上报。

根据安全状态分析报告分析可能的安全事件，对接报的安全事件进行分析，明确安全事件等级、影响程度以及优先级等，按照安全事件报告程序上报安全事件，确定是否应对安全事件启动应急预案。

2）安全事件处置。

对于应该启动应急预案的安全事件按照应急预案响应机制进行安全事件处置。对未知安全事件的处置，应根据安全事件的等级，制定安全事件处置方案，包括安全事件处置方法以及应采取的措施等；并按照安全事件处置流程和方案对安全事件进行处置。

3）安全事件总结和报告。

一旦安全事件得到解决，对于未知的安全事件进行事件记录，分析记录信息并补充所需信息，使安全事件成为已知事件，并文档化；对安全事件处置过程进行总结，制定安全事件处置报告，并保存。

活动输出：安全事件处置报告。

6. 安全检查和持续改进

（1）安全状态检查。

活动目标：本活动的主要目标是通过对信息系统的安全状态进行检查，为信息系统的持续改进过程提供依据和建议，确保信息系统的安全保护能力满足相应等级安全要求。

关于等级测评见 2.2.4（7）节，关于监督检查见 2.2.4（9）节，本节描述自我检查过程。

参与角色：信息系统主管部门，信息系统运营、使用单位。

活动输入：信息系统详细描述文件，变更结果报告，安全状态分析报告。

活动描述：本活动主要包括以下子活动内容。

1）确定检查对象和检查方法。

确定检查的目标和意义，确定本次安全检查活动是自己组织的检查还是其他方组织的安全检查，如果是其他方组织的安全检查，则需要与其他方实施检查的单位进行沟通、洽谈和配合。

2）制定检查计划和检查方案。

确定检查工作的角色和职责，确定检查工作的方法，成立安全检查工作组。制定安全检查工作计划和安全检查方案，说明安全检查的范围、对象、工作方法等，准备安全检查需要的各类表单和工具。

3）安全检查实施。

根据安全检查计划，通过询问、检查和测试等多种手段，进行安全状况检查，记录各种检查活动的结果数据，分析安全措施的有效性、安全事件产生的可能性和信息系统的实际改进需求等。

4）安全检查结果和报告。

总结安全检查的结果，提出改进的建议，并产生安全检查报告。将安全检查过程的各类文档、资料归档保存。

活动输出：安全检查报告。

（2）改进方案制定。

活动目标：本活动的主要目标是依据安全检查的结果，调整信息系统的安全状态，保证信息系统安全防护的有效性。

参与角色：信息系统运营、使用单位。

活动输入：安全检查报告。

活动描述：本活动主要包括以下子活动内容。

1）安全改进的立项。

根据安全检查结果确定安全改进的策略，如果涉及安全保护等级的变化，则应进入安全保护等级保护实施的一个新的循环过程；如果安全保护等级不变，但是调整内容较多、涉及范围较大，则应对安全改进项目进行立项，重新开始安全实施/实现过程，参见第 2.2.3 节；如果调整内容较小，则可以直接进行安全改进实施。

2）制定安全改进方案。

确定安全改进的工作方法、工作内容、人员分工、时间计划等，制定安全改进方案。安全改进方案只适用于小范围内的安全改进，如安全加固、配置加强、系统补丁等。

活动输出：安全改进方案。

（3）安全改进实施。

活动目标：本活动的目标是保证按照安全改进方案实现各项补充安全措施，并确保原有的技术措施和管理措施与各项补充的安全措施一致有效地工作。

参与角色：信息系统运营、使用单位。

活动输入：安全改进方案。

活动描述：本活动主要包括以下子活动内容。

1）安全方案实施控制。

见 2.2.3（3）节，安全实施过程管理。

2）安全措施测试与验收。

见 2.2.3（4）节，系统验收。

3）配套技术文件和管理制度的修订。

按照安全改进方案实施和落实各项补充的安全措施后，要调整和修订各类相关的技术文件和管理制度，保证原有体系的完整性和一致性。

活动输出：测试或验收报告。

7. 等级测评

活动目标：本活动的目标是通过信息安全等级测评机构对已经完成等级保护建设的信息系统定期进行等级测评，确保信息系统的安全保护措施符合相应等级的安全要求。

参与角色：信息系统主管部门，信息系统运营、使用单位，信息安全等级测评机构。

活动输入：信息系统详细描述文件，信息系统安全保护等级定级报告，系统验收报告。

活动描述：参见有关信息系统安全保护等级测评的规范或标准。

活动输出：安全等级测评报告。

8. 系统备案

活动目标：本活动的目标是根据国家管理部门对备案的要求，整理相关备案材料，并向受理备案的单位提交备案材料。

参与角色：信息系统主管部门，信息系统运营、使用单位，国家管理部门。

活动输入：信息系统安全保护等级定级报告，信息系统安全总体方案，安全详细设计方案，安全等级测评报告。

活动描述：本活动主要包括以下子活动内容。

（1）备案材料整理。

信息系统运营、使用单位针对备案材料的要求，整理、填写备案材料。

（2）备案材料提交。

信息系统运营、使用单位根据国家管理部门的要求办理定级备案手续，提交备案材料。国家管理部门接收备案材料。

活动输出：备案材料。

9. 监督检查

活动目标：本活动的目标是通过国家管理部门对信息系统定级、规划设计、建设实施和运行管理等过程进行监督检查，确保其符合信息系统安全保护相应等级的要求。

参与角色：信息系统主管部门，信息系统运营、使用单位，国家管理部门。

活动输入：备案材料。

活动描述：参见信息安全等级保护监督检查的规范或标准。

活动输出：监督检查结果报告。

2.2.5 信息系统终止

1. 信息系统终止阶段的工作流程

信息系统终止阶段是等级保护实施过程中的最后环节。当信息系统被转移、终止或废弃时，正确处理系统内的敏感信息对于确保机构信息资产的安全是至关重要的。在信息系统生命周期中，有些系统并不是真正意义上的废弃，而是改进技术或转变业务到新的信息系统，对于这些信息系统在终止处理过程中应确保信息转移、设备迁移和介质销毁等方面的安全。

这里只关注信息系统终止阶段的信息转移、暂存和清除，设备迁移或废弃，存储介质的清除或销毁等活动，如图 2-6 所示。

2. 信息转移、暂存和清除

活动目标：本活动的目标是在信息系统终止处理过程中，对于可能会在另外的信息系统中使用的信息，采取适当的方法将其安全地转移或暂存到可以恢复的介质中，确保将来可以继续使用，同时采用安全的方法清除要终止的信息系统中的信息。

参与角色：信息系统运营、使用单位。

活动输入：信息系统信息资产清单。

活动描述：本活动主要包括以下子活动内容。

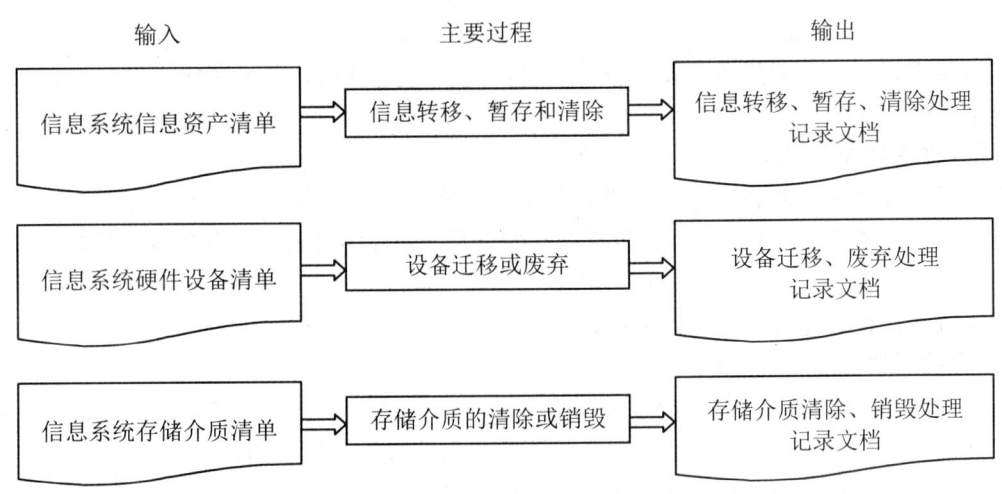

图 2-6　信息系统终止阶段的工作流程

（1）识别要转移、暂存和清除的信息资产。

根据要终止的信息系统的信息资产清单，识别重要信息资产所处的位置以及当前状态等，列出需转移、暂存和清除的信息资产的清单。

（2）信息资产转移、暂存和清除。

根据信息资产的重要程度制定信息资产的转移、暂存、清除的方法和过程。如果是涉密信息，应该按照国家相关部门的规定进行转移、暂存和清除。

（3）处理过程记录。

记录信息转移、暂存和清除的过程，包括参与的人员，转移、暂存和清除的方式以及目前信息所处的位置等。

活动输出：信息转移、暂存、清除处理记录文档。

3. 设备迁移或废弃

活动目标：本活动的目标是确保信息系统终止后，迁移或废弃的设备内不包括敏感信息，对设备的处理方式应符合国家相关部门的要求。

参与角色：信息系统运营、使用单位。

活动输入：设备迁移或废弃清单等。

活动描述：本活动主要包括以下子活动内容。

（1）软硬件设备识别。

根据要终止的信息系统的设备清单，识别要被迁移或废弃的硬件设备所处的位置以及当前状态等，列出需迁移、废弃的设备的清单。

（2）制定硬件设备处理方案。

根据规定和实际情况制定设备处理方案，包括重用设备、废弃设备、敏感信息的清除方法等。

（3）处理方案审批。

包括重用设备、废弃设备、敏感信息的清除方法等的设备处理方案应该经过主管领导审查和批准。

（4）设备处理和记录。

根据设备处理方案对设备进行处理，如果是涉密信息的设备，其处理过程应符合国家相关部门的规定；记录设备处理过程，包括参与的人员、处理的方式、是否有残余信息的检查结果等。

*活动输出：*设备迁移、废弃处理报告。

4. 存储介质的清除或销毁

*活动目标：*本活动的目标是通过采用合理的方式对计算机介质（包括磁带、磁盘、打印结果和文档）进行信息清除或销毁处理，防止介质内的敏感信息泄露。

*参与角色：*信息系统运营、使用单位。

*活动输入：*存储介质清单等。

*活动描述：*本活动主要包括以下子活动内容。

（1）识别要清除或销毁的介质。

根据要终止的信息系统的存储介质清单，识别载有重要信息的存储介质所处的位置以及当前状态等，列出需清除或销毁的存储介质清单。

（2）确定存储介质处理方法和流程。

根据存储介质所承载信息的敏感程度确定对存储介质的处理方式和处理流程。存储介质的处理包括数据清除和存储介质销毁等。对于存储涉密信息的介质应按照国家相关部门的规定进行处理。

（3）处理方案审批。

包括存储介质的处理方式和处理流程等的处理方案应该经过主管领导审查和批准。

（4）存储介质处理和记录。

根据存储介质处理方案对存储介质进行处理，记录处理过程，包括参与的人员、处理的方式、是否有残余信息的检查结果等。

*活动输出：*存储介质的清除或销毁记录文档。

思考与练习

1. 画图说明等级保护工作的实施流程？
2. 概述信息安全等级保护实施过程中涉及的各类角色和其职责？
3. 概述信息安全等级保护的五个标准环节及其主要任务？
4. 概述总体安全规划阶段的目标？
5. 概述总体安全规划阶段的工作流程？

3 信息系统的等级保护定级

任务描述

本章介绍了等级保护的定级要素、方法和主要过程，并以教育信息系统为例，进行信息系统的分析和定级。本章涵盖以下主题：

- 信息系统定级概述
- 等级保护定级主要过程
- 教育信息系统分析与定级

3.1 信息系统定级概述

3.1.1 信息系统定级的重要性

信息系统定级作为落实等级保护工作的第一步，对等级保护工作的实施具有指导性作用。从等级保护角度看，安全级别定不准，系统备案、建设整改、等级测评等工作就都失去了针对性，完整地理解国家等级保护政策、准确定级，是开展后续整改和测评工作的基础，可以避免后续工作走弯路，造成投资浪费或者安全程度过低；从定级单位自身的安全需求看，是本单位结合业务需求、信息安全建设现状，从自身安全需求出发，进行有针对性的信息安全规划、建设、运维的实际要求。

需要特别说明的是：信息系统的安全保护等级是信息系统的客观属性，不以已采取或将采取什么安全保护措施为依据，也不以风险评估为依据，而是以信息系统的重要性和信息系统遭到破坏后对国家安全、社会稳定、人民群众合法权益的危害程度为依据，确定信息系统的安全等级。即从国家、人民群众的根本利益出发，考虑信息系统受到损害后的最大风险。

信息系统运营使用单位在定级时，公安机关网监部门可以对信息系统运营使用单位在定级工作中给予指导和帮助，保障信息系统运营使用单位科学、合理地确定定级对象和准确定级。

公安部、国家保密局、国家密码管理局、国务院信息化工作办公室联合下发《关于开展全国重要信息系统安全等级保护定级工作的通知》（公信安[2007]861号），定于2007年7月至10月在全国范围内组织开展重要信息系统安全等级保护定级工作，包括：

（1）电信、广电行业的公用通信网、广播电视传输网等基础信息网络，经营性公众互联网信息服务单位、互联网接入服务单位、数据中心等单位的重要信息系统。

（2）铁路、银行、海关、税务、民航、电力、证券、保险、外交、科技、发展改革、国防科技、公安、人事劳动和社会保障、财政、审计、商务、水利、国土资源、能源、交通、文化、教育、统计、工商行政管理、邮政等行业、部门的生产、调度、管理、办公等重要信息系统。

（3）市（地）级以上党政机关的重要网站和办公信息系统。

（4）涉及国家秘密的信息系统。

3.1.2　安全保护等级的定级要素

信息系统的安全保护等级由两个定级要素决定：等级保护对象受到破坏时所侵害的客体和对客体造成侵害的程度。

1. 受侵害的客体

等级保护对象受到破坏时所侵害的客体包括以下三个方面：公民、法人和其他组织的合法权益；社会秩序、公共利益；国家安全。

2. 对客体的侵害程度

对客体的侵害程度由客观方面的不同外在表现综合决定。由于对客体的侵害是通过对等级保护对象的破坏实现的，因此，对客体的侵害外在表现为对等级保护对象的破坏，通过危害方式、危害后果和危害程度加以描述。

等级保护对象受到破坏后对客体造成侵害的程度归结为以下三种：造成一般损害；造成严重损害；造成特别严重损害。

3. 定级要素与信息系统安全保护等级关系

定级要素与信息系统安全保护等级的关系如表3-1所示。

表3-1　定级要素与信息系统安全保护等级的关系

受侵害的客体	对客体的侵害程度		
	一般损害	严重损害	特别严重损害
公民、法人和其他组织的合法权益	第一级	第二级	第二级
社会秩序、公共利益	第二级	第三级	第四级
国家安全	第三级	第四级	第五级

3.1.3 安全保护等级定级方法

1. 信息系统安全

信息系统安全包括业务信息安全和系统服务安全,与之相对应的受侵害客体和对客体的侵害程度可能不同。因此,信息系统定级也应由业务信息安全和系统服务安全两方面确定。

从业务信息安全角度反映的信息系统安全保护等级称业务信息安全保护等级。从系统服务安全角度反映的信息系统安全保护等级称系统服务安全保护等级。

2. 一般定级流程

确定信息系统安全保护等级的一般流程如图 3-1 所示:

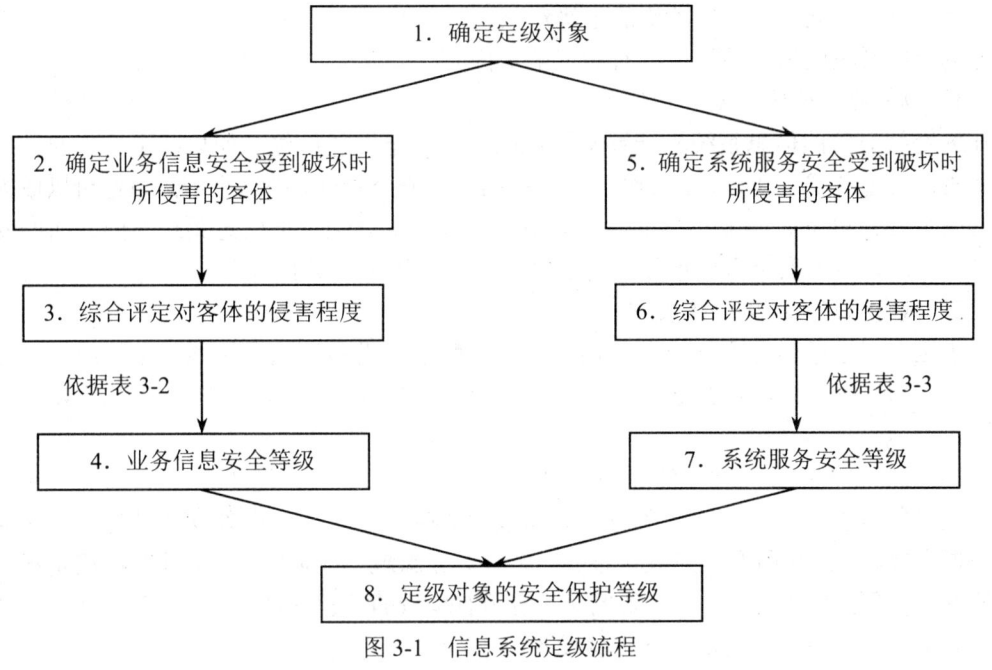

图 3-1 信息系统定级流程

(1)确定作为定级对象的信息系统。
(2)确定业务信息安全受到破坏时所侵害的客体。
(3)根据不同的受侵害客体,从多个方面综合评定业务信息安全被破坏对客体的侵害程度。
(4)依据表 3-2(见 3.2.4 节),得到业务信息安全保护等级。
(5)确定系统服务安全受到破坏时所侵害的客体。
(6)根据不同的受侵害客体,从多个方面综合评定系统服务安全被破坏对客体的侵害程度。
(7)依据表 3-3(见 3.2.4 节),得到系统服务安全保护等级。

(8) 将业务信息安全保护等级和系统服务安全保护等级的较高者确定为定级对象的安全保护等级。

3.2 等级保护定级主要过程

3.2.1 确定定级对象

一个单位内运行的信息系统可能比较庞大，为了体现重要部分重点保护，有效控制信息安全建设成本，优化信息安全资源配置的等级保护原则，可将较大的信息系统划分为若干个较小的、可能具有不同安全保护等级的定级对象。

作为定级对象的信息系统应具有如下基本特征：

（1）具有唯一确定的安全责任单位。

作为定级对象的信息系统应能够唯一地确定其安全责任单位。如果一个单位的某个下级单位负责信息系统安全建设、运行维护等过程的全部安全责任，则这个下级单位可以成为信息系统的安全责任单位；如果一个单位中的不同下级单位分别承担信息系统不同方面的安全责任，则该信息系统的安全责任单位应是这些下级单位共同所属的单位。

（2）具有信息系统的基本要素。

作为定级对象的信息系统应该是由相关的和配套的设备、设施按照一定的应用目标和规则组合而成的有形实体。应避免将某个单一的系统组件，如服务器、终端、网络设备等作为定级对象。

（3）承载单一或相对独立的业务应用。

定级对象承载"单一"的业务应用是指该业务应用的业务流程独立，且与其他业务应用没有数据交换，且独享所有信息处理设备。定级对象承载"相对独立"的业务应用是指其业务应用的主要业务流程独立，同时与其他业务应用有少量的数据交换，定级对象可能会与其他业务应用共享一些设备，尤其是网络传输设备。

3.2.2 确定受侵害的客体

定级对象受到破坏时所侵害的客体包括国家安全、社会秩序、公众利益以及公民、法人和其他组织的合法权益。这些合法权益是指由法律确认的并受法律保护的公民、法人和其他组织所享有的一定的社会权利和利益。

1. 侵害国家安全的事项

包括以下几个方面：

（1）影响国家政权稳固和国防实力。

（2）影响国家统一、民族团结和社会安定。

（3）影响国家对外活动中的政治、经济利益。
（4）影响国家重要的安全保卫工作。
（5）影响国家经济竞争力和科技实力。
（6）其他影响国家安全的事项。

2．侵害社会秩序的事项

包括以下几个方面：

（1）影响国家机关社会管理和公共服务的工作秩序。
（2）影响各种类型的经济活动秩序。
（3）影响各行业的科研、生产秩序。
（4）影响公众在法律约束和道德规范下的正常生活秩序等。
（5）其他影响社会秩序的事项。

3．影响公共利益的事项

包括以下几个方面：

（1）影响社会成员使用公共设施。
（2）影响社会成员获取公开信息资源。
（3）影响社会成员接受公共服务等方面。
（4）其他影响公共利益的事项。

确定作为定级对象的信息系统受到破坏后所侵害的客体时，应首先判断是否侵害国家安全，然后判断是否侵害社会秩序或公众利益，最后判断是否侵害公民、法人和其他组织的合法权益。

各行业可根据本行业业务特点，分析各类信息和各类信息系统与国家安全、社会秩序、公共利益以及公民、法人和其他组织的合法权益的关系，从而确定本行业各类信息和各类信息系统受到破坏时所侵害的客体。

3.2.3 确定对客体的侵害程度

1．侵害的客观方面

在客观方面，对客体的侵害外在表现为对定级对象的破坏，其危害方式表现为对信息安全的破坏和对信息系统服务的破坏，其中信息安全是指确保信息系统内信息的保密性、完整性和可用性等；系统服务安全是指为确保信息系统可以及时、有效地提供服务，以完成预定的业务目标。由于业务信息安全和系统服务安全受到破坏所侵害的客体和对客体的侵害程度可能会有所不同，在定级过程中，需要分别处理这两种危害方式。

信息安全和系统服务安全受到破坏后，可能产生以下危害后果：影响行使工作职能、导致业务能力下降、引起法律纠纷、导致财产损失、造成社会不良影响、对其他组织和个人造成损失、其他影响。

2. 综合判定侵害程度

侵害程度是客观方面的不同外在表现的综合体现。因此，应首先根据不同的受侵害客体、不同危害后果分别确定其危害程度。对不同危害后果确定其危害程度所采取的方法和所考虑的角度可能不同，例如系统服务安全被破坏导致业务能力下降的程度可以从信息系统服务覆盖的区域范围、用户人数或业务量等不同方面确定；业务信息安全被破坏导致的财物损失可以从直接的资金损失大小、间接的信息恢复费用等方面进行确定。

在针对不同的受侵害客体进行侵害程度的判断时，应参照以下不同的判别基准：

如果受侵害客体是公民、法人或其他组织的合法权益，则以本人或本单位的总体利益作为判断侵害程度的基准；如果受侵害客体是社会秩序、公共利益或国家安全，则应以整个行业或国家的总体利益作为判断侵害程度的基准。

不同危害后果的三种危害程度描述如下：

（1）一般损害：工作职能受到局部影响，业务能力有所降低但不影响主要功能的执行，出现较轻的法律问题，较低的财产损失，有限的社会不良影响，对其他组织和个人造成较低损害。

（2）严重损害：工作职能受到严重影响，业务能力显著下降且严重影响主要功能执行，出现较严重的法律问题，较高的财产损失，较大范围的社会不良影响，对其他组织和个人造成较严重损害。

（3）特别严重损害：工作职能受到特别严重影响或丧失行使能力，业务能力严重下降且或功能无法执行，出现极其严重的法律问题，极高的财产损失，大范围的社会不良影响，对其他组织和个人造成非常严重损害。

信息安全和系统服务安全被破坏后对客体的侵害程度，由对不同危害结果的危害程度进行综合评定得出。由于各行业信息系统所处理的信息种类和系统服务特点各不相同，信息安全和系统服务安全受到破坏后关注的危害结果、危害程度的计算方式均可能不同，各行业可根据本行业信息特点和系统服务特点，制定危害程度的综合评定方法，并给出侵害不同客体造成一般损害、严重损害、特别严重损害的具体定义。

3.2.4 确定定级对象的安全保护等级

根据业务信息安全被破坏时所侵害的客体以及对相应客体的侵害程度，依据表 3-2 业务信息安全保护等级矩阵表，即可得到业务信息安全保护等级。

表 3-2 业务信息安全保护等级矩阵表

业务信息安全被破坏时所侵害的客体	对相应客体的侵害程度		
	一般损害	严重损害	特别严重损害
公民、法人和其他组织的合法权益	第一级	第二级	第二级
社会秩序、公共利益	第二级	第三级	第四级
国家安全	第三级	第四级	第五级

根据系统服务安全被破坏时所侵害的客体以及对相应客体的侵害程度，依据表 3-3 系统服务安全保护等级矩阵表，即可得到系统服务安全保护等级。

表 3-3　系统服务安全保护等级矩阵表

系统服务安全被破坏时所侵害的客体	对相应客体的侵害程度		
	一般损害	严重损害	特别严重损害
公民、法人和其他组织的合法权益	第一级	第二级	第二级
社会秩序、公共利益	第二级	第三级	第四级
国家安全	第三级	第四级	第五级

作为定级对象的信息系统的安全保护等级由业务信息安全保护等级和系统服务安全保护等级的较高者决定。

3.2.5　等级变更

在信息系统的运行过程中，安全保护等级应随着信息系统所处理的信息和业务状态的变化进行适当的变更，尤其是当状态变化可能导致业务信息安全或系统服务受到破坏后的受侵害客体和对客体的侵害程度有较大的变化，可能影响到系统的安全保护等级时，应当重新对系统进行定级。

3.3　教育信息系统分析与定级

3.3.1　教育信息系统等级保护的对象

根据省级教育行政部门及高等院校实际情况，按照定级对象的基本特征，综合考虑信息系统的责任单位、业务类型和业务重要性等各种因素，可以将省级教育行政部门和高等院校相关信息系统按照信息系统类别及承载的业务性质进行分类，分别如表 3-4 和表 3-5 所示。

表 3-4　省级教育行政部门信息安全等级保护对象分类

序号	分类	功能	描述
1	行政管理类	办公与事务处理系统	公文流转与日常事务处理等
2		视频会议系统	提供在线声音、影像及文件资料的即时共享，实现在线沟通的会议系统
3		公文与信息交换系统	教育部指定的公文传输平台，主要提供上下级教育行政部门和学校之间的文件传输等功能
4	学生管理类	基础教育学籍管理系统	提供基础教育学生入学管理、学生学籍管理等功能的管理系统

续表

序号	分类	功能	描述
5	学生管理类	高等教育学籍管理系统	提供高等教育学生入学管理、学生学籍管理等功能的管理系统
6		中职教育学籍管理系统	提供中职教育学生入学管理、学生学籍管理等功能的管理系统
7		学前教育学籍管理系统	提供幼儿园教育学生入学管理、学生学籍管理等功能的管理系统
8		高校招生管理系统	提供本科生、研究生招生管理等功能的管理系统
9		中职招生管理系统	提供中职招生管理等功能的管理系统
10		学生体质健康标准管理信息系统	提供学生体质健康数据采集、处理、查询等功能的管理系统
11		学生资助管理系统	提供基础教育、中职教育和高等教育学生资助管理功能的管理系统
12		中考网上报名系统	提供中考网上报名、网上录取、录取信息查询等功能的在线报名系统
13		高考网上报名系统	提供高考网上报名、网上录取、录取信息查询等功能的在线报名系统
14		研究生网上报名系统	提供研究生网上报名、网上录取、录取信息查询等功能的在线报名系统
15	教师管理类	全国教师资格认定管理信息系统	提供教师资格认定网上报名、预审、信息综合管理等功能的管理系统
16		教师师资、教师教育管理系统	提供基础教育、中职教育和高等教育教师培训管理、师资管理等功能的管理系统
17		教师职称管理系统	提供教师职称网上申报、评审、信息综合管理等功能的管理系统
18	学校管理类	基础教育学校管理系统	提供基础教育学校基本信息管理、教育经费信息管理、基建管理、技术装备信息管理、教学信息管理等功能的管理系统
19		中职教育学校管理系统	提供中等职业教育机构基本信息管理、教育经费管理、基建管理、技术装备信息管理、教学信息管理等功能的管理系统
20		高等教育学校管理系统	提供高校设置审核、高等教育机构信息管理、高等教育经费管理、高校科研信息管理、技术装备信息管理等功能的管理系统

续表

序号	分类	功能	描述
21	学校管理类	幼儿园信息管理系统	提供学前教育机构基本信息管理、教育经费管理、基建管理、技术装备信息管理、教学信息管理等功能的管理系统
22		全国中小学校舍信息管理系统	由全国中小学校舍安全工程领导小组统一规划,教育部教育管理信息中心统一建设实施的校舍信息管理系统,提供学校校舍信息管理、校舍安全工程管理、校舍使用年限预警、校舍数据综合利用等功能的管理系统
23	业务管理类	财务管理系统	提供会计核算、项目经费管理、财务信息发布等功能的管理系统
24		资产管理系统	提供固定资产、仪器设备等资产管理的信息系统
25		人事管理系统	提供人员招聘、合同管理、工资管理、培训管理、绩效考核、奖惩管理等功能的管理系统
26		档案管理系统	提供档案采集、立卷、组卷、统计、查询等功能的管理系统
27		教育统计管理系统	提供各类法定教育统计数据的采集、汇总、上报、查询和分析等功能的管理系统
28		高等教育招生计划管理系统	提供成人、普通本专科生和研究生的招生计划管理、高等教育机构招生资格管理等功能的管理系统
29		高校校园和网络信息安全管理及应急指挥系统	提供高校校园安全管理、网络信息管理及应急指挥处置等功能的管理系统
30		科研管理系统	提供项目申报、过程管理、经费管理、结果评估等功能的管理系统
31		决策支持系统	提供数据分析、知识发现、决策支持等功能的综合服务系统
32		教育系统表彰申报和评审系统	提供教育系统表彰的网上申报、单位推荐和专家评审等功能的管理系统
33		长江学者评审和奖励管理系统	提供长江学者的岗位设置审批、人员选拔审批、聘用结果备案、年度考核、评优奖励等功能的管理系统
34		教育考试考务管理与服务系统	提供考务工作信息资源和数据交换、实现考务工作自动化、数据分析、决策指挥的综合平台

续表

序号	分类	功能	描述
35	综合服务类	门户网站	提供教育厅信息发布、政务公开、政策咨询等功能的官方门户网站
36		教育教学资源库类系统	提供教育教学资源发布、共享等功能的资源库
37		高等教育毕业生就业信息系统	提供各类就业信息发布、就业政策咨询等功能的综合服务系统
38		数字证书	提供身份管理、认证、权限控制等功能的综合服务系统
39		电子邮件系统	提供电子邮件发送、接收、查询等功能的信息系统
40		技术支撑系统	提供各类实验室、信息基础设施和终端设备等运行维护、技术创新和推广应用

表 3-5 高等院校信息安全等级保护对象分类

序号	分类	系统名称	系统描述
1	教学支持类	教务管理系统（含本科生、研究生、网络教育、成人教育、留学生教育）	提供学生学籍管理、教学计划管理、选课管理、成绩管理、教室管理、毕业管理等功能的管理系统
2		教学资源与课程资源共享类辅助教学系统	提供教育教学资源/课程资源制作、发布、共享及教学活动组织管理等功能的资源系统
3		教学评估系统	
4	科研支持类	科研管理系统	提供项目申报、过程管理、经费管理、结果评估等功能的管理系统
5		科学研究协同与支撑系统	
6		科研情报系统	
7	校务管理类	教育电子公文与信息交换系统	教育部指定的公文传输平台，主要提供上下级教育行政部门和学校之间的文件传输等功能
8		办公与事务处理系统	提供在线公文流转、信息发布、会议管理等事务处理

续表

序号	分类	系统名称	系统描述
9	校务管理类	人事管理系统	提供人员招聘、合同管理、工资管理、培训管理、绩效考核、奖惩管理等功能的管理系统
10		教师管理系统	提供教师培训管理、职称管理、薪酬管理等功能的管理系统
11		财务管理系统	提供会计核算、项目经费管理、财务信息发布等功能的管理系统
12		资产管理系统	提供固定资产、仪器设备、公房管理等资产管理的信息系统
13		学生教育工作管理系统（本科生、研究生、留学生等）	提供学生迎新、学生评估、奖惩管理、助学贷款申请审核、离校管理等功能的管理系统
14		学生体质健康数据管理系统	提供学生体质健康数据采集、处理、查询等功能的管理系统
15		档案管理系统	提供档案采集、立卷、组卷、统计、查询等功能的管理系统
16	数据集成类	公共数据库系统	提供数据共享交换、数据分析、综合查询等功能的信息系统
17		信息门户系统	提供单点登陆、信息聚合展现的应用系统
18		统一认证管理系统	提供身份管理、认证、权限控制等功能的综合服务系统
19	信息发布类	学校门户网站	提供学校信息发布、校务公开、政策咨询、社会服务等功能的官方门户网站
20		各部门、院、系、所、研究机构网站	提供各部门、院、系、所、研究机构信息发布、信息公开等功能的网站
21		校务信息发布平台	提供校内相关公文、通知、公告信息的管理系统
22	公共服务类	后勤管理系统	提供后勤工作管理、后勤服务项目管理、后勤咨询投诉处理等功能的管理系统（大后勤概念）能源管理系统

续表

序号	分类	系统名称	系统描述
23	公共服务类	校园一卡通系统	提供饭卡、学生证、工作证、医疗卡、上机卡、考勤卡、门禁卡等应用项目的统一认证管理服务的综合系统
24		图书馆管理系统	提供馆藏书目信息维护及查询、图书借阅管理、电子期刊数据查询等功能的管理系统
25		安防监控系统	提供对学校重要场所进行远程监控、安全预警等功能的信息系统
26	招生就业类	本科生招生管理系统	提供本科生招生管理等功能的管理系统（含招生信息、招生管理、网上报名等）
27		研究生招生管理系统	提供研究生招生管理等功能的管理系统（含招生信息、招生管理、网上报名等）
28		自主招生管理系统	学校自主招生的管理系统（含本科生、留学生、网络教育等）
29		本科生、研究生就业管理系统	含本科生、研究生就业信息、就业管理、就业数据分析等功能的管理系统
30	基础网络服务类	校园网网络运维管理系统	提供校园网运行监控、设备管理、维护等功能的信息系统
31		电子邮件系统	提供电子邮件发送、接收、查询等功能的信息系统
32		网络视频服务系统	视频会议、视频点播、直播等视频即时服务的信息系统
33		论坛、社区类网站	含思想教育、文化建设等，提供在线交互、论坛、博客、BBS等功能

3.3.2 教育系统受破坏时侵害的客体

根据省级教育行政部门及高等院校特点，分析相关信息系统与国家安全、社会秩序、公共利益以及公民、法人和其他组织的合法权益的关系，从而确定信息系统受到破坏时所侵害的客体。

1. 省级教育行政部门

学生管理类系统的业务信息安全或系统服务安全受到破坏，可能直接影响教育管理秩序，侵害学生、家长和社会公众的合法权益，可能引起社会秩序混乱乃至引发社会动荡。

教师管理类系统的业务信息安全或系统服务安全受到破坏，可能直接影响教师的合法权益，可能引起教育秩序的混乱，降低师资配置的效率。

学校管理类系统的业务信息安全或系统服务安全受到破坏，可能直接损害学校、社会公众的合法权益，降低教育管理的决策效率，造成教育资源配置的不合理。

业务管理类系统的业务信息安全或系统服务安全受到破坏，可能直接损害本系统或本单位的合法权益，可能引起业务管理的混乱，引发教育教学管理事故，降低管理效率，造成社会资源的损失。

行政管理类系统的业务信息安全或系统服务安全受到破坏，可能直接损害本系统或本单位的合法权益，降低教育行政管理的效率，影响社会秩序和公共利益，甚至可能引发教育秩序的混乱。

综合服务类系统的业务信息安全或系统服务安全受到破坏，可能直接损害本系统或本单位的形象，降低服务效率，影响正常教育教学秩序，给社会造成负面影响。

2. 高等院校

招生管理类、数据集成类、校务管理类、基础网络服务类等信息系统的业务信息安全或系统服务安全受到破坏，可能影响学校正常秩序，影响高校正常行使工作职能，侵害学校、教师、学生及部分社会公众的合法权益，可能在一定范围内对社会秩序造成影响，可能侵害公共利益，引起法律纠纷等。

教学支持类、科研管理类、公共服务类、信息发布类等信息系统业务信息安全或系统服务安全受到破坏，可能影响学校正常秩序，影响高校正常行使工作职能，侵害学校、教师、学生合法权益，引起法律纠纷等。

3.3.3 教育系统受到破坏对客体的侵害程度

教育行业相关信息系统的业务信息安全或系统服务安全受到破坏时，对客体的侵害程度与信息系统所属单位的行政级别以及承载业务的重要性、影响程度、教育规模等有关。分别描述如下：

1. 省级教育行政部门

各类学籍管理系统、招生报名系统、招生管理系统、学生资助管理系统、学校管理系统、校舍管理系统、师资管理系统、教师职称管理系统、教师资格认定系统、应急指挥系统、教育考试考务系统、门户网站、公文和信息交换系统和数字证书等系统，业务信息覆盖全省，关系到广大师生的合法权益，社会影响力大，这些系统的业务信息安全或系统服务安全受到破坏，可能直接造成严重的教育事故，对社会秩序和公共利益造成严重损害。

各类办公与事务处理系统、视频会议系统、财务管理系统、资产管理系统、人事管理系统、档案管理系统、统计系统、科研管理系统、决策支持系统和技术支撑系统等，业务信息覆盖本系统或本单位，涉及到本系统或本单位的核心业务，这些系统的业务信息安全或系统服务安全受到破坏，影响正常教育教学秩序，对本系统或本单位的合法权益造成严重损害，甚至对社会秩序和公共利益造成一般损害。

2. 高等院校

高等院校信息系统中，招生管理类、数据集成类、校务管理类、基础网络服务类信息系统的业务信息安全或系统服务安全受到破坏，可能使高校工作秩序和工作职能受到严重影响，对社会将产生一定范围的不良影响，对社会秩序和公共利益造成严重损害，对学生及部分社会公众造成严重损害。

教学支持类、科研管理类、公共服务类、信息发布类等信息系统业务信息安全或系统服务安全受到破坏，可能严重影响学校正常秩序，影响高校正常行使工作职能，侵害学校、教师、学生合法权益，引起法律纠纷。

3.3.4 教育信息系统的等级保护级别

综合考虑省级教育行政部门和高校有关信息系统的业务信息安全等级和系统服务安全等级，各类信息系统定级建议分别如表 3-6 和表 3-7 所示。教育和教育行政单位在进行等级保护建设时，可以参照定级，安全等级应不低于本表格的建议级别。对于承载复杂功能的信息系统，安全等级可高于建议级别；对于承载多个业务功能的信息系统，应该以建议的最高安全等级进行定级。

表 3-6 省级教育行政部门各类信息系统建议等级

序号	分类	系统名称	业务信息安全保护等级	系统服务安全保护等级	信息系统安全保护等级	备注
1	行政管理类	办公与事务处理系统	第二级	第二级	第二级	
2		视频会议系统	第二级	第二级	第二级	
3		公文与信息交换系统	第三级	第三级	第三级	全国联网统一运行
4	学生管理类	基础教育学籍管理系统	第三级	第二级	第三级	
5		高等教育学籍管理系统	第三级	第二级	第三级	
6		中职教育学籍管理系统	第三级	第二级	第二级	
7		学前教育学籍管理系统	第三级	第二级	第三级	
8		高校招生管理系统	第三级	第三级	第三级	
9		中职招生管理系统	第三级	第三级	第三级	
10		学生体质健康标准管理信息系统	第三级	第三级	第三级	全国联网统一运行
11		学生资助管理系统	第三级	第三级	第三级	

续表

序号	分类	系统名称	业务信息安全保护等级	系统服务安全保护等级	信息系统安全保护等级	备注
12		中考网上报名系统	第三级	第三级	第三级	
13		高考网上报名系统	第三级	第三级	第三级	
14		研究生网上报名系统	第三级	第三级	第三级	
15	教师管理类	全国教师资格认定管理信息系统	第三级	第二级	第三级	
16		教师师资、教师教育管理系统	第三级	第二级	第三级	
17		教师职称管理系统	第三级	第二级	第三级	
18	学校管理类	基础教育学校管理系统	第三级	第二级	第三级	
19		中职教育学校管理系统	第三级	第二级	第三级	
20		高等教育学校管理系统	第三级	第二级	第三级	
21		幼儿园信息管理系统	第三级	第二级	第三级	
22		全国中小学校舍信息管理系统	第三级	第二级	第三级	全国联网统一运行
23	业务管理类	财务管理系统	第二级	第二级	第二级	
24		资产管理系统	第二级	第二级	第二级	
25		人事管理系统	第二级	第二级	第二级	
26		档案管理系统	第二级	第二级	第二级	
27		教育统计管理系统	第二级	第二级	第二级	
28		高等教育招生计划管理系统	第二级	第二级	第二级	
29		高校校园和网络信息安全管理及应急指挥系统	第三级	第三级	第三级	
30		科研管理系统	第二级	第二级	第二级	
31		决策支持系统	第二级	第二级	第二级	
32		教育系统表彰申报和评审系统	第三级	第三级	第三级	
33		长江学者评审和奖励管理系统	第三级	第三级	第三级	
34		教育考试考务管理与服务系统	第三级	第三级	第三级	

续表

序号	分类	系统名称	业务信息安全保护等级	系统服务安全保护等级	信息系统安全保护等级	备注
35	综合服务类	门户网站	第三级	第三级	第三级	
36		教育教学资源库类系统	第二级	第二级	第二级	
37		高等教育毕业生就业信息系统	第二级	第二级	第二级	
38		数字证书	第三级	第三级	第三级	
39		电子邮件系统	第二级	第二级	第二级	
40		技术支撑系统	第二级	第二级	第二级	

表 3-7　高等院校各类信息系统建议等级

序号	分类	系统名称	建议等级			备注
			信息系统安全保护等级	业务信息安全保护等级	系统服务安全保护等级	
1	教学支持类	教务管理系统（含本科生、研究生、网络教育、成人教育、留学生教育）	第二级	第二级	第二级	
2		教学资源与课程资源共享类辅助教学系统	第二级	第二级	第二级	
3		教学评估系统	第二级	第二级	第二级	
4	科研支持类	科研管理系统	第二级	第二级	第二级	涉密和尖端科研领域除外
5		科学研究协同与支撑系统				
6		科研情报系统				
7	校务管理类	教育电子公文与信息交换系统	第三级	第三级	第三级	全国统一系统按上级要求定级
8		办公与事务处理系统	第二级	第二级	第二级	
9		人事管理系统	第二级	第二级	第二级	
10		教师管理系统	第二级	第二级	第二级	
11		财务管理系统	第二级	第二级	第二级	

续表

序号	分类	系统名称	建议等级			备注
			信息系统安全保护等级	业务信息安全保护等级	系统服务安全保护等级	
12	校务管理类	资产管理系统	第二级	第二级	第二级	
13		学生教育工作管理系统（本科生、研究生、留学生等）	第二级	第二级	第二级	
14		学生体质健康数据管理系统	第二级	第二级	第二级	全国统一系统按上级要求定级
15		档案管理系统	第二级	第二级	第二级	
16	数据集成类	公共数据库系统	第三级	第三级	第三级	
17		信息门户系统	第三级	第三级	第三级	
18		统一认证管理系统	第三级	第三级	第三级	
19	信息发布类	学校门户网站	第二级	第二级	第二级	可根据学校实际情况定为三级
20		各部门、院、系、所、研究机构网站	第二级	第二级	第二级	
21		校务信息发布平台	第二级	第二级	第二级	
22	公共服务类	后勤管理系统	第二级	第二级	第二级	
23		校园一卡通系统	第二级	第二级	第二级	可根据学校实际情况定为三级
24		图书馆管理系统	第二级	第二级	第二级	
25		安防监控系统	第二级	第二级	第二级	
26	招生就业类	本科生招生管理系统	第三级	第三级	第三级	全国统一系统按上级要求定级，须与上级部门相应系统定级一致

续表

序号	分类	系统名称	建议等级			备注
			信息系统安全保护等级	业务信息安全保护等级	系统服务安全保护等级	
27		研究生招生管理系统	第三级	第三级	第三级	
28		自主招生管理系统	第二级	第二级	第二级	
29		本科生、研究生就业管理系统	第二级	第二级	第二级	
30		校园网网络运维管理系统	第三级	第三级	第三级	
31	基础网络服务类	电子邮件系统	第二级	第二级	第二级	
32		网络视频服务系统	第二级	第二级	第二级	
33		论坛、社区类网站	第二级	第二级	第二级	

教育部办公厅在 2009 年 11 月 11 日发布了《关于开展信息系统安全等级保护工作》的通知，要求全面开展教育信息系统的定级、备案和测评工作，对三级以上信息系统要开展信息安全等级测评工作，高校及地市级以上教育行政部门三级以上的信息系统要在教育部教育管理信息中心和当地公安部门同时办理备案手续。通知要求用 3 年左右时间，基本建立教育系统信息系统安全等级保护体系，切实提高教育信息系统安全水平，保证教育信息化的健康持续发展。

教育部教育管理信息中心根据国家有关规定负责对三级教育信息系统每年进行一次安全等级测评，四级教育信息系统每半年进行一次等级测评。每年 11 月前完成安全测评，不符合要求的信息系统在第二年 4 月前完成整改工作。

思考与练习

1. 简述对信息系统进行定级时的一般流程？
2. 简述作为定级对象的信息系统通常具有哪些特征？
3. 列举几个常见的教育信息系统，指出其对应的等级保护级别，并分别说明定级依据？
4. 调查你所在单位的信息系统对其进行定级，并通过网络搜索下载现有的信息系统安全等级保护定级报告或模板，仔细分析其内容，然后参照其格式编制定级报告。

4 基于等级保护的安全测评

任务描述

本章主要介绍了安全等级测评的实施过程、确定测评对象的原则和方法、等级保护的测评内容,以及测评方案与测评报告的编制等内容。涵盖以下主题:
- 安全等级测评实施过程
- 确定测评对象的方法
- 等级保护测评内容
- 测评方案与测评报告编制

4.1 安全等级测评实施过程

4.1.1 测评申请

各单位在等级保护定级备案工作完成后,方可对自己主管运营的信息系统进行等级保护等级测评,具体流程如图 4-1 所示。

备案完成后,各单位到测评机构领取《信息系统等级测评申请书》,测评机构对各单位信息进行登记。

各单位向测评机构提交申请书及相关材料:各单位必须按照要求,据实填写申请书,对申请书中未填或缓交的内容,要提交书面文件加以说明。

测评机构将填写《测评项目任务书》,进行文件编号,确定测评项目编号。

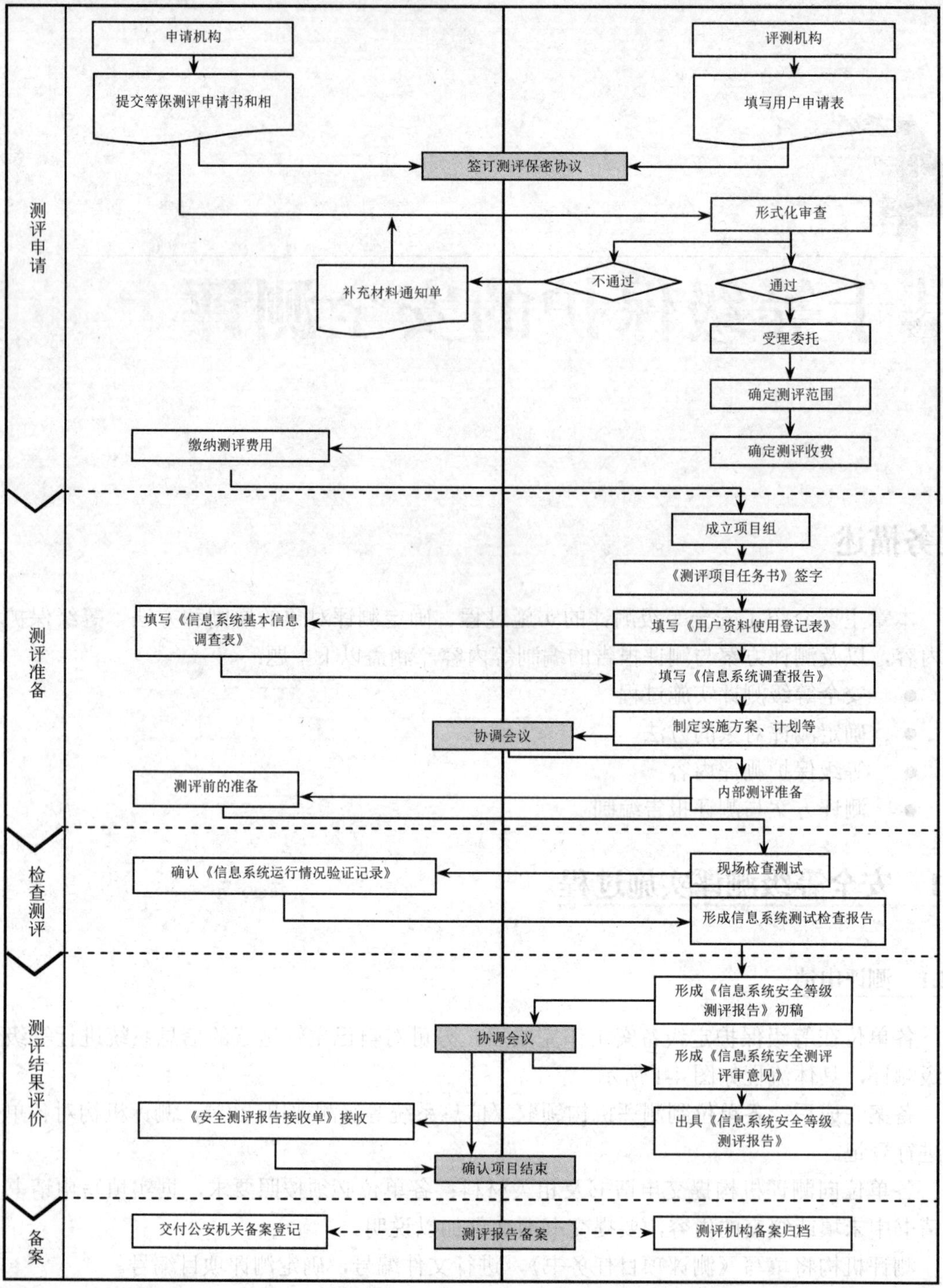

图 4-1 等级保护测评流程

测评机构接收各单位提交的《信息系统等级测评申请书》，填写《用户申请登记表》，并与各单位签订《测评保密协议》，保密协议一式两份，一份交各单位，一份留测评机构存档。

测评机构组织人员对各单位申请书和备案定级的受审核信息等进行文档资料的形式化审查，并填写《用户资料使用登记表》，形成《形式化审查报告》，《形式化审查报告》由测评机构进行审核批准，并通知各单位。

未通过形式化审查的，向各单位提交《补充材料通知单》，接收到各单位提交的补充资料材料后填写《用户申请资料接受清单》。若在审查过程中发现该测评信息系统不符合测评机构受理条件，则直接向各单位发出《信息系统测评不受理通知单》。

各单位形式化审查通过后，测评机构开始正式受理各单位委托，并由形式化审查人员与各单位进行第一次交流，确定测评的范围，进行测评收费核算，填写核算《测评收费核算单》，并由测评机构领导进行审核批准。

测评机构将测评收费单交给各单位，并协助与各单位签订《委托测评工作协议》；各单位需根据要求缴纳测评费用。

4.1.2 测评准备

测评机构收到各单位缴纳的测评费用后，确定项目经理和质量监督人员及其他项目成员，正式成立项目组。相关人员在《测评项目任务书》签字，并被授权使用该被测评各单位的资料，填写《用户资料使用登记表》。

各单位根据自己的信息系统状况填写项目经理发送的《信息系统基本信息调查表》。项目组根据各单位填写的《信息系统基本信息调查表》和已经提交的系统文档资料，制定《信息系统测评实施方案》。

项目组制定《信息系统测评实施方案》、《信息系统测评实施计划》、《安全技术测试记录表》和《安全管理核查记录表》、《信息系统测评实施方案》。

项目经理与各单位进行一次协调会议，会议内容应包括：介绍参与该项目测评的工作人员、信息系统测评工作计划与实施方案、各单位介绍网络系统情况、确定各单位方配合的人员、确定现场核查测试的具体日期、以及需要与各单位沟通的其他问题，如各单位同意测评计划和实施方案，需进行签字确认。同时现场查看网络设施情况，以便于现场核查测试的准备工作。

项目组根据与各单位确认的测评计划和测评实施方案，做内部测评前的准备，主要包括调整安全核查表、明确访谈对象（部门和人员）、准备相应的网络设备、安全设备和主机设备的配置检查表和相关测试工具。

项目经理提出测评要求，明确项目组现场测试人员应承担的测试项，以便于按分工进行安全管理类核查工作和安全技术类测试工作。

项目经理通知各单位做好测评前的准备工作，将相应文档资料准备好，主要包括计算机机房安全管理制度及相关记录、安全管理责任人的任免和安全责任制度及相关记录、网络安全漏洞检测和信息系统升级管理制度及相关记录、操作权限管理制度及相关记录、各单位登记制度及相关记录、信息发布的审查、登记、保存、清除和备份制度及相关记录、信息群发服务管理制度及相关记录、防病毒管理制度、第三方人员管理制度、安全事件报告制度、应急管理制度和应急预案等。各单位对被测系统的数据进行备份。

4.1.3 核查测评

现场核查测试。测评分为管理核查组和技术测试组，管理核查组负责安全管理类的文档资料查验、现场访谈、检查工作，并详细填写相关安全管理调查表；技术测试组负责信息系统技术文档的核查和具体测试工作，由各单位方配合人员签字确认相关工作后再进行测试。技术测评人员实施技术测试时需在各单位方人员的配合下，进行访谈、查阅技术文档、技术测试，并详细填写安全技术调查记录表。质量监督人员监督核查整个测试过程，填写《信息系统测评监督记录表》。

现场核查测试结束，由各单位方配合人员检查、验证被测信息系统运行情况，确认无误后，在《信息系统运行情况验证记录》上签字确认。

项目组按照测评分工整理核查测试数据，最终形成《信息系统测试核查报告》。

质量监督人员填写《信息系统测评监督记录表》。

《信息系统测试核查报告》由项目经理整理成稿。

归还所有纸质文档，并填写确认单。

4.1.4 测评结果评价

项目组根据各单位的《信息系统等级测评申请书》、《信息系统核查测试报告》形成《信息系统安全等级测评报告》初稿。

项目经理与各单位联系，召开协调会议。会议内容为介绍测试情况及系统测评报告初稿。

测评机构组成内审组（或测评机构评审组）通过评审会议对《信息系统安全等级测评报告》初稿进行审定，给出审定意见。

项目组根据内审组审定意见，填写《信息系统安全测评评审意见》，最终形成并填写《信息系统安全等级测评报告》，并经项目经理签字，报测评机构领导审批签字，并加盖测评机构印章。

测评机构向各单位出具《信息系统安全等级测评报告》，并按照要求，履行登记手续。

《信息系统安全等级测评报告》一式三份，一份交各单位，一份交委托方（若有），一份归档保存。各单位在《安全测评报告接受单》上签字接收。

项目组或指定人员将测试原始数据及测评过程中生成的文档和过程文件进行整理，填写《项目资料归档移交单》，移交归档，其中各单位申请资料和提交资料以及中间文档、技术资料归档。

《信息系统安全等级测评报告》可供用户备案定级使用。

依据项目完成情况，由项目经理填写《项目考核表》，归档保存。

项目经理填写《测评项目完成单》，测评机构领导进行审核，确认项目结束。

4.1.5 测评报告备案

测评工作完成后，《信息系统安全等级测评报告》将在测评机构进行备案归档。另外各单位将《信息系统安全等级测评报告》以及相关文档交付各地公安机关进行登记备案。

4.2 确定测评对象的方法

4.2.1 等级测评执行主体

等级测评活动除应以《信息安全技术 信息系统安全等级保护基本要求》，以下简称《基本要求》为依据外，还应参照《信息安全技术 信息系统安全等级保护测评要求》和《信息安全技术 信息系统安全等级保护测评过程指南》两个标准进行。

可以为三级及以上等级信息系统实施等级测评的等级测评执行主体应具备如下条件：在中华人民共和国境内注册成立（港澳台地区除外）；由中国公民投资、中国法人投资或者国家投资的企事业单位（港澳台地区除外）；从事相关检测评估工作两年以上，无违法记录；工作人员仅限于中国公民；法人及主要业务、技术人员无犯罪记录；使用的技术装备、设施应当符合《信息安全等级保护管理办法》（公通字[2007]43号）对信息安全产品的要求；具有完备的保密管理、项目管理、质量管理、人员管理和培训教育等安全管理制度；对国家安全、社会秩序、公共利益不构成威胁。（摘自《信息安全等级保护管理办法》（公通字[2007]43号））

等级测评执行主体应履行如下义务：遵守国家有关法律法规和技术标准，提供安全、客观、公正的检测评估服务，保证测评的质量和效果；保守在测评活动中知悉的国家秘密、商业秘密和个人隐私，防范测评风险；对测评人员进行安全保密教育，与其签订安全保密责任书，规定应当履行的安全保密义务和承担的法律责任，并负责检查落实。

4.2.2 测评对象确定原则

恰当选择测评对象的种类和数量是整个等级测评工作能够获取足够证据、了解到被测系统的真实安全保护状况的重要保证。测评对象的确定一般采用抽查的方法，即抽查信息系统中具有代表性的组件作为测评对象。并且，在测评对象确定任务中应兼顾工作投入与结果产出两者的平衡关系。在确定测评对象时，需遵循以下原则：

（1）恰当性，选择的设备、软件系统等应能满足相应等级的测评强度要求。

（2）重要性，应抽查对被测系统来说重要的服务器、数据库和网络设备等。

（3）安全性，应抽查对外暴露的网络边界。

（4）共享性，应抽查共享设备和数据交换平台/设备。

（5）代表性，抽查应尽量覆盖系统各种设备类型、操作系统类型、数据库系统类型和应用系统类型。

4.2.3 具体确定方法的说明

1. 第一级信息系统

第一级信息系统的等级测评，测评对象的种类和数量比较少，重点抽查关键的设备、设施、人员和文档等。可以抽查的测评对象种类主要考虑以下几个方面：

（1）主机房（包括其环境、设备和设施等），如果某一辅机房中放置了服务于整个信息系统或对信息系统的安全性起决定作用的设备、设施，那么也应该作为测评对象。

（2）整个系统的网络拓扑结构。

（3）安全设备，包括防火墙、入侵检测设备、防病毒网关等。

（4）边界网络设备（可能会包含安全设备），包括路由器、防火墙和认证网关等。

（5）对整个信息系统的安全性起决定作用的网络互联设备，如核心交换机、路由器等。

（6）承载最能够代表被测系统使命的业务或数据的核心服务器（包括其操作系统和数据库）。

（7）最能够代表被测系统使命的重要业务应用系统。

（8）信息安全主管人员。

（9）涉及到信息系统安全的主要管理制度和记录，包括进出机房的登记记录、信息系统相关设计验收文档等。

在本级信息系统测评时，信息系统中配置相同的安全设备、边界网络设备、网络互联设备以及服务器应至少抽查一台作为测评对象。

2. 第二级信息系统

第二级信息系统的等级测评，测评对象的种类和数量都较多，重点抽查重要的设备、设施、人员和文档等。可以抽查的测评对象种类主要考虑以下几个方面：

（1）主机房（包括其环境、设备和设施等），如果某一辅机房中放置了服务于整个信息系统或对信息系统的安全性起决定作用的设备、设施，那么也应该作为测评对象。

（2）存储被测系统重要数据的介质的存放环境。

（3）整个系统的网络拓扑结构。

（4）安全设备，包括防火墙、入侵检测设备、防病毒网关等。

（5）边界网络设备（可能会包含安全设备），包括路由器、防火墙和认证网关等。

（6）对整个信息系统或其局部的安全性起决定作用的网络互联设备，如核心交换机、汇聚层交换机、核心路由器等。

（7）承载被测系统核心或重要业务、数据的服务器，包括其操作系统和数据库。

（8）重要管理终端。

（9）能够代表被测系统主要使命的业务应用系统。
（10）信息安全主管人员、各方面的负责人员。
（11）涉及到信息系统安全的所有管理制度和记录。

在本级信息系统测评时，信息系统中配置相同的安全设备、边界网络设备、网络互联设备以及服务器应至少抽查两台作为测评对象。

3．第三级信息系统

第三级信息系统的等级测评，测评对象种类上基本覆盖、数量进行抽样，重点抽查主要的设备、设施、人员和文档等。可以抽查的测评对象种类主要考虑以下几个方面：

（1）主机房（包括其环境、设备和设施等）和部分辅机房，应将放置了服务于信息系统的局部（包括整体）或对信息系统的局部（包括整体）安全性起重要作用的设备、设施的辅机房选取作为测评对象。
（2）存储被测系统重要数据的介质的存放环境。
（3）办公场地。
（4）整个系统的网络拓扑结构。
（5）安全设备，包括防火墙、入侵检测设备和防病毒网关等。
（6）边界网络设备（可能会包含安全设备），包括路由器、防火墙、认证网关和边界接入设备（如楼层交换机）等。
（7）对整个信息系统或其局部的安全性起作用的网络互联设备，如核心交换机、汇聚层交换机、路由器等。
（8）承载被测系统主要业务或数据的服务器（包括其操作系统和数据库）。
（9）管理终端和主要业务应用系统终端。
（10）能够完成被测系统不同业务使命的业务应用系统。
（11）业务备份系统。
（12）信息安全主管人员、各方面的负责人员、具体负责安全管理的当事人、业务负责人。
（13）涉及到信息系统安全的所有管理制度和记录。

在本级信息系统测评时，信息系统中配置相同的安全设备、边界网络设备、网络互联设备、服务器、终端以及备份设备，每类应至少抽查两台作为测评对象。

4．第四级信息系统

第四级信息系统的等级测评，测评对象种类上完全覆盖、数量进行抽样，重点抽查不同种类的设备、设施、人员和文档等。可以抽查的测评对象种类主要考虑以下几个方面：

（1）主机房和全部辅机房，包括其环境、设备和设施等。
（2）介质的存放环境。
（3）办公场地。
（4）整个系统的网络拓扑结构。

（5）安全设备，包括防火墙、入侵检测设备和防病毒网关等。

（6）边界网络设备（可能会包含安全设备），包括路由器、防火墙、认证网关和边界接入设备（如楼层交换机）等。

（7）主要网络互联设备，包括核心和汇聚层交换机。

（8）主要服务器，包括其操作系统和数据库。

（9）管理终端和主要业务应用系统终端。

（10）全部应用系统。

（11）业务备份系统。

（12）信息安全主管人员、各方面的负责人员、具体负责安全管理的当事人、业务负责人。

（13）涉及到信息系统安全的所有管理制度和记录。

在本级信息系统测评时，信息系统中配置相同的安全设备、边界网络设备、网络互联设备、服务器、终端以及备份设备，每类应至少抽查三台作为测评对象。

4.3 等级保护测评内容与实施

4.3.1 单元测评内容（以三级系统为例）

1. 技术控制测评

（1）物理安全，三级系统的物理安全测评内容和方式如表4-1所示。

表4-1 物理安全测评对象、方法和结果判定

域	测评项	测评对象、方式和结果判定	测评实施
物理位置选择	a）机房和办公场地选择在具有防震、防风和防雨等能力的建筑内； b）机房场地避免设在建筑物的高层或地下室，以及用水设备的下层或隔壁	测评对象：物理安全负责人，机房维护人员，机房，办公场地，机房场地设计/验收文档。 测评方式：访谈，检查。 结果判定：1）如果"测评实施"a）中机房和办公场地的选址符合在具有防震、防风和防雨能力的建筑内，且机房场地的选址符合不在建筑物的高层或地下室，以及用水设备的下层或隔壁，则该项为肯定；2）"测评实施"a）~e）均为肯定，则系统符合本单元测评项要求	a）应访谈物理安全负责人，询问现有机房和办公场地（放置终端计算机设备）的环境条件是否能够满足信息系统业务需求和安全管理需求，是否具有基本的防震、防风和防雨等能力；询问机房场地是否符合选址要求； b）应访谈机房维护人员，询问是否存在因机房和办公场地环境条件引发的安全事件或安全隐患；如果某些环境条件不能满足，是否及时采取了补救措施； c）应检查机房和办公场地的设计/验收文档，查看是否有机房和办公场地所在建筑能够具有防震、防风和防雨等能力的说明；查看是否有机房场地的选址说明；查看是否与机房和办公场地实际情况相符合； d）应检查机房和办公场地是否在具有防震、防风和防雨等能力的建筑内； e）应检查机房场地是否不在建筑物的高层、地下室和用水设备的下层或隔壁

续表

域	测评项	测评对象、方式和结果判定	测评实施
物理访问控制	a）机房出入口安排有专人值守，鉴别进入的人员身份并登记在案； b）需进入机房的来访人员经过申请和审批流程，并限制和监控其活动范围； c）对机房划分区域进行管理，区域和区域之间设置物理隔离装置，在重要区域前设置交付或安装等过渡区域； d）重要区域配置电子门禁系统，鉴别和记录进入的人员身份	测评对象：物理安全负责人，机房值守人员，机房，机房设施（电子门禁系统），机房安全管理制度，值守记录，需进入机房的来访人员进入机房的审批记录，电子门禁验收文档或安全资质，电子门禁系统记录，电子门禁运行维护记录。 测评方式：访谈，检查。 结果判定：1）如果指定了专人在机房出入口值守，对进入的人员登记在案并进行身份鉴别，对来访人员须经批准、限制和监控其活动范围，重要区域配置了电子门禁系统，则"测评实施"a）为肯定；2）如果"测评实施"b）认为没有必要对机房进行划分区域管理（如果安全管理需要，计算机设备宜采用分区布置，如可分为主机区、存储器区、数据输入区、数据输出区、通信区和监控调度区等），则测评实施h）不适用；3）如果有机房安全管理制度，指定了专人在机房出入口值守，对进入的人员登记在案并进行身份鉴别，对来访人员须经批准、限制和监控其活动范围，重要区域电子门禁系统管理，则"测评实施"d）为肯定；4）"测评实施"a）~j）均为肯定，则信息系统符合本单元测评项要求	a）应访谈物理安全负责人，了解具有哪些控制机房进出的能力； b）应访谈物理安全负责人，如果业务或安全管理需要，是否对机房进行了划分区域管理，是否各个区域都有专门的管理要求； c）应访谈机房值守人员，询问是否认真执行有关机房出入的管理规定，是否对进入机房的人员记录在案； d）应检查机房安全管理制度，查看是否有关于机房出入方面的规定； e）应检查机房出入口是否有专人值守，是否有值守记录，以及进出机房的人员登记记录；检查机房是否不存在值守人员控制之外的出入口； f）应检查是否有进入机房的人员身份鉴别措施，如戴有可见的身份辨识标识； g）应检查是否有来访人员进入机房的审批记录； h）应检查机房区域划分是否合理，是否在机房重要区域前设置交付或安装等过渡区域；是否对不同区域设置不同机房或者同一机房的不同区域之间设置有效的物理隔离装置（如隔墙等）； i）应检查重要区域配置的电子门禁系统是否有验收文档或产品安全资质； j）应检查电子门禁系统是否正常工作（不考虑断电后的工作情况）； k）查看电子门禁系统运行、维护记录； l）查看监控进入机房重要区域的电子门禁系统记录，是否能够鉴别和记录进入的人员身份
防盗窃和防破坏	a）将主要设备放置在物理受限的范围内； b）对设备或主要部件进行固定，并设置明显的不易除去的标记； c）将通信线缆铺设在隐蔽处，如铺设在地下或管道中等； d）对介质分类标识，存储在介质库或档案室中； e）利用光、电等技术设置机房的防盗报警系统，保证能够及时发现进入机房的盗窃和破坏行为； f）对机房设置监控报警系统	测评对象：物理安全负责人，机房维护人员，资产管理员，设备，介质，通信线缆，机房设施，介质清单和使用记录，通信线路布线文档，运行和报警记录，监控记录，防盗报警系统和监控报警系统的安全资质材料、安装测试/验收报告。 测评方式：访谈，检查。 结果判定：1）如果主要设备放置位置做到安全可控，设备或主要部件进行了固定和标记，通信线缆铺设在隐蔽处，介质分类标识并存储在介质库或档案室，机房安装了防止进入盗窃和破坏的利用光、电等技术设置的机房防盗报警系统；机房设置了摄像、传感等监控报警系统，则"测评实施"a）为肯定；2）"测评实施"a）~h）均为肯定，则信息系统符合本单元测评项要求	a）应访谈物理安全负责人，采取了哪些防止设备、介质等丢失的保护措施； b）应访谈机房维护人员，询问主要设备放置位置是否做到安全可控，设备或主要部件是否进行了固定和标记，通信线缆是否铺设在隐蔽处；是否设置了冗余或并行的通信线路；是否对机房安装的防盗报警系统和监控报警系统进行定期维护检查； c）应访谈资产管理员，在介质管理中，是否进行了分类标识，是否存放在介质库或档案室中； d）应检查主要设备是否放置在机房内或其他不易被盗窃和破坏的可控范围内；检查主要设备或设备的主要部件的固定情况，是否不易被移动或被搬走，是否设置明显的不易除去的标记； e）应检查通信线缆铺设是否在隐蔽处（如铺设在地下或管道中等）； f）应检查介质的管理情况，查看介质是否有正确的分类标识，是否存放在介质库或档案室中，并且进行分类存放（满足磁介质、纸介质等的存放要求）等措施； g）应检查机房防盗报警设施是否正常运行，并查看运行和报警记录；应检查机房的摄像、传感等监控报警系统是否正常运行，并查看运行记录、监控记录和报警记录； h）应检查是否有通信线路布线文档，介质清单和使用记录，机房防盗报警设施和监控报警设施的安全资质材料、安装测试/验收报告；查看文档中的条文是否与通信线缆铺设等实际情况一致

续表

域	测评项	测评对象、方式和结果判定	测评实施
防雷击	a) 机房建筑设置避雷装置； b) 设置防雷保安器，防止感应雷； c) 机房设置交流电源地线	测评对象：物理安全负责人，机房维护人员，机房设施，建筑防雷设计/验收文档。 测评方式：访谈、检查。 结果判定：1) 如果计算机机房防雷符合《建筑物防雷设计规范》要求，而且如果是在雷电频繁区域，装设浪涌电压吸收装置等，则"测评实施" a) 为肯定；2) 如果地线的引线和大楼的钢筋网及各种金属管道绝缘，交流工作接地的接地电阻不大于 4Ω，安全保护地的接地电阻不大于 4Ω；防雷保护地（处在有防雷设施的建筑群中可不设此地）的接地电阻不大于 10Ω，则"测评实施" b) 为肯定；3)"测评实施" a) ~ d) 均为肯定，则信息系统符合本单元测评项要求	a) 应访谈物理安全负责人，询问为防止雷击事件导致大面积设备被破坏采取了哪些防护措施，机房建筑是否设置了避雷装置，是否通过验收或国家有关部门的技术检测；询问机房计算机系统接地是否设置了专用地线；是否在电源和信号线增加有资质的避雷装置，以避免感应雷击； b) 应访谈机房维护人员，询问机房建筑避雷装置是否有人定期进行检查和维护；询问机房计算机系统接地（交流工作接地、安全保护接地）是否符合《电子计算机机房设计规范》的要求； c) 应检查机房是否有建筑防雷设计/验收文档，查看是否有地线连接要求的描述，与实际情况是否一致； d) 应检查机房是否在电源和信号线增加有资质的避雷装置，以避免感应雷击
防火	a) 机房设置火灾自动消防系统，自动检测火情、自动报警，并自动灭火； b) 机房及相关的工作房间和辅助房采用具有耐火等级的建筑材料； c) 机房采取区域隔离防火措施，将重要设备与其他设备隔离开	测评对象：物理安全负责人，机房维护人员，机房值守人员，机房设施，机房安全管理制度，机房防火设计/验收文档，自动消防系统运行维护记录，自动消防系统设计/验收文档。 测评方式：访谈、检查。 结果判定："测评实施" a) ~ f) 均为肯定，则信息系统符合本单元测评项要求	a) 应访谈物理安全负责人，询问机房是否设置了灭火设备，是否设置了自动检测火情、自动报警、自动灭火的自动消防系统，是否有专人负责维护该系统的运行，是否制订了有关机房消防的管理制度和消防预案，是否进行了消防培训； b) 应访谈机房维护人员，询问是否对火灾自动消防系统定期进行检查和维护； c) 应访谈机房值守人员，询问对机房出现的消防安全隐患是否能够及时报告并得到排除；是否参加过机房灭火设备的使用培训，是否能正确使用灭火设备和自动消防系统（喷水不适用于机房）； d) 应检查机房是否设置了自动检测火情（如使用温感、烟感探测器）、自动报警、自动灭火的自动消防系统，摆放位置是否合理，有效期是否合格；应检查自动消防系统是否正常工作，查看运行记录、报警记录、定期检查和维修记录； e) 应检查是否有机房消防方面的管理制度文档；检查是否有机房防火设计/验收文档；检查是否有机房自动消防系统的设计/验收文档，文档是否与现有消防配置状况一致；检查是否有机房及相关房间和辅助房的建筑材料、区域隔离防火措施的验收文档或消防检查验收文档； f) 应检查机房是否采取区域隔离防火措施，将重要设备与其他设备隔离开

续表

域	测评项	测评对象、方式和结果判定	测评实施
防水和防潮	a）水管安装，不穿过屋顶和活动地板下； b）对穿过机房墙壁和楼板的水管增加必要的保护措施，如设置套管； c）采取措施防止雨水通过窗户、屋顶和墙壁渗透； d）采取措施防止机房内水蒸气结露和地下积水的转移与渗透； e）安装对水敏感的检测仪表或元件，对机房进行防水检测和报警	测评对象：物理安全负责人，机房维护人员，机房设施，湿度记录，防水除潮处理记录，建筑防水和防潮设计/验收文档，除湿装置运行记录。 测评方式：访谈，检查。 结果判定：1) 如果"测评实施"d)、f)、g) 中"如果"条件不成立，则该项为不适用；2) "测评实施" a) ～ g) 均为肯定，则信息系统符合本单元测评项要求	a）应访谈物理安全负责人，询问机房建设是否有防水防潮措施；如果机房内有上下水管安装，是否避免穿过屋顶和活动地板下，穿过墙壁和楼板的水管是否采取了保护措施，如设置套管；在湿度较高地区或季节是否有人负责机房防水防潮事宜，配备除湿装置； b）应访谈机房维护人员，询问机房是否没有出现过漏水和返潮事件；如果机房内有上下水管安装，是否经常检查是否有漏水情况；如果出现机房水蒸气结露和地下积水的转移与渗透现象是否采取防范措施； c）应检查机房是否有建筑防水和防潮设计/验收文档，是否与机房防水防潮的实际情况一致； d）如果有管道穿过主机房墙壁和楼板处，应检查是否有必要的保护措施，如设置套管等； e）应检查机房是否不存在窗户、屋顶和墙壁等出现过漏水、渗透和返潮现象，机房及其环境是否不存在明显的漏水和返潮的威胁；如果出现漏水、渗透和返潮现象是否能够及时修复解决； f）如果在湿度较高地区或季节，应检查机房是否有湿度记录，是否有除湿装置并能够正常运行，是否有防止出现机房地下积水的转移与渗透的措施，是否有防水防潮处理记录和除湿装置运行记录，与机房湿度记录情况是否一致； g）如果机房受到漏水威胁很高，应检查是否设置水敏感的检测仪表或元件，对机房进行防水检测和报警，查看该仪表或元件是否正常运行以及运行记录，是否有人负责此项工作
防静电	a）主要设备采用必要的接地防静电措施； b）机房采用防静电地板	测评对象：物理安全负责人，机房维护人员，设备，机房设施，防静电设计/验收文档。 测评方式：访谈，检查。 结果判定：1) "测评实施" f) 中有效的防静电措施，可以包括如防静电工作台，或静电消除剂和静电消除器等措施的部分或全部，则该项为肯定；2) 如果"测评实施" f) 中"如果"条件不成立，则该项为不适用；3) "测评实施" a)～f) 均为肯定，则信息系统符合本单元测评项要求	a）应访谈物理安全负责人，询问机房主要设备是否采用必要的接地防静电措施；在静电较强地区的机房是否采取了有效的防静电措施； b）应访谈机房维护人员，询问机房是否存在静电问题或因静电引起的故障事件；存在静电时是否及时采取消除静电的措施； c）应检查机房是否有防静电设计/验收文档，查看其描述内容与实际情况是否一致； d）应检查主要设备是否有安全接地，查看机房是否不存在明显的静电现象； e）应检查机房是否采用了防静电地板； f）如果在静电较强的地区，应检查机房是否采用了如防静电工作台、以及静电消除剂和静电消除器等措施
温湿度控制	a）机房设置温湿度自动调节设施，使机房温、湿度的变化在设备运行所允许的范围之内	测评对象：物理安全负责人，机房维护人员，机房设施，温湿度控制设计/验收文档，温湿度记录、运行记录和维护记录。 测评方式：访谈，检查。 结果判定："测评实施" a)～d) 均为肯定，则信息系统符合本单元测评项要求	a）应访谈物理安全负责人，询问机房是否配备了温、湿度自动调节设施，保证温、湿度能够满足计算机设备运行的要求，是否在机房管理制度中规定了温、湿度控制的要求，是否有人负责此项工作； b）应访谈机房维护人员，询问是否定期检查和维护机房的温、湿度自动调节设施，询问是否没有出现过温、湿度影响系统运行的事件； c）应检查机房是否有温、湿度控制设计/验收文档，是否能够满足系统运行需要，是否与当前实际情况相符合； d）应检查温湿度自动调节设施是否能够正常运行，查看是否有温湿度记录、运行记录和维护记录；查看机房温、湿度是否满足《计算站场地技术条件》的要求

续表

域	测评项	测评对象、方式和结果判定	测评实施
电力供应	a）在机房供电线路上设置稳压器和过电压防护设备； b）提供短期的备用电力供应（如UPS设备），至少满足主要设备在断电情况下的正常运行要求； c）设置冗余或并行的电力电缆线路为计算机系统供电； d）建立备用供电系统（如备用发电机），以备常用供电系统停电时启用	测评对象：物理安全负责人，机房维护人员，机房设施，电力供应安全设计/验收文档，检查和维护记录。 测评方式：访谈，检查，测试。 结果判定："测评实施"a）~h）均为肯定，则信息系统符合本单元测评项要求	a）应访谈物理安全负责人，询问计算机系统供电线路上是否设置了稳压器和过电压防护设备；是否设置了短期备用电源设备（如UPS），供电时间是否满足系统最低电力供应需求；是否安装了冗余或并行的电力电缆线路（如双路供电方式）；是否建立备用供电系统（如备用发电机）； b）应访谈机房维护人员，询问是否对在计算机系统供电线路上的稳压器、过电压防护设备、短期备用电源设备、电力电缆线路以及备用供电系统等进行定期检查和维护；是否能够控制电源稳压范围满足计算机系统正常运行； c）应访谈机房维护人员，询问冗余或并行的电力电缆线路（如双路供电方式）在双路供电切换时是否能够对计算机系统正常供电；备用供电系统（如备用发电机）是否能够在规定时间内正常启动和正常供电； d）应检查机房是否有电力供应安全设计/验收文档，查看文档中是否标明配备稳压器、过电压防护设备、备用电源设备、冗余或并行的电力电缆线路以及备用供电系统等要求；查看与机房电力供应实际情况是否一致； e）应检查机房，查看计算机系统供电线路上的稳压器、过电压防护设备和短期备用电源设备是否正常运行，查看供电电压是否正常； f）应检查是否有稳压器、过电压防护设备、短期备用电源设备以及备用供电系统等电源设备的检查和维护记录，以及冗余或并行的电力电缆线路切换记录，备用供电系统运行记录；以及上述计算机系统供电的运行记录，是否能够符合系统正常运行的要求； g）应测试安装的冗余或并行的电力电缆线路（如双路供电方式），是否能够进行双路供电切换； h）应测试备用供电系统（如备用发电机）是否能够在规定时间内正常启动和正常供电
电磁防护	a）采用接地方式防止外界电磁干扰和设备寄生耦合干扰； b）电源线和通信线缆隔离铺设，避免互相干扰； c）对关键设备和磁介质实施电磁屏蔽	测评对象：物理安全负责人，机房维护人员，机房设施，电磁防护设计/验收文档，电磁屏蔽装置。 测评方式：访谈，检查。 结果判定："测评实施"a）~f）均为肯定，则信息系统符合本单元测评项要求	a）应访谈物理安全负责人，询问是否有防止外界电磁干扰和设备寄生耦合干扰的措施（包括设备外壳有良好的接地；电源线和通信线缆隔离等）；是否对处理秘密级信息的设备和磁介质采取了防止电磁泄露的措施； b）应访谈机房维护人员，询问是否对设备外壳做了良好的接地；是否做到电源线和通信线缆隔离；是否没有出现过因电磁防护问题引发的故障；处理秘密级信息的设备是否为低辐射设备，关键设备与磁介质是否存放在具有电磁屏蔽功能的容器中； c）应检查机房是否有电磁防护设计/验收文档，查看其描述内容与实际情况是否一致； d）应检查机房设备外壳是否有安全接地； e）应检查机房布线，查看是否做到电源线和通信线缆隔离； f）应检查磁介质是否存放在具有电磁屏蔽功能的容器中

（2）网络安全，三级系统的网络安全测评内容和方式如表 4-2 所示。

表 4-2　网络安全测评对象、方式和结果判定

域	测评项	测评对象、方式和结果判定	测评实施
结构安全与网段划分	a) 主要网络设备的业务处理能力具备冗余空间，满足业务高峰期需要； b) 根据机构业务的特点，在满足业务高峰期需要的基础上，合理设计网络带宽； c) 在业务终端与业务服务器之间进行路由控制，建立安全的访问路径； d) 设计和绘制与当前运行情况相符的网络拓扑结构图； e) 根据各部门的工作职能、重要性、所涉及信息的重要程度等因素，划分不同的子网或网段，并按照方便管理和控制的原则为各子网、网段分配地址段； f) 避免将重要网段部署在网络边界处且直接连接外部信息系统，重要网段与其他网段之间采取可靠的技术隔离手段，如交换机 VLAN 功能； g) 按照对业务服务的重要次序来指定带宽分配优先级别，保证在网络发生拥堵的时候优先保护重要主机。	测评对象：网络管理员，边界和主要网络设备，网络拓扑图，网络设计/验收文档。 测评方式：访谈，检查。 结果判定：1) 如果"测评实施" e)～g) 中缺少相应的文档，则该项为否定；2)"测评实施" h)～j) 均为肯定，则信息系统符合本单元测评项要求	a) 应访谈网络管理员，询问边界和主要网络设备的性能以及目前业务高峰流量情况； b) 应访谈网络管理员，询问网段划分情况以及划分的原则；询问重要网段有哪些，其具体的部署位置，与其他网段的隔离措施有哪些； c) 应访谈网络管理员，询问网络的带宽情况；询问网络中带宽控制情况以及带宽分配的原则； d) 应访谈网络管理员，询问网络设备的路由控制策略有哪些，这些策略设计的目的是什么； e) 应检查网络拓扑图，查看其与当前运行情况是否一致； f) 应检查网络设计/验收文档，查看是否有边界和主要网络设备业务处理能力、网络接入及核心网络的带宽满足业务高峰期的需要以及不存在带宽瓶颈等方面的设计或描述； g) 应检查网络设计/验收文档，查看是否有根据各部门的工作职能、重要性和所涉及信息的重要程度等因素，划分不同的子网或网段，并按照方便管理和控制的原则为各子网和网段分配地址段的设计或描述； h) 应检查边界和主要网络设备，查看是否配置路由控制策略（如使用静态路由等）以建立安全的访问路径； i) 应检查边界和主要网络设备，查看重要网段是否采取了技术隔离手段与其他网段隔离； j) 应检查边界和主要网络设备，查看是否配置对带宽进行控制的策略（如路由、交换设备上的 QoS 策略配置情况，专用的带宽管理设备的配置策略等），这些策略能否保证在网络发生拥堵的时候优先保护重要业务（如重要业务的主机的优先级要高于非重要业务的主机）
网络访问控制	a) 能根据会话状态信息为数据流提供明确的允许/拒绝访问的能力，控制粒度为端口级； b) 对进出网络的信息内容进行过滤，实现对应用层 HTTP、FTP、Telnet、SMTP、POP3 等协议命令级的控制； c) 在会话处于非活跃一定时间或会话结束后终止网络连接； d) 限制网络最大流量数及网络连接数； e) 重要网段采取技术手段防止地址欺骗，如采用网络层地址与数据链路层地址绑定措施； f) 采用技术手段保护网络内部信息防止泄露到外部系统，如可采用地址映射、DMZ 等。	测评对象：安全管理员，边界网络设备。 测评方式：访谈，检查。 结果判定："测评实施" b)～h) 均为肯定，则信息系统符合本单元测评项要求	a) 应访谈安全管理员，询问网络访问控制措施有哪些；询问访问控制策略的设计原则是什么； b) 应检查边界网络设备，查看其是否根据会话状态信息对数据流进行控制； c) 应检查边界网络设备，查看其是否对进出网络的信息内容进行过滤，实现对应用层 HTTP、FTP、Telnet、SMTP、POP3 等协议命令级的控制； d) 应检查边界网络设备，查看是否设置会话处于非活跃的时间或会话结束后自动终止网络连接；查看是否设置网络最大流量数及网络连接数； e) 应检查边界和主要网络设备，查看重要网段是否采取了网络地址与数据链路地址绑定的措施（如对重要服务器采用 IP 地址和 MAC 地址绑定措施）； f) 应检查边界网络设备，查看是否采取一定技术手段防止内部网络信息外泄； g) 应测试边界网络设备，可通过试图访问未授权的资源，验证访问控制措施对未授权的访问行为的控制是否有效（如可以使用扫描工具来探测等）； h) 应对网络访问控制措施进行渗透测试，可通过采用多种渗透测试技术（如 HTTP 隧道等），验证网络访问控制措施不存在明显的弱点

续表

域	测评项	测评对象、方式和结果判定	测评实施
拨号访问控制	a) 按用户和系统之间的允许访问规则，决定允许或拒绝用户对受控系统进行资源访问，控制粒度为单个用户； b) 限制具有拨号访问权限的用户数量	测评对象：安全管理员，边界网络设备。 测评方式：访谈，检查，测试。 结果判定：1)"测评实施"b)～c) 均为肯定，则信息系统符合本单元测评项要求	a) 应访谈安全管理员，询问是否允许拨号访问网络；询问对拨号访问控制的策略是什么，采取什么技术手段实现拨号访问控制（如使用防火墙还是使用路由器实现），拨号访问用户的权限分配原则是什么； b) 应检查边界网络设备（如路由器、防火墙、认证网关），查看是否正确配置了拨号访问控制列表，控制粒度是否为单个用户；查看其能否限制具有拨号访问权限的用户数量； c) 应测试边界网络设备，可通过试图非授权的访问，验证拨号访问措施能否有效对系统资源实现允许或拒绝用户访问的控制
网络安全审计	a) 记录主要网络设备的运行状况、网络流量、用户行为等事件的日期和时间、用户、事件类型、事件是否成功及其他与审计相关的信息； b) 根据记录数据进行分析，并生成审计报表； c) 对审计记录进行保护，避免受到未预期的删除、修改或覆盖等	测评对象：审计员，边界和主要网络设备。 测评方式：访谈，检查，测试。 结果判定："测评实施"b)～e) 均为肯定，则信息系统符合本单元测评项要求	a) 应访谈审计员，询问边界和主要网络设备是否开启安全审计功能，审计内容包括哪些项；询问审计记录的主要内容有哪些；对审计记录的处理方式有哪些； b) 应检查边界和主要网络设备，查看审计记录是否包含网络系统中的网络设备运行状况、网络流量、用户行为等； c) 应检查边界和主要网络设备，查看事件审计记录是否包括：事件的日期和时间、用户、事件类型、事件成功情况，及其他与审计相关的信息； d) 应检查边界和主要网络设备，查看是否为授权用户浏览和分析审计数据提供专门的审计工具（如对审计记录进行分类、排序、查询、统计、分析和组合查询等），并能根据需要生成审计报表； e) 应测试边界和主要网络设备，可通过以某个系统用户试图删除、修改或覆盖审计记录，验证安全审计的保护情况与要求是否一致
边界完整性	a) 能够对非授权设备私自连到内部网络的行为进行检查，准确定出位置，并对其进行有效阻断； b) 能够对内部网络用户私自连到外部网络的行为进行检查，准确定出位置，并对其进行有效阻断	测评对象：安全管理员，边界完整性检查设备。 测评方式：访谈，检查，测试。 结果判定："测评实施"b)～d) 均为肯定，则信息系统符合本单元测评项要求	a) 应访谈安全管理员，询问是否对内部用户私自联到外部网络的行为以及非授权设备私自联入网络的行为进行监控； b) 应检查边界完整性检查设备，查看是否设置了对非法连接到内网和非法连接到外网的行为进行监控并有效的阻断； c) 应测试边界完整性检查设备，测试是否能够确定出非法外联设备的位置，并对其进行有效阻断（如产生非法外联的动作，查看边界完整性检查设备是否能够准确定位并阻断）； d) 应测试边界完整性检查设备，测试是否能够对非授权设备私自连到网络的行为进行检查，并准确定出位置，对其进行有效阻断（如产生非法接入的动作，查看测试边界完整性检查设备是否能准确的发现，准确的定位并产生阻断）

续表

域	测评项	测评对象、方式和结果判定	测评实施
网络入侵防范	a) 在网络边界处监视以下攻击行为：端口扫描、强力攻击、木马后门攻击、拒绝服务攻击、缓冲区溢出攻击、IP碎片攻击、网络蠕虫攻击等入侵事件的发生； b) 当检测到入侵事件时，记录入侵源IP、攻击类型、攻击目的、攻击时间，并在发生严重入侵事件时提供报警（如可采取屏幕实时提示、E-mail告警、声音告警等几种方式）	测评对象：安全管理员，网络入侵防范设备。 测评方式：访谈，检查，测试。 结果判定："测评实施"b)～f)均为肯定，则信息系统符合本单元测评项要求	a) 应访谈安全管理员，询问网络入侵防范措施有哪些，是否有专门设备对网络入侵进行防范；询问网络入侵防范规则库的升级方式； b) 应检查网络入侵防范设备，查看是否能检测以下攻击行为：端口扫描、强力攻击、木马后门攻击、拒绝服务攻击、缓冲区溢出攻击、IP碎片攻击、网络蠕虫攻击等； c) 应检查网络入侵防范设备，查看入侵事件记录中是否包括入侵的源IP、攻击的类型、攻击的目的、攻击的时间等； d) 应检查网络入侵防范设备，查看其规则库是否为最新； e) 应测试网络入侵防范设备，验证其监控策略是否有效（如模拟产生攻击动作，查看网络入侵防范设备的反应）； f) 应测试网络入侵防范设备，验证其报警策略是否有效（如模拟产生攻击动作，查看网络入侵防范设备是否能实时报警）
恶意代码防范	a) 在网络边界处对恶意代码进行检测和清除； b) 维护恶意代码库的升级和检测系统的更新	测评对象：安全管理员，防恶意代码产品，网络设计/验收文档。 测评方式：访谈，检查。 结果判定：1）如果"测评实施"b) 中缺少相应的文档，则该项为否定；2）"测评实施"b)～d) 均为肯定，则信息系统符合本单元测评项要求	a) 应访谈安全管理员，询问网络恶意代码防范措施是什么，询问恶意代码库的更新策略； b) 应检查网络设计/验收文档，查看其是否有在网络边界处对恶意代码采取相关措施（如是否有防病毒网关）的描述，防恶意代码产品是否有实时更新功能的描述； c) 应检查在网络边界及核心业务网段处是否有相应的防恶意代码措施； d) 应检查防恶意代码产品，查看其运行是否正常，恶意代码库是否为最新版本
网络设备防护	a) 对登陆网络设备的用户进行身份鉴别； b) 对网络设备的管理员登陆地址进行限制； c) 主要网络设备对同一用户选择两种或两种以上组合的鉴别技术来进行身份鉴别； d) 身份鉴别信息具有不易被冒用的特点，口令有复杂度要求，如口令长度至少8位以上，同时包含有字母、数字、特殊字符等，并定期更换口令； e) 具有登陆失败处理功能，如结束会话、限制非法登陆次数、当网络登陆连接超时自动退出；f) 当对网络设备进行远程管理时，采取必要措施，防止鉴别信息在网络传输过程中被窃听； g) 实现设备特权用户的权限分离，如将管理与审计的权限分配给不同的网络设备用户	测评对象：网络管理员，边界和主要网络设备。 测评方式：访谈，检查，测试。 结果判定：1）如网络设备的口令策略为口令长度8位以上，口令复杂（如规定字符必须混有大、小写字母、数字和特殊字符），口令生命周期，新旧口令的替换要求（规定替换的字符数量）或为了便于记忆使用了令牌，则"测评实施"b) 满足测评要求；2）"测评实施"c)～g) 均为肯定，则信息系统符合本单元测评项要求	a) 应访谈网络管理员，询问对主要网络设备的防护措施有哪些；询问对主要网络设备的登陆和验证方式做过何种特定配置；询问对远程管理的设备是否采取措施防止鉴别信息被泄露；询问对网络特权用户的权限如何进行分配； b) 应访谈网络管理员，询问网络设备的口令策略是什么； c) 应检查边界和主要网络设备，查看是否配置了登陆用户身份鉴别功能，口令设置是否有复杂度要求；查看是否对同一用户选择两种或以上组合的鉴别技术来进行身份鉴别； d) 应检查边界和主要网络设备，查看是否配置了鉴别失败处理功能（如是否有鉴别失败后锁定账号等措施）； e) 应检查边界和主要网络设备，查看是否配置了对设备远程管理所产生的鉴别信息进行保护的功能； f) 应检查边界和主要网络设备，查看是否对边界和主要网络设备的管理员登陆地址进行限制；查看是否设置网络登陆连接超时，并自动退出；查看是否实现设备特权用户的权限分离； g) 应对边界和主要网络设备进行渗透测试，通过使用各种渗透测试技术（如口令猜解等）对网络设备进行渗透测试，验证网络设备防护能力是否符合要求

（3）主机安全，三级系统的主机安全测评内容和方式，如表4-3所示。

表 4-3 主机安全测评对象、方式和结果判定

域	测评项	测评对象、方式和结果判定	测评实施
身份鉴别	a）对登陆操作系统和数据库系统的用户进行身份标识和鉴别； b）操作系统和数据库系统管理用户身份标识具有不易被冒用的特点，口令长度至少 8 位以上；口令有复杂度要求，如同时包含字母、数字、特殊字符等；定期更换口令； c）启用登陆失败处理功能，如限定连续登陆尝试次数、锁定账户、审计登陆事件、设置连续两次登陆的时间间隔等； d）当对服务器进行远程管理时，采取必要措施，防止鉴别信息在网络传输过程中被窃听； e）为操作系统和数据库系统的不同用户分配不同的用户名，确保用户名具有唯一性； f）采用两种或两种以上组合的鉴别技术对管理用户进行身份鉴别，如在用户名和口令基础上增加令牌、动态口令、数字证书或生物鉴别等鉴别方式。	测评对象：系统管理员，数据库管理员，主要服务器操作系统、数据库，服务器操作系统文档，数据库管理系统文档。 测评方式：访谈，检查，测试。 结果判定：1）如果不采用用户名/口令方式进行身份鉴别，则"测评实施"f）不适用；2）如果"测评实施"j）中能破解口令，则该项为否定；3）如果"测评实施"k）中没有常见的绕过认证方式进行系统登陆的方法，则该项为肯定；4）"测评实施"a）、d）~k）均为肯定，则信息系统符合本单元测评项要求	a）应检查服务器操作系统和数据库管理系统身份鉴别功能是否具有《信息安全技术 操作系统安全技术要求》和《信息安全技术 数据库管理系统安全技术要求》第二级以上或 TCSECC2 级以上的测试报告； b）应访谈系统管理员，询问操作系统的身份标识与鉴别机制采取何种措施实现； c）应访谈数据库管理员，询问数据库系统的身份标识与鉴别机制采取何种措施实现； d）应访谈主要操作系统和数据库管理员是否采用了远程管理，如采用了远程管理，查看采用何种措施防止鉴别信息在网络传输过程中被窃听。 e）应检查主要服务器操作系统和数据库管理系统账户列表，查看管理员用户名分配是否唯一； f）应检查主要服务器操作系统和主要数据库管理系统，查看是否提供了身份鉴别措施（如用户名和口令等），其身份鉴别信息是否具有不易被冒用的特点，如口令足够长，口令复杂（如规定字符应混有大、小写字母、数字和特殊字符），口令生命周期，新旧口令的替换要求（如规定替换的字符数量）或为了便于记忆使用了令牌； g）应检查主要服务器操作系统和主要数据库管理系统，查看身份鉴别是否采用两个及两个以上身份鉴别技术的组合来进行身份鉴别（如采用用户名/口令、挑战应答、动态口令、物理设备、生物识别技术和数字证书方式的身份鉴别技术中的任意两个组合）； h）应检查主要服务器操作系统和主要数据库管理系统，查看是否已配置了鉴别失败处理功能，并设置了非法登陆次数的限制值；查看是否设置网络登陆连接超时，并自动退出； i）应测试主要服务器操作系统和主要数据库管理系统，可通过错误的用户名和口令试图登陆系统，验证鉴别失败处理功能是否有效； j）应渗透测试主要服务器操作系统，可通过使用口令破解工具等，对服务器操作系统进行用户口令强度检测，查看能否破解用户口令，破解口令后能否登陆进入系统； k）应渗透测试主要服务器操作系统，测试是否存在绕过认证方式进行系统登陆的方法，如认证程序存在的安全漏洞，社会工程或其他手段等

续表

域	测评项	测评对象、方式和结果判定	测评实施
自主访问控制	a）依据安全策略控制主体对客体的访问，如仅开放业务需要的服务端口、设置重要文件的访问权限、删除系统默认的共享路径等； b）根据管理用户的角色分配权限，实现管理用户的权限分离，仅授予管理用户所需的最小权限； c）实现操作系统和数据库系统特权用户的权限分离； d）严格限制默认账户的访问权限，禁用或重命名系统默认账户，并修改这些账户的默认口令；及时删除多余的、过期的账户，避免共享账户的存在	测评对象：主要服务器操作系统、数据库。 测评方式：访谈，检查，测试。 结果判定："测评实施"a)~g)均为肯定，则信息系统符合本单元测评项要求	a）应检查服务器操作系统和数据库管理系统的自主访问控制功能是否具有《信息安全技术 操作系统安全技术要求》和《信息安全技术 数据库管理系统安全技术要求》第二级以上或 TCSECC2 级以上的测试报告； b）应检查主要服务器操作系统的安全策略，查看是否对重要文件的访问权限进行了限制，对系统不需要的服务、共享路径等可能被非授权访问的客体进行了限制； c）应检查主要服务器操作系统和主要数据库管理系统的访问控制列表，查看授权用户中是否不存在过期的账号和无用的账号等；访问控制列表中的用户和权限，是否与安全策略相一致； d）应检查主要数据库服务器的数据库管理员与操作系统管理员是否由不同管理员担任； e）应检查主要服务器操作系统和主要数据库管理系统，查看特权用户的权限是否进行分离，如可分为系统管理员、安全管理员、安全审计员等；查看是否采用最小授权原则（如系统管理员只能对系统进行维护，安全管理员只能进行策略配置和安全设置，安全审计员只能维护审计信息等）； f）应查看主要服务器操作系统和主要数据库管理系统，查看匿名/默认用户的访问权限是否已被禁用或者严格限制； g）应测试主要服务器操作系统和主要数据库管理系统，依据系统访问控制的安全策略，试图以未授权用户身份/角色访问客体，验证是否不能进行访问
强制访问控制	强制访问控制的覆盖范围应包括与重要信息资源直接相关的所有主体、客体及它们之间的操作	测评对象：主要服务器操作系统、数据库，服务器操作系统文档，数据库管理系统文档。 测评方式：访谈，检查，测试。 结果判定：1) 如果"测评实施"a) 为肯定，则测评实施b)、c)为肯定； 2) "测评实施" a)~e)均为肯定，则信息系统符合本单元测评项要求	a）应检查服务器操作系统和数据库管理系统的强制访问控制是否具有《信息安全技术 操作系统安全技术要求》和《信息安全技术 数据库管理系统安全技术要求》第三级以上的测试报告； b）应检查服务器操作系统文档，查看强制访问控制模型是否采用"向下读，向上写"模型，如果操作系统采用其他的强制访问控制模型，则操作系统文档是否对这种模型进行详细分析，并有权威机构对这种强制访问控制模型的合理性和完善性进行检测证明； c）应检查主要服务器操作系统和主要数据库管理系统文档，查看强制访问控制是否与用户身份鉴别、标识等安全功能密切配合，并且控制粒度达到主体为用户级，客体为文件和数据库表级； d）应测试主要服务器操作系统和主要数据库管理系统，依据系统文档描述的强制访问控制模型，以授权用户和非授权用户身份访问客体，验证是否只有授权用户可以访问客体，而非授权用户不能访问客体； e）应渗透测试主要服务器操作系统和主要数据库管理系统，可通过非法终止强制访问模块，非法修改强制访问相关规则，使用假冒身份等方式，测试强制访问控制是否安全、可靠

续表

域	测评项	测评对象、方式和结果判定	测评实施
安全审计	a) 审计范围覆盖到服务器和重要客户端上的每个操作系统用户和数据库用户； b) 审计内容包括系统内重要的安全相关事件，如重要用户行为、系统资源的异常使用和重要系统命令的使用等； c) 安全相关事件的记录包括日期和时间、类型、主体标识、客体标识、事件的结果等； d) 能够根据记录数据进行分析，并生成审计报表； e) 保护审计进程避免受到未预期的中断； f) 保护审计记录避免受到未预期的删除、修改或覆盖等；	测评对象：安全审计员，主要服务器操作系统、数据库，重要终端。 测评方式：访谈，检查，测试。 结果判定："测评实施"b)～h)均为肯定，则信息系统符合本单元测评项要求	a) 应访谈安全审计员，询问主机系统是否设置安全审计；询问主机系统对事件进行审计的选择要求和策略是什么；对审计日志的处理方式有哪些； b) 应检查主要服务器操作系统、重要终端操作系统和主要数据库管理系统，查看当前审计范围是否覆盖到每个用户； c) 应检查主要服务器操作系统、重要终端操作系统和主要数据库管理系统，查看审计策略是否覆盖系统内重要的安全相关事件，如用户标识与鉴别、重要用户行为（如用超级用户命令改变用户身份，删除系统表）、系统资源的异常使用、重要系统命令的使用（如删除客体）等； d) 应检查主要服务器操作系统、重要终端操作系统和主要数据库管理系统，查看审计记录信息是否包括事件发生的日期与时间、触发事件的主体与客体、事件的类型、事件成功或失败、身份鉴别事件中请求的来源（如末端标识符）、事件的结果等内容； e) 应检查主要服务器和重要终端操作系统，查看是否为授权用户浏览和分析审计数据提供专门的审计工具（如对审计记录进行分类、排序、查询、统计、分析和组合查询等），并能根据需要生成审计报表； f) 应检查主要服务器操作系统、重要终端操作系统和主要数据库管理系统，查看审计跟踪设置是否定义了审计跟踪极限的阈值，当存储空间被耗尽时，能否采取必要的保护措施，如报警并导出、丢弃未记录的审计信息、暂停审计或覆盖以前的审计记录等； g) 应测试主要服务器操作系统、重要终端操作系统和主要数据库管理系统，可通过非法终止审计功能或修改其配置，验证审计功能是否受到保护； h) 应测试主要服务器操作系统、重要终端操作系统和主要数据库管理系统，在系统上以某个系统用户试图删除、修改或覆盖审计记录，测试安全审计的保护情况与要求是否一致
剩余信息保护	a) 保证操作系统和数据库管理系统用户的鉴别信息所在的存储空间，被释放或再分配给其他用户前得到完全清除，无论这些信息是存放在硬盘上还是在内存中； b) 确保系统内的文件、目录和数据库记录等资源所在的存储空间，被释放或重新分配给其他用户前得到完全清除	测评对象：系统管理员，数据库管理员，主要服务器操作系统维护/操作手册，主要数据库管理系统维护/操作手册。 测评方式：访谈，检查。 结果判定：如果"测评实施"a) 为肯定，则测评实施 b)～d) 为肯定	a) 应检查服务器操作系统和数据库管理系统的剩余信息保护（用户数据保密性保护/客体重用）功能是否具有《信息安全技术 操作系统安全技术要求》和《信息安全技术 数据库管理系统安全技术要求》第二级以上的测试报告； b) 应与系统管理员访谈，询问操作系统用户的鉴别信息存储空间，被释放或再分配给其他用户前是否得到完全清除；系统内的文件、目录等资源所在的存储空间，被释放或重新分配给其他用户前是否得到完全清除； c) 应与数据库管理员访谈，询问数据库管理员用户的鉴别信息存储空间，被释放或再分配给其他用户前是否得到完全清除；数据库记录等资源所在的存储空间，被释放或重新分配给其他用户前是否得到完全清除； d) 应检查重要操作系统和重要数据库管理系统维护操作手册，查看是否明确用户的鉴别信息存储空间，被释放或再分配给其他用户前的处理方法和过程；文件、目录和数据库记录等资源所在的存储空间，被释放或重新分配给其他用户前的处理方法和过程

续表

域	测评项	测评对象、方式和结果判定	测评实施
入侵防范	a）能够检测到对重要服务器进行入侵的行为，能够记录入侵的源 IP、攻击的类型、攻击的目的、攻击的时间，并在发生严重入侵事件时提供报警； b）能够对重要程序完整性进行检测，并在检测到完整性受到破坏后具有恢复的措施； c）操作系统遵循最小安装的原则，仅安装需要的组件和应用程序，并通过设置升级服务器等方式保持系统补丁及时得到更新	测评对象：系统管理员，主要服务器。 测评方式：访谈、检查。 结果判定："测评实施"a)～e)均为肯定，则信息系统符合本单元测评项要求	a）应访谈系统管理员，询问是否采取入侵防范措施，入侵防范内容是否包括主机运行监视、资源使用超过值报警、特定进程监控、入侵行为检测、完整性检测等方面内容； b）应访谈系统管理员，询问入侵防范产品的厂家、版本和安装部署情况；询问是否按要求（如定期或实时）进行产品升级； c）应检查入侵防范系统，查看能记录攻击者的源 IP、攻击类型、攻击目标、攻击时间等，在发生严重入侵事件时是否提供报警（如声音、短信、E-mail 等）； d）应检查是否专门设置了升级服务器，实现对重要服务器的补丁升级； e）应检查主要服务器是否已经及时更新了操作系统和数据库系统厂商新公布的补丁
恶意代码防范	a）安装防恶意代码软件，并及时更新防恶意代码软件版本和恶意代码库； b）主机防恶意代码产品具有与网络防恶意代码产品不同的恶意代码库； c）支持防恶意代码的统一管理	测评对象：系统安全管理员，主要服务器，重要终端，网络防恶意代码产品。 测评方式：访谈、检查。 结果判定："测评实施"a)～c)均为肯定，则信息系统符合本单元测评项要求	a）应访谈系统安全管理员，询问主机系统是否采取恶意代码实时检测与查杀措施，恶意代码实时检测与查杀措施的部署情况如何，是否按要求（如定期或实时）进行产品升级； b）应检查主要服务器系统和重要终端系统，查看是否安装实时检测与查杀恶意代码的软件产品；查看实时检测与查杀恶意代码的软件产品是否支持恶意代码防范的统一管理功能；查看检测与查杀恶意代码软件产品的厂家、版本号和恶意代码库名称； c）应检查网络防恶意代码产品，查看厂家、版本号和恶意代码库名称，查看是否与主机防恶意代码产品有不同的恶意代码库
资源控制	a）通过设定终端接入方式、网络地址范围等条件限制终端登陆； b）根据安全策略设置登陆终端的操作超时锁定； c）对重要服务器进行监视，包括监视服务器的 CPU、硬盘、内存、网络等资源的使用情况； d）限制单个用户对系统资源的最大或最小使用限度； e）当系统的服务水平降低到预先规定的最小值时，能检测和报警	测评对象：主要服务器。 测评方式：检查。 结果判定："测评实施"a)～d)均为肯定，则信息系统符合本单元测评项要求	a）应检查主要服务器操作系统，查看是否设定了终端接入方式、网络地址范围等条件限制终端登陆； b）应检查主要服务器操作系统，查看是否限制单个用户对系统资源（如 CPU、内存和硬盘等）的最大或最小使用限度； c）应检查主要服务器操作系统，查看是否在服务水平降低到预先规定的最小值时，能检测和报警； d）应检查能够访问主要服务器的终端是否设置了操作超时锁定

（4）应用安全，三级系统的应用安全测评内容和方式如表 4-4 所示。

表 4-4 应用安全测评对象、方式和结果判定

域	测评项	测评对象、方式和结果判定	测评实施
身份鉴别	a) 应用系统提供专用的登陆控制模块对登陆的用户进行身份标识和鉴别； b) 应用系统登陆控制模块对同一用户采用两种或两种以上组合的鉴别技术实现用户身份鉴别； c) 应用系统提供重复用户身份标识检查和鉴别信息复杂度检查功能，保证应用系统中不存在重复用户身份标识，身份鉴别信息不易被冒用，如采用口令作为鉴别信息的系统，其鉴别信息复杂度检查功能，可以保证系统中不存在弱口令等； d) 应用系统提供登陆失败处理功能，如结束会话、限制非法登陆次数，当登陆连接超时自动退出等； e) 应用软件安装后应启用身份鉴别、重复用户身份标识检查、用户身份鉴别信息复杂度检查以及登陆失败处理功能，并根据安全策略配置相关参数	测评对象：应用系统管理员，主要应用系统，设计/验收文档，操作规程和操作记录。 测评方式：访谈，检查，测试。 结果判定：1) 如果"测评实施"c) 中相关文档有用户唯一性标识的描述，则该项为肯定；2) 如果"测评实施"d) 中缺少相应的文档，则该项为否定；3) "测评实施" c)～i) 均为肯定，则信息系统符合本单元测评项要求	a) 应访谈应用系统管理员，询问应用系统是否采取身份标识和鉴别措施，具体措施有哪些；系统采取何种措施防止身份鉴别信息被冒用（如复杂性中的规定字符应混有大、小写字母、数字和特殊字符、口令周期等）； b) 应访谈应用系统管理员，询问应用系统是否具有登陆失败处理的功能，是如何进行处理的； c) 应检查设计/验收文档，查看文档中是否有系统采取了唯一标识（如用户名、UID 或其他属性）的说明； d) 应检查操作规程和操作记录，查看其是否有身份标识和鉴别功能的操作规程、审批记录和操作记录； e) 应检查主要应用系统，查看其是否采用了两个及两个以上身份鉴别技术的组合来进行身份鉴别（如采用用户名/口令、挑战应答、动态口令、物理设备、生物识别技术中的任意两个组合）； f) 应检查主要应用系统，查看其是否配备了身份标识（如建立账号）和鉴别（如口令等）功能；查看其身份鉴别信息是否具有不易被冒用的特点，如复杂性（规定字符应混有大、小写字母、数字和特殊字符）或为了便于记忆使用了令牌，是否配备鉴别信息复杂度检查功能，保证系统中不存在弱口令； g) 应检查主要应用系统，查看其是否使用并配置了登陆失败处理功能（如登陆失败次数超过设定值，系统自动退出等）； h) 应测试主要应用系统，可通过以某注册用户身份登陆系统，查看登陆是否成功，验证其身份标识和鉴别功能是否有效； i) 应测试主要应用系统，验证其登陆失败处理功能是否有效
访问控制	a) 应用系统提供自主访问控制功能，能够依据安全策略控制用户对文件、数据库表等客体的访问； b) 自主访问控制的覆盖范围包括与信息安全直接相关的主体、客体及它们之间的操作	测评对象：应用系统管理员，主要应用系统。 测评方式：访谈，检查，测试。 结果判定："测评实施" b)～j) 均为肯定，则信息系统符合本单元测评项要求	a) 应访谈应用系统管理员，询问业务系统是否提供访问控制措施，具体措施有哪些，自主访问控制的粒度如何； b) 应检查主要应用系统，查看系统是否提供访问控制机制；是否依据安全策略控制用户对客体（如文件和数据库中的数据）的访问； c) 应检查主要应用系统，查看其自主访问控制的覆盖范围是否包括与信息安全直接相关的主体、客体及它们之间的操作

续表

域	测评项	测评对象、方式和结果判定	测评实施
访问控制	c) 应用系统的访问控制策略配置为，由授权主体设置用户对系统功能操作和对数据访问的权限，并严格限制默认账户的访问权限； d) 应用系统的访问控制策略配置为，只授予不同账户为完成各自承担任务所需的最小权限，并在它们之间形成相互制约的关系		d) 应检查主要应用系统，查看应用系统是否对授权主体进行系统功能操作和对数据访问权限进行设置的功能； e) 应检查主要应用系统，查看其特权用户的权限是否分离（如将应用系统管理员、安全管理员和审计员的权限分离），是否只授予不同账户为完成各自承担任务所需的最小权限，权限之间是否相互制约（如应用系统管理员、安全管理员等不能对审计日志进行管理，安全审计员不能管理审计功能的开启、关闭、删除等重要事件的审计日志等）； f) 应检查主要应用系统，查看其是否有限制默认用户访问权限的功能，并已配置使用； g) 应测试主要应用系统，可通过用不同权限的用户登陆，查看其权限是否受到应用系统的限制，验证系统权限分离功能是否有效； h) 应测试主要应用系统，可通过授权主体设置特定用户对系统功能进行操作和对数据进行访问的权限，然后以该用户登陆，验证用户权限管理功能是否有效； i) 应测试主要应用系统，可通过用默认用户（默认密码）登陆，并用该用户进行操作（包括合法、非法操作），验证系统对默认用户访问权限的限制是否有效； j) 应渗透测试主要应用系统，测试自主访问控制的覆盖范围是否包括与信息安全直接相关的主体、客体及它们之间的操作（如试图绕过系统访问控制机制等操作）
安全审计	a) 应用系统提供覆盖到每个用户的安全审计功能，对应用系统重要的安全相关事件进行审计，包括重要用户行为、系统资源的异常使用和重要系统功能的执行等； b) 应用系统保证无法单独中断审计进程，无法删除、修改或覆盖审计记录； c) 应用系统保证审计记录的内容至少包括事件的日期、时间、发起者信息、类型、描述和结果等	测评对象：安全审计员，主要应用系统。 测评方式：访谈，检查，测试。 结果判定："测评实施"b)～i) 均为肯定，则信息系统符合本单元测评项要求	a) 应访谈安全审计员，询问应用系统是否有安全审计功能，对事件进行审计的选择要求和策略是什么，对审计日志的保护措施有哪些； b) 应检查主要应用系统，查看其当前审计范围是否覆盖到每个用户； c) 应检查主要应用系统，查看其审计策略是否覆盖系统内重要的安全相关事件，如用户标识与鉴别、自主访问控制的所有操作记录、重要用户行为、系统资源的异常使用和重要系统命令的使用等； d) 应检查主要应用系统，查看其审计记录信息是否包括事件发生的日期与时间、触发事件的主体与客体、事件的类型、事件成功或失败、身份鉴别事件中请求的来源（如末端标识符）、事件的结果等内容

续表

域	测评项	测评对象、方式和结果判定	测评实施
安全审计	d）应用系统具备对特定事件提供指定方式的实时报警，对审计记录数据进行统计、查询、分析及生成审计报表的功能		e）应检查主要应用系统，查看其是否为授权用户浏览和分析审计数据提供专门的审计分析功能（如对审计记录进行查询、统计和分析等），并能根据需要生成审计报表； f）应检查主要应用系统，查看其能否对特定事件指定实时报警方式（如声音、E-mail、短信等）； g）应测试主要应用系统，可通过非法终止审计功能或修改其配置，验证审计进程是否受到保护； h）应测试主要应用系统，在系统上以某个用户试图产生一些重要的安全相关事件（如鉴别失败等），测试安全审计的覆盖情况和记录情况与要求是否一致； i）应测试主要应用系统，在系统上以某个系统用户试图删除、修改或覆盖审计记录，验证安全审计的保护情况与要求是否一致
剩余信息保护	a）应用系统保证用户的鉴别信息所在的存储空间，被释放或再分配给其他用户前不会存留剩余信息，无论这些信息是存放在硬盘上还是在内存中； b）应用系统保证系统内的文件、目录和数据库记录等资源所在的存储空间，被释放或重新分配给其他用户前不会存留剩余信息	测评对象：应用系统管理员，设计/验收文档，主要应用系统。 测评方式：访谈，检查，测试。 结果判定：1）如果"测评实施"b)、c)缺少相关材料，则该项为否定；2）"测评实施"b)~d)均为肯定，则信息系统符合本单元测评项要求	a）应访谈应用系统管理员，询问系统是否采取措施保证对存储介质中的残余信息进行删除（无论这些信息是存放在硬盘上还是在内存中），具体措施有哪些； b）应检查设计/验收文档，查看其是否有关于系统在释放或再分配鉴别信息所在存储空间给其他用户前如何将其进行完全清除（无论这些信息是存放在硬盘上还是在内存中）的描述； c）应检查设计/验收文档，查看其是否有关于释放或重新分配系统内文件、目录和数据库记录等资源所在存储空间给其他用户前进行完全清除的描述； d）应测试主要应用系统，用某用户登陆系统并进行操作后，在该用户退出后另一用户登陆，试图操作（读取、修改或删除等）其他用户产生的文件、目录和数据库记录等资源，查看是否成功，验证系统提供的剩余信息保护功能是否正确（确保系统内的文件、目录和数据库记录等资源所在的存储空间，被释放或重新分配给其他用户前得到完全清除）
通信完整性	应用系统采用密码算法保证通信过程中数据的完整性，在进行通信时，双方根据计算出的通信数据报文的报文验证码判断对方报文的有效性	测评对象：安全管理员，主要应用系统，设计/验收文档。 测评方式：访谈，检查，测试。 结果判定："测评实施"b)、c)均为肯定，则信息系统符合本单元测评项要求	a）应访谈安全管理员，询问业务系统是否有数据在传输过程中进行完整性保护的操作，具体措施是什么； b）应检查设计/验收文档，查看其是否有通信完整性的说明，如果有则查看其是否有系统是根据校验码判断对方数据包的有效性的描述，用密码计算通信数据报文的报文验证码的描述； c）应测试主要应用系统，可通过获取通信双方的数据包，查看通信报文是否含有加密的验证码
抗抵赖	a）在通信双方建立连接之前，应用系统利用密码技术进行会话初始化验证； b）应用系统对通信过程中的整个报文或会话过程进行加密	测评对象：安全管理员，主要应用系统，相关证明材料（证书）。 测评方式：访谈，测试。 结果判定："测评实施"b)为肯定，则信息系统符合本单元测评项要求	a）应访谈安全管理员，询问业务系统数据在通信过程中是否采取保密措施（如在通信双方建立连接之前利用密码技术进行会话初始化验证，在通信过程中对整个报文或会话过程进行加密等），具体措施有哪些； b）应测试主要应用系统，通过查看通信双方数据包的内容，查看系统是否能在通信双方建立连接之前，利用密码技术进行会话初始化验证（如SSL建立加密通道前是否利用密码技术进行会话初始验证）；查看系统在通信过程中，对整个报文或会话过程进行加密的功能是否有效

续表

域	测评项	测评对象、方式和结果判定	测评实施
抗抵赖	a）应用系统具有在请求的情况下为数据原发者或接收者提供数据原发证据的功能； b）应用系统具有在请求的情况下为数据原发者或接收者提供数据接收证据的功能；	测评对象：安全管理员，主要应用系统。 测评方式：访谈，测试。 结果判定："测评实施"b）为肯定，则信息系统符合本单元测评项要求	a）应访谈安全管理员，询问系统是否具有抗抵赖的措施，具体措施有哪些； b）应测试主要应用系统，通过双方进行通信，查看系统是否提供在请求的情况下为数据原发者或接收者提供数据原发证据的功能；是否提供在请求的情况下为数据原发者或接收者提供数据接收证据的功能
软件容错	a）应用系统提供数据有效性检验功能，保证通过人机接口输入或通过通信接口输入的数据格式或长度符合系统设定要求； b）应用系统提供自动保护功能，当故障发生时，自动保护当前所有状态，保证系统能够进行恢复	测评对象：应用系统管理员，主要应用系统。 测评方式：访谈，检查，测试。 结果判定："测评实施"b）、c）均为肯定，则信息系统符合本单元测评项要求	a）应访谈应用系统管理员，询问业务系统是否保证软件具有容错能力的措施（如对人机接口输入或通过通信接口输入的数据进行有效性检验等），具体措施有哪些； b）应检查主要应用系统，查看业务系统是否对人机接口输入（如用户界面的数据输入）或通信接口输入的数据进行有效性检验；是否在故障发生时能自动保护当前所有状态； c）应测试主要应用系统，可通过输入的不同（如数据格式或长度等符合、不符合软件设定的要求），验证系统人机接口有效性检验功能是否正确
资源控制	a）当应用系统的通信双方中的一方在一段时间内未作任何响应，另一方能够自动结束会话； b）应用系统提供资源控制功能，能够对系统的最大并发会话连接数进行限制； c）应用系统能够对单个账户的多重并发会话进行限制； d）应用系统能够对一个时间段内可能的并发会话连接数进行限制； e）应用系统能够对一个访问账户或一个请求进程占用的资源分配最大限额和最小限额； f）当系统的服务水平降低到预先规定的最小值时，应用系统能够检测和报警； g）应用系统提供服务优先级设定功能，并在安装后根据安全策略设定访问账户或请求进程的优先级，根据优先级分配系统资源	测评对象：应用系统管理员，主要应用系统。 测评方式：访谈，检查，测试。 结果判定："测评实施"b）~f）均为肯定，则信息系统符合本单元测评项要求	a）应访谈应用系统管理员，询问业务系统是否有资源控制的措施（如对应用系统的最大并发会话连接数进行限制，是否对一个时间段内可能的并发会话连接数进行限制，对一个访问账户或一个请求进程占用的资源分配最大限额和最小限额等），具体措施有哪些； b）应检查主要应用系统，查看是否限制单个账户的多重并发会话；系统是否有最大并发会话连接数的限制，是否对一个时间段内可能的并发会话连接数进行限制；是否能根据安全策略设定主体的服务优先级，根据优先级分配系统资源； c）应检查主要应用系统，查看是否对一个访问账户或一个请求进程占用的资源分配最大限额和最小限额； d）应检查主要应用系统，查看是否有服务水平最小值的设定，当系统的服务水平降低到预先设定的最小值时，系统报警； e）应测试主要应用系统，可通过对系统进行超过规定的单个账户的多重并发会话数据进行连接，验证系统能否正确地限制单个账户的多重并发会话数； f）应测试主要应用系统，可试图使服务水平降低到预先规定的最小值，验证系统能否正确检测并报警

（5）数据安全，三级系统的数据安全测评内容和方式如表4-5所示。

表 4-5 数据安全测评对象、方式和结果判定

域	测评项	测评对象、方式和结果判定	测评实施
数据完整性	a）能够检测到网络设备操作系统、主机操作系统、数据库管理系统和应用系统的系统管理数据、鉴别信息和重要业务数据在传输过程中完整性受到破坏，并在检测到完整性错误时采取必要的恢复措施； b）能够检测到网络设备操作系统、主机操作系统、数据库管理系统和应用系统的系统管理数据、鉴别信息和重要业务数据在存储过程中完整性受到破坏，并在检测到完整性错误时采取必要的恢复措施； c）能够检测到重要程序的完整性受到破坏，并在检测到完整性错误时采取必要的恢复措施	测评对象：安全管理员，主要应用系统，设计/验收文档，相关证明性材料（如证书、检验报告等）。 测评方法：访谈，检查。 结果判定：1）如果"测评实施" b）缺少相关材料，则该项为否定；2）"测评实施" b）～d）均为肯定，则信息系统符合本单元测评项要求。	a）应访谈安全管理员，询问主要应用系统数据在存储、传输过程中是否有完整性保证措施，具体措施有哪些；在检测到完整性错误时是否能恢复，恢复措施有哪些； b）应检查主机操作系统、网络设备操作系统、数据库管理系统的设计/验收文档或相关证明性材料（如证书、检验报告等）等，查看其是否有能检测/验证到系统管理数据（如Windows域管理、目录管理数据）、鉴别信息（如用户名和口令）和用户数据（如用户数据文件）在传输过程中完整性受到破坏；能检测到系统管理数据、身份鉴别信息和用户数据（如防火墙的访问控制规则）在存储过程中完整性受到破坏；能检测到重要程序的完整性受到破坏，在检测到完整性错误时采取必要的恢复措施的描述；如果有相关信息，查看其配置是否正确； c）应检查主要应用系统，查看其是否配备检测/验证系统管理数据、鉴别信息和用户数据在传输过程中完整性受到破坏的功能；是否配备检测/验证系统管理数据、身份鉴别信息和用户数据在存储过程中完整性受到破坏的功能；是否配备检测/验证重要程序完整性受到破坏的功能；在检测/验证到完整性错误时能采取必要的恢复措施； d）应检查主要应用系统，查看其是否配备检测程序完整性受到破坏的功能；并在检测到完整性错误时采取必要的恢复措施
数据保密性	a）网络设备操作系统、主机操作系统、数据库管理系统和应用系统的系统管理数据、鉴别信息和重要业务数据采用加密或其他有效措施实现传输保密性； b）网络设备操作系统、主机操作系统、数据库管理系统和应用系统的系统管理数据、鉴别信息和重要业务数据采用加密或其他保护措施实现存储保密性； c）当使用便携式和移动式设备时，采用可移动磁盘或加密存储敏感信息	测评对象：系统管理员，网络管理员，安全管理员，数据库管理员，主要应用系统，设计/验收文档，相关证明性材料（如证书等）。 测评方法：访谈，检查，测试。 结果判定：1）如果"测评实施" f）缺少相关材料，则该项为否定； 2）"测评实施" f）～h）均为肯定，则信息系统符合本单元测评项要求	a）应访谈网络管理员，询问信息系统中的主要网络设备的鉴别信息、敏感的系统管理数据和敏感的用户数据是否采用加密或其他有效措施实现传输保密性；是否采用加密或其他保护措施实现存储保密性； b）应访谈系统管理员，询问信息系统中的主要操作系统的鉴别信息、敏感的系统管理数据和敏感的用户数据是否采用加密或其他有效措施实现传输保密性；是否采用加密或其他保护措施实现存储保密性； c）应访谈数据库管理员，询问信息系统中的主要数据库管理系统的鉴别信息、敏感的系统管理数据和敏感的用户数据是否采用加密或其他有效措施实现传输保密性；是否采用加密或其他保护措施实现存储保密性； d）应访谈安全管理员，询问信息系统中的主要应用系统的鉴别信息、敏感的系统管理数据和敏感的用户数据是否采用加密或其他有效措施实现传输保密性；是否采用加密或其他保护措施实现存储保密性； e）应访谈安全管理员，询问当使用便携式和移动式设备时，是否加密或者采用可移动磁盘存储敏感信息； f）应检查主要主机操作系统、网络设备操作系统、数据库管理系统、应用系统的设计/验收文档或相关证明性材料（如证书等），查看其是否有关于鉴别信息、敏感的系统管理数据和敏感的用户数据采用加密或其他有效措施实现传输保密性描述，是否有采用加密或其他保护措施实现存储保密性的描述

续表

域	测评项	测评对象、方式和结果判定	测评实施
数据保密性			g）应检查主要应用系统，查看其鉴别信息、敏感的系统管理数据和敏感的用户数据是否采用加密或其他有效措施实现传输保密性描述，是否采用加密或其他保护措施实现存储保密性； h）应测试主要应用系统，通过用嗅探工具获取系统传输数据包，查看其是否采用了加密或其他有效措施实现传输保密性
数据备份和恢复	a）提供本地数据备份与恢复功能，完全数据备份至少每天一次，备份介质场外存放； b）提供异地数据备份功能，利用通信网络将关键数据定时批量传送至备用场地； c）网络拓扑结构设计采用冗余技术，避免关键节点存在单点故障； d）关键网络设备、通信线路和数据处理系统应采用硬件冗余、软件配置等技术手段提供系统的高可用性	测评对象：系统管理员，网络管理员，数据库管理员，安全管理员，主要主机操作系统，主要网络设备操作系统，主要数据库管理系统，主要应用系统，设计/验收文档，网络拓扑结构。 测评方法：访谈、检查。 结果判定：1）如果没有设计/验收文档，则"测评实施"e）项为否定；2）"测评实施"e）～h）均为肯定，则信息系统符合本单元测评项要求	a）应访谈网络管理员，询问信息系统中的主要网络设备是否提供本地数据备份与恢复功能，完全数据备份是否每天一次；备份介质是否场外存放；是否提供利用通信网络将关键数据定时批量传送的异地数据备份功能；是否不存在关键节点的单点故障；关键网络设备、通信线路和数据处理系统是否具有高可用性； b）应访谈系统管理员，询问信息系统中的主要主机操作系统是否提供本地数据备份与恢复功能，完全数据备份是否每天一次；备份介质是否场外存放； c）应访谈数据库管理员，询问信息系统中的主要数据库管理系统是否提供本地数据备份与恢复功能，完全数据备份是否每天一次；备份介质是否场外存放； d）应访谈安全管理员，询问信息系统中的主要应用系统是否提供本地数据备份与恢复功能，完全数据备份是否每天一次；备份介质是否场外存放； e）应检查设计/验收文档，查看其是否有关于主要主机操作系统、网络设备操作系统、数据库管理系统、应用系统配置有本地和异地数据备份和恢复功能及策略的描述； f）应检查主要主机操作系统、网络设备操作系统、数据库管理系统、应用系统，查看其是否配置有本地/异地备份和恢复的功能，其配置是否正确； g）应检查主要网络设备、通信线路和数据处理系统是否采用硬件冗余、软件配置等技术手段提供系统的高可用性； h）应检查网络拓扑结构是否不存在关键节点的单点故障

2. 管理控制测评

（1）安全管理制度，三级系统的安全管理制度的安全测评内容和方式如表4-6所示。

表 4-6　安全管理制度的测评对象、方式和结果判定

域	测评项	测评对象、方式和结果判定	测评实施
管理制度	a) 制定信息安全工作的总体方针、政策性文件和安全策略等，说明机构安全工作的总体目标、范围、方针、原则、责任等； b) 对安全管理活动中的各类管理内容建立安全管理制度，以规范安全管理活动，约束人员的行为方式； c) 对要求管理人员或操作人员执行的日常管理操作，建立操作规程，以规范操作行为，防止操作失误； d) 形成由安全政策、安全策略、管理制度、操作规程等构成的全面的信息安全管理制度体系	测评对象：安全主管，总体方针、政策性文件和安全策略文件，安全管理制度清单，操作规程。 测评方式：访谈，检查。 结果判定："测评实施"a)～d)均为肯定，则信息系统符合本单元测评项要求	a) 应访谈安全主管，询问机构是否形成全面的信息安全管理制度体系，制度体系是否由安全政策、安全策略、管理制度、操作规程等构成； b) 应检查信息安全工作的总体方针、政策性文件和安全策略文件，查看文件是否明确机构安全工作的总体目标、范围、方针、原则、责任等，是否明确信息系统的安全策略； c) 应检查各项安全管理制度，查看是否覆盖物理、网络、主机系统、数据、应用、管理等层面； d) 应检查是否具有重要管理操作的操作规程，如系统维护手册和用户操作规程等
制定和发布	a) 指定或授权专门的部门或人员负责安全管理制度的制定； b) 保证安全管理制度具有统一的格式风格，并进行版本控制； c) 组织相关人员对制定的安全管理制度进行论证和审定； d) 安全管理制度通过正式、有效的方式发布，如正式发文、领导签署和单位盖章等； e) 注明安全管理制度的发布范围，并对收发文进行登记	测评对象：安全主管，负责制定管理制度的人员，制度制定和发布要求管理文档，评审记录，安全管理制度，收发登记记录。 测评方式：访谈，检查。 结果判定："测评实施"a)～f)均为肯定，则信息系统符合本单元测评项要求	a) 应访谈安全主管，询问由哪个部门负责管理制度的制定，参与制定人员有哪些； b) 应访谈负责制定管理制度的人员，询问安全管理制度的制定程序和发布方式，是否对制定的安全管理制度进行论证和审定，论证和评审方式如何（如召开评审会、函审、内部审核等），是否按照统一的格式标准或要求制定； c) 应检查制度制定和发布要求管理文档，查看文档是否说明安全管理制度的制定和发布程序、格式要求及版本编号等相关内容； d) 应检查管理制度评审记录，查看是否有相关人员的评审意见； e) 应检查安全管理制度文档，查看是否注明适用和发布范围，是否有版本标识，是否有管理层的签字或单位盖章；查看各项制度文档格式是否统一； f) 应检查安全管理制度的收发登记记录，查看收发是否通过正式、有效的方式，如正式发文、领导签署和单位盖章等，是否有发布范围要求

续表

域	测评项	测评对象、方式和结果判定	测评实施
评审和修订	a) 由信息安全领导小组负责定期组织相关部门和相关人员对安全管理制度体系的合理性和适用性进行审定； b) 定期或不定期（如当发生重大安全事故、出现新的安全漏洞以及技术基础结构发生变更时）对安全管理制度进行检查和审定，对存在不足或需要改进的安全管理制度进行修订	测评对象：安全主管，负责定期审评、修订和日常维护管理制度的人员，安全管理制度列表，评审记录。 测评方式：访谈，检查。 结果判定："测评实施"a)～g)均为肯定，则信息系统符合本单元测评项要求	a) 应访谈安全主管，询问是否由信息安全领导小组负责定期对安全管理制度体系的合理性和适用性进行审定，是否定期对安全管理制度进行评审，由何部门/何人负责； b) 应访谈负责定期评审、修订和日常维护管理制度的人员，询问定期对安全管理制度的评审、修订情况和日常维护情况，评审周期多长，评审、修订程序如何，维护措施如何； c) 应访谈负责定期评审、修订和日常维护管理制度的人员，询问系统发生重大安全事故、出现新的安全漏洞以及技术基础结构和组织结构等发生变更时是否对安全管理制度进行审定，对需要改进的制度是否进行修订； d) 应检查安全管理制度评审记录，查看记录日期与评审周期是否一致；如果对制度做过修订，检查是否有修订版本的安全管理制度； e) 应检查是否具有系统发生重大安全事故、出现新的安全漏洞以及技术基础结构和组织结构等发生变更时对安全管理制度进行审定的记录； f) 应检查是否具有安全管理制度体系的评审记录，查看记录日期与评审周期是否一致，是否记录了相关人员的评审意见； g) 应检查是否具有需要定期修订的安全管理制度列表，查看列表是否注明评审周期

（2）安全管理机构，三级系统的安全管理机构的测评内容和方式如表 4-7 所示。

表 4-7 安全管理机构的测评对象、方式和结果判定

域	测评项	测评对象、方式和结果判定	测评实施
岗位设置	a) 设立信息安全管理工作的职能部门，设立安全主管、安全管理各个方面的负责人，定义各负责人的职责； b) 设立系统管理员、网络管理员、安全管理员岗位，定义各个工作岗位的职责； c) 成立指导和管理信息安全工作的委员会或领导小组，其最高领导应由单位主管领导委任或授权； d) 制定文件明确安全管理机构各个部门和岗位的职责、分工和技能要求	安全主管，安全管理某方面的负责人，领导小组日常管理工作的负责人，系统管理员，网络管理员，安全管理员，部门、岗位职责文件，委任授权书，工作记录。 测评方式：访谈，检查。 结果判定：1) 如果"测评实施"d) 被访谈人员表述与文件描述一致，则该项为肯定；2) "测评实施" a)～f) 均为肯定，则信息系统符合本单元测评项要求	a) 应访谈安全主管，询问是否设立指导和管理信息安全工作的委员会或领导小组，其最高领导是否由单位主管领导委任或授权的人员担任； b) 应访谈安全主管，询问是否设立专职的安全管理机构（即信息安全管理工作的职能部门）；机构内部门设置情况如何，是否明确各部门职责分工； c) 应访谈安全主管，询问是否设立安全管理各个方面的负责人，设置了哪些工作岗位（如安全主管、安全管理各个方面的负责人、机房管理员、系统管理员、网络管理员、安全管理员等重要岗位），是否明确各个岗位的职责分工

续表

域	测评项	测评对象、方式和结果判定	测评实施
岗位设置			d) 应访谈安全主管、安全管理某方面的负责人、信息安全管理委员会或领导小组日常管理工作的负责人、系统管理员、网络管理员和安全管理员，询问其岗位职责包括哪些内容； e) 应检查部门、岗位职责文件，查看文件是否明确安全管理机构的职责，是否明确机构内各部门的职责和分工，部门职责是否涵盖物理、网络和系统等各个方面；查看文件是否明确设置安全主管、安全管理各个方面的负责人、机房管理员、系统管理员、网络管理员、安全管理员等各个岗位，各个岗位的职责范围是否清晰、明确，查看文件是否明确各个岗位人员应具有的技能要求； f) 应检查信息安全管理委员会或领导小组是否具有单位主管领导对其最高领导的委任授权书
人员配备	a) 配备一定数量的系统管理员、网络管理员、安全管理员等； b) 配备专职安全管理员，不可兼任； c) 关键岗位事务配备多人共同管理	安全主管，人员配备要求管理文档，管理人员名单。 测评方式：访谈，检查。 结果判定：1) 如果"测评实施"a) 设置的安全管理员是专职的，则该项为肯定；2) "测评实施"a)~d) 均为肯定，则信息系统符合本单元测评项要求	a) 应访谈安全主管，询问各个安全管理岗位人员（按照岗位职责文件询问，包括机房管理员、系统管理员、数据库管理员、网络管理员、安全管理员等重要岗位人员）配备情况，包括数量、专职还是兼职等； b) 应访谈安全主管，询问其对关键区域或部位的安全管理人员配备是否有一定条件要求（如中心机房的安全管理人员、关键服务器的安全管理人员等），对关键事务是否配备2人或2人以上共同管理，相互监督和制约； c) 应检查人员配备要求管理文档，查看是否明确应配备哪些安全管理人员，是否包括机房管理员、系统管理员、数据库管理员、网络管理员、安全管理员等重要岗位人员并明确应配备专职的安全管理员；查看是否明确对哪些关键事务的管理人员应配备2人或2人以上共同管理，是否明确对配备人员的具体要求； d) 应检查管理人员名单，查看其是否明确机房管理员、系统管理员、数据库管理员、网络管理员、安全管理员等重要岗位人员的信息，确认安全管理员是否是专职人员
授权和审批	a) 根据各个部门和各个岗位的职责明确授权审批事项、审批部门和批准人等； b) 针对系统变更、重要操作、物理访问和系统接入等事项建立审批程序，按照审批程序执行审批过程，重要活动建立逐级审批制度； c) 定期审查审批事项，及时更新需授权和审批的项目、审批部门和审批人等信息； d) 记录审批过程并保存审批文档	测评对象：安全主管，重要活动的批准人，审批管理制度文档，审批文档，审批记录，审查记录。 测评方式：访谈，检查。 结果判定："测评实施"a)~e) 均为肯定，则该测评项符合要求	a) 应访谈安全主管，询问其是否规定对信息系统中的重要活动进行审批，审批部门是何部门，批准人是何人，他们的审批活动是否得到授权；询问是否定期审查、更新审批项目，审查周期多长； b) 应访谈重要活动的批准人，询问其对重要活动的审批范围包括哪些（如系统变更、重要操作、物理访问和系统接入，重要管理制度的制定和发布，人员的配备、培训，产品的采购，外部人员的访问、管理，与合作单位的合作项目等），审批程序如何； c) 应检查审批管理制度文档，查看文档中是否明确审批事项、需逐级审批的事项、审批部门、批准人及审批程序等（如列表说明哪些事项应经过信息安全领导小组审批，哪些事项应经过安全管理机构审批，哪些关键活动应经过哪些部门逐级审批等），文件是否说明应定期审查、更新需审批的项目和审查周期等； d) 应检查经逐级审批的文档，查看是否具有各级批准人的签字和审批部门的盖章； e) 应检查关键活动的审批过程记录，查看记录的审批程序与文件要求是否一致

续表

域	测评项	测评对象、方式和结果判定	测评实施
沟通和合作	a）加强各类管理人员、组织内部机构之间以及信息安全职能部门内部的合作与沟通，召开协调会议，共同协助处理信息安全问题； b）加强与兄弟单位、公安机关、电信公司的合作与沟通，以便在发生安全事件时能够得到及时的支持； c）加强与供应商、业界专家、专业的安全公司、安全组织的合作与沟通，获取信息安全的最新发展动态，当发生紧急事件的时候能够及时得到支持和帮助； d）建立外联单位联系列表，包括外联单位名称、合作内容、联系人和联系方式等信息； e）聘请信息安全专家作为常年的安全顾问，指导信息安全建设，参与安全规划和安全评审等	测评对象：安全主管，系统管理员或安全管理员，会议文件，会议记录，外联单位联系列表，安全顾问名单。 测评方式：访谈，检查。 结果判定："测评实施"a)~g)均为肯定，则信息系统符合本单元测评项要求	a）应访谈安全主管，询问是否建立与外单位（公安机关、电信公司、兄弟单位、供应商、业界专家、专业的安全公司、安全组织等），与组织机构内其他部门之间及内部各部门管理人员之间的沟通、合作机制，与外单位和其他部门有哪些合作内容，沟通、合作方式有哪些； b）应访谈安全主管，询问是否召开过部门间协调会议，组织其他部门人员共同协助处理信息系统安全有关问题，安全管理机构内部是否召开过安全工作会议，部署安全工作的实施，参加会议的部门和人员有哪些，会议结果如何；信息安全领导小组或者安全管理委员会是否定期召开例会； c）应访谈安全主管，询问是否聘请信息安全专家作为常年的安全顾问，指导信息安全建设，参与安全规划和安全评审等； d）应检查组织内部机构之间以及信息安全职能部门内部的安全工作会议文件或会议记录，查看是否有会议内容、会议时间、参加人员和会议结果等的描述； e）应检查信息安全领导小组或者安全管理委员会定期例会会议文件或会议记录，查看是否有会议内容、会议时间、参加人员、会议结果等的描述； f）应检查外联单位联系列表，查看外联单位是否包含公安机关、电信公司、兄弟公司、供应商、业界专家、专业的安全公司和安全组织等，是否说明外联单位的名称、联系人、合作内容和联系方式等内容； g）应检查是否具有安全顾问名单或者聘请安全顾问的证明文件，查看由安全顾问指导信息安全建设、参与安全规划和安全评审的相关文档或记录，是否具有由安全顾问签字的相关建议
审核和检查	a）由安全管理员负责定期进行安全检查，检查内容包括系统日常运行、系统漏洞和数据备份等情况； b）由安全管理部门组织相关人员定期进行全面检查，检查内容包括现有安全技术措施的有效性、安全配置与安全策略的一致性、安全管理制度的执行情况等； c）制定安全检查表格实施安全检查，汇总安全检查数据，形成安全检查报告，并对安全检查结果进行通报； d）制定安全审核和安全检查制度，规范安全审核和安全检查工作，定期按照程序进行安全审核和安全检查活动	测评对象：安全主管，安全管理员，安全检查制度，安全检查报告，安全检查过程记录，安全检查表格。 测评方式：访谈，检查。 结果判定："测评实施"a)~f)均为肯定，则信息系统符合本单元测评项要求	a）应访谈安全主管，询问是否组织人员定期对信息系统进行安全检查，检查周期多长，检查内容是否包括系统日常运行、系统漏洞和数据备份等情况； b）应访谈安全管理员，询问是否定期进行全面安全检查，检查周期多长，安全检查包含哪些内容，检查人员有哪些，检查程序是否按照系统相关策略和要求进行，是否制定安全检查表格实施安全检查，检查结果如何，是否对检查结果进行通报，通报形式、范围如何； c）应检查安全检查制度文档，查看文档是否规定检查内容、检查程序和检查周期等，检查内容是否包括现有安全技术措施的有效性、安全配置与安全策略的一致性、安全管理制度的执行情况等，是否包括系统日常运行、系统漏洞和数据备份等情况； d）应检查安全检查报告，查看报告日期与检查周期是否一致，报告中是否有检查内容、检查人员、检查数据汇总表、检查结果等的描述； e）应检查安全检查过程记录，查看记录的检查程序与文件要求是否一致； f）应检查是否具有安全检查表格

(3) 人员安全，三级系统的人员安全的测评内容和方式如表 4-8 所示。

表 4-8 人员安全的测评对象、方式和结果判定

域	测评项	测评对象、方式和结果判定	测评实施
人员录用	a) 授权或指定专门的部门或人员负责人员录用； b) 严格规范人员录用过程，对被录用人的身份、背景和专业资格和资质等进行审查，对其所具有的技术技能进行考核，并签署保密协议； c) 从内部人员中选拔从事关键岗位的人员，并签署岗位安全协议	测评对象：安全主管，人员录用负责人员，人员录用要求管理文档，人员审查文档或记录，考核文档或记录，保密协议，岗位安全协议，审查记录。 测评方式：访谈，检查。 结果判定："测评实施"a)～i) 均为肯定，则信息系统符合本单元测评项要求	a) 应访谈安全主管，询问是由何部门/何人负责安全管理和技术人员的录用工作； b) 应访谈人员录用负责人员，询问在人员录用时对人员条件有哪些要求，目前录用的安全管理和技术人员是否有能力完成与其职责相对应的工作； c) 应访谈人员录用负责人员，询问在人员录用时是否对被录用人的身份、背景、专业资格和资质进行审查，对技术人员的技术技能进行考核，录用后是否与其签署保密协议； d) 应访谈人员录用负责人员，询问对从事关键岗位的人员是否从内部人员中选拔，是否要求其签署岗位安全协议； e) 应检查人员录用要求管理文档，查看是否说明录用人员应具备的条件，如学历、学位要求，技术人员应具备的专业技术水平，管理人员应具备的安全管理知识等； f) 应检查是否具有人员录用时对录用人身份、背景、专业资格和资质等进行审查的相关文档或记录，查看是否记录审查内容和审查结果等； g) 应检查技能考核文档或记录，查看是否记录考核内容和考核结果等； h) 应检查保密协议，查看是否有保密范围、保密责任、违约责任、协议的有效期限和责任人的签字等内容； i) 应检查岗位安全协议，查看是否有岗位安全责任、违约责任、协议的有效期限和责任人签字等内容
人员离岗	a) 严格规范人员离岗过程，及时终止即将离岗的员工的所有访问权限； b) 取回各种身份证件、钥匙、徽章等以及机构提供的软硬件设备； c) 办理严格的调离手续，并且关键岗位人员离岗，须承诺调离后的保密义务后方可离开	测评对象：安全主管，人员录用负责人员，安全处理记录，人员离岗管理文档，关键岗位人员保密承诺文档。 测评方式：访谈，检查。 结果判定："测评实施"a)～e) 均为肯定，则信息系统符合本单元测评项要求	a) 应访谈安全主管，询问是否及时终止离岗人员的所有访问权限，取回各种身份证件、钥匙、徽章等以及机构提供的软硬件设备等； b) 应访谈人员录用负责人员，询问调离手续包括哪些，是否要求关键岗位调离人员承诺相关保密义务后方可离开； c) 应检查人员离岗的管理文档，查看是否规定了调离手续和离岗要求等； d) 应检查是否具有对离岗人员的安全处理记录，如交还身份证件、设备等的登记记录； e) 应检查关键岗位人员保密承诺文档，查看是否有调离人员的签字

续表

域	测评项	测评对象、方式和结果判定	测评实施
人员考核	a)定期对各个岗位的人员进行安全技能及安全认知的考核； b)对关键岗位的人员进行全面、严格的安全审查和技能考核； c)对考核结果进行记录并保存	测评对象：安全主管，人员录用负责人员，人员考核记录。 结果判定：1)如果"测评实施"b)被访谈人员表述审查内容包含社会关系、社交活动、操作行为等各个方面，则该项为肯定；2)"测评实施"a)~c)均为肯定，则信息系统符合本单元测评项要求	a)应访谈安全主管，询问是否有人负责定期对各个岗位人员进行安全技能及安全知识的考核； b)应访谈人员录用负责人员，询问对各个岗位人员的考核情况，对关键岗位人员的考核情况，考核周期多长，考核内容有哪些；询问对人员的安全审查情况，审查人员是否包含所有岗位人员，审查内容有哪些（如操作行为、社会关系、社交活动等），是否全面； c)应检查考核记录，查看记录的考核人员是否包括各个岗位的人员，考核内容是否包含安全知识、安全技能等；查看记录日期与考核周期是否一致
安全意识教育和培训	a)对各类人员进行安全意识教育和安全技能培训； b)对安全责任和惩戒措施进行书面规定并告知相关人员，对违反违背安全策略和规定的人员进行惩戒； c)对信息安全教育及技能定期培训和考核进行书面规定，针对不同岗位制定不同的培训计划，对信息安全基础知识、岗位操作规程等进行培训； d)对安全教育和培训的情况和结果进行记录并归档保存	测评对象：安全主管，安全管理员，系统管理员，网络管理员，数据库管理员，安全责任和惩戒措施管理文档，信息安全教育及技能定期培训和考核管理文档，培训计划，培训记录。 测评方式：访谈、检查。 测评结果：1)如果"测评实施"b)访谈人员能够表述清楚询问内容，且安全职责、惩戒措施和岗位操作规程表述与文件描述一致，则该项为肯定；2)"测评实施"a)~f)均为肯定，则信息系统符合本单元测评项要求	a)应访谈安全主管，询问是否制定安全教育和培训计划并按计划对各个岗位人员进行安全教育和培训，以什么形式进行，效果如何； b)应访谈安全管理员、系统管理员、网络管理员和数据库管理员，考查其对工作相关的信息安全基础知识、安全责任和惩戒措施等的理解程度； c)应检查安全责任和惩戒措施管理文档，查看包括哪些具体的安全责任和惩戒措施； d)应检查信息安全教育及技能定期培训和考核管理文档，查看是否明确培训的方式、培训的内容和考核的方式等内容； e)应检查安全教育和培训计划文档，查看是否具有不同岗位的培训计划；查看计划是否明确了培训目的、培训方式、培训对象、培训内容、培训时间和地点等，培训内容是否包含信息安全基础知识、岗位操作规程等； f)应检查是否具有安全教育和培训记录，查看记录是否有培训人员、培训内容、培训结果等的描述；查看记录与培训计划是否一致
外部人员访问管理	a)对机房等重要区域的访问，须提出书面申请，批准后由专人全程陪同或监督，并登记备案； b)对外部人员允许访问的区域、系统、设备、信息等内容应进行书面的规定，并按照规定执行	测评对象：安全主管，安全管理员，外部人员访问管理文档，访问批准文档，登记记录。 测评方式：访谈、检查。 测评结果："测评实施"a)~d)均为肯定，则信息系统符合本单元测评项要求	a)应访谈安全管理员，询问对外部人员访问重要区域（如访问主机房、重要服务器或设备、保密文档等）采取哪些措施，是否经有关负责人书面批准，是否由专人全程陪同或监督，是否进行记录并备案管理； b)应检查外部人员访问管理文档，查看是否明确外部人员包括哪些人员，允许外部人员访问的范围（区域、系统、设备、信息等内容），外部人员进入条件（对哪些重要区域的访问须提出书面申请批准后方可进入），外部人员进入的访问控制（由专人全程陪同或监督等）和外部人员的离开条件等； c)应检查外部人员访问重要区域批准文档，查看是否有外部人员访问重要区域的书面申请，是否有批准人允许访问的批准签字等； d)应检查外部人员访问重要区域的登记记录，查看记录是否描述了外部人员访问重要区域的进入时间、离开时间、访问区域、访问设备或信息及陪同人等

（4）系统建设管理，三级系统的系统建设管理的安全测评内容和方式如表 4-9 所示。

表 4-9　系统建设管理测评对象、方式和结果判定

域	测评项	测评对象、方式和结果判定	测评实施
系统定级	a）明确信息系统的边界和安全保护等级； b）以书面的形式说明确定信息系统为某个安全等级的方法和理由； c）组织相关部门和有关安全技术专家对信息系统的定级结果的合理性和正确性进行论证和审定； d）确保信息系统的定级结果经过相关部门的批准	测评对象：安全主管，系统定级文档，专家论证文档。 测评方式：访谈，检查。 结果判定：1）"测评实施"a）没有上级主管部门的，如果有安全主管的批准，则该项为肯定； 2）"测评实施"a）～c）均为肯定，则信息系统符合本单元测评项要求	a）应访谈安全主管，询问划分信息系统的方法和确定信息系统安全保护等级的方法是否参照定级指南的指导，是否对其进行明确描述；是否组织相关部门和有关安全技术专家对定级结果进行论证和审定，定级结果是否获得了相关部门（如上级主管部门）的批准； b）应检查系统定级文档，查看文档是否给出信息系统的安全保护等级，是否明确描述确定信息系统为某个安全等级的方法和理由，是否给出安全等级保护措施组成 SxAyGz 值；查看定级结果是否有相关部门的批准盖章； c）应检查专家论证文档，查看是否有专家对定级结果的论证意见
安全方案设计	a）根据系统的安全级别选择基本安全措施，依据风险分析的结果补充和调整安全措施； b）指定和授权专门的部门对信息系统的安全建设进行总体规划，制定近期和远期的安全建设工作计划； c）根据信息系统的等级划分情况，统一考虑安全保障体系的总体安全策略、安全技术框架、安全管理策略、总体建设规划和详细设计方案，并形成配套文件； d）组织相关部门和有关安全技术专家对总体安全策略、安全技术框架、安全管理策略、总体建设规划、详细设计方案等相关配套文件的合理性和正确性进行论证和审定，并经过批准后，才能正式实施； e）根据安全测评、安全评估的结果定期调整和修订总体安全策略、安全技术框架、安全管理策略、总体设计规划、详细设计等	测评对象：安全主管，系统建设负责人，总体安全策略文档，安全技术框架，安全管理策略文档，总体建设规划书，详细设计方案，专家论证文档，维护记录。 测评方式：访谈，检查。 结果判定："测评实施"a）～i）均为肯定，则信息系统符合本单元测评项要求	a）应访谈安全主管，询问是否授权专门的部门对信息系统的安全建设进行总体规划，由何部门/何人负责； b）应访谈系统建设负责人，询问是否制定近期和远期的安全建设工作计划，是否根据系统的安全级别选择基本安全措施，是否依据风险分析的结果补充和调整安全措施，做过哪些调整； c）应访谈系统建设负责人，询问是否根据信息系统的等级划分情况，统一考虑安全保障体系的总体安全策略、安全技术框架、安全管理策略、总体建设规划和详细设计方案等； d）应访谈系统建设负责人，询问是否组织相关部门和有关安全技术专家对总体安全策略、安全技术框架、安全管理策略等相关配套文件进行论证和审定，并经过管理部门的批准； e）应访谈系统建设负责人，询问是否根据安全测评、安全评估的结果定期调整和修订总体安全策略、安全技术框架、安全管理策略、总体建设规划、详细设计方案等相关配套文件，维护周期多长； f）应检查系统的安全建设工作计划，查看文件是否明确了系统的近期安全建设计划和远期安全建设计划； g）应检查系统总体安全策略、安全技术框架、安全管理策略、总体建设规划、详细设计方案等配套文件，查看各个文件是否有机构管理层的批准； h）应检查专家论证文档，查看是否有相关部门和有关安全技术专家对总体安全策略、安全技术框架、安全管理策略、总体建设规划、详细设计方案等相关配套文件的论证意见； i）应检查是否具有总体安全策略、安全技术框架、安全管理策略、总体建设规划、详细设计方案等相关配套文件的维护记录或修订版本，查看记录日期与维护周期是否一致

续表

域	测评项	测评对象、方式和结果判定	测评实施
产品采购	a) 确保安全产品的使用符合国家的有关规定； b) 确保密码产品的使用符合国家密码主管部门的要求； c) 指定或授权专门的部门负责产品的采购； d) 预先对产品进行选型测试，确定产品的候选范围，并定期审定和更新候选产品名单	测评对象：安全主管，系统建设负责人，信息安全产品，产品采购管理文档，产品选型测试结果记录，候选产品名单审定记录。 测评方式：访谈，检查。 结果判定：1) 如果"测评实施"c) 访谈说明没有采用密码产品，则测评实施 c)、f) 为不适用； 2) "测评实施"a) ～g) 均为肯定，则信息系统符合本单元测评项要求	a) 应访谈安全主管，询问是否有专门的部门负责产品的采购，由何部门负责； b) 应访谈系统建设负责人，询问系统信息安全产品的采购情况，采购产品前是否预先对产品进行选型测试确定产品的候选范围，是否有产品采购清单指导产品采购，采购过程如何控制，是否定期审定和更新候选产品名单，审定周期多长； c) 应访谈系统建设负责人，询问系统是否采用了密码产品，密码产品的使用是否符合国家密码主管部门的要求； d) 应检查产品采购管理文档，查看其内容是否明确通过招投标方式采购产品，产品的候选范围，所要采购产品的性能指标，以及采购人员行为准则等方面； e) 应检查系统使用的有关信息安全产品（边界安全设备、重要服务器操作系统、数据库等）是否符合国家的有关规定； f) 应检查密码产品的使用情况是否符合密码产品使用、管理的相关规定，如《商用密码管理条例》规定任何单位只能使用经过国家密码管理机构认可的商用密码产品，商用密码产品发生故障，必须由国家密码管理机构指定的单位维修，报废商用密码产品应向国家密码管理机构备案，《计算机信息系统保密管理暂行规定》规定涉密系统配置合格的保密专用设备，所采取的保密措施应与所处理信息的密级要求相一致等； g) 应检查是否具有产品选型测试结果记录、候选产品名单审定记录或更新的候选产品名单
自行软件开发	a) 确保开发环境与实际运行环境物理分开，开发人员和测试人员的分离，测试数据和测试结果受到控制； b) 制定软件开发管理制度明确说明开发过程的控制方法和人员行为准则； c) 制定代码编写安全规范，要求开发人员参照规范编写代码； d) 确保提供软件设计的相关文档和使用指南，并由专人负责保管	测评对象：系统建设负责人，软件开发管理制度，代码编写安全规范，软件设计相关文档和使用指南，审批文档或记录，文档使用控制记录。 测评方式：访谈，检查。 结果判定："测评实施"a)～h) 均为肯定，则信息系统符合本单元测评项要求	a) 应访谈系统建设负责人，询问系统是否自主开发软件，是否对程序资源库的修改、更新、发布进行授权和批准，授权部门是何部门，批准人是何人，软件开发是否有相应的控制措施，是否要求开发人员不能做测试人员（即二者分离），是否在独立的模拟环境中编写、调试和完成； b) 应访谈系统建设负责人，询问系统开发文档是否由专人负责保管，负责人是何人，如何控制使用（如限制使用人员范围并做使用登记等），测试数据和测试结果是否受到控制； c) 应检查软件开发管理制度，查看文件是否明确软件设计、开发、测试、验收过程的控制方法和人员行为准则，是否明确哪些开发活动应经过授权、审批，是否明确软件开发相关文档的管理等

续表

域	测评项	测评对象、方式和结果判定	测评实施
自行软件开发	e）确保对程序资源库的修改、更新、发布进行授权和批准		d）应检查代码编写安全规范，查看规范中是否明确代码编写的流程和风格； e）应检查是否具有软件设计的相关文档（应用软件设计程序文件、源代码说明文档等）和软件使用指南或操作手册和维护手册等； f）应检查软件开发环境与系统运行环境在物理上是否是分开的； g）应检查对程序资源库的修改、更新、发布进行授权和审批的文档或记录，查看是否有批准人的签字； h）应检查是否具有系统软件开发相关文档（软件设计和开发程序文件、测试数据、测试结果、维护手册等）的使用控制记录
外包软件开发	a）根据开发需求检测软件质量； b）在软件安装之前检测软件包中可能存在的恶意代码； c）要求开发单位提供软件设计的相关文档和使用指南； d）要求开发单位提供软件源代码，并审查软件中可能存在的"后门"	测评对象：系统建设负责人，软件开发文档和使用指南，审查记录。 测评方式：访谈，检查。 结果判定："测评实施"a）～c）均为肯定，则信息系统符合本单元测评项要求。	a）应访谈系统建设负责人，询问软件交付前是否依据开发要求的技术指标对软件功能和性能等进行验收检测，验收检测是否由开发商和委托方共同完成，软件安装之前是否检测软件中的恶意代码，检测工具是否是第三方的商业产品；是否要求开发单位提供源代码，是否根据源代码对软件中可能存在的"后门"进行审查； b）应检查是否具有需求分析说明书、软件设计说明书、软件操作手册、软件源代码文档等软件开发文档和使用指南； c）应检查软件源代码审查记录，查看是否包括对可能存在"后门"的审查结果
工程实施	a）指定或授权专门的部门或人员负责工程实施过程的管理； b）制定详细的工程实施方案控制实施过程，并要求工程实施单位能正式地执行安全工程过程； c）制定工程实施方面的管理制度，明确说明实施过程的控制方法和人员行为准则	测评对象：系统建设负责人，工程实施方案，工程实施管理制度。 测评方式：访谈，检查。 结果判定："测评实施"a）～c）均为肯定，则信息系统符合本单元测评项要求	a）应访谈系统建设负责人，询问是否指定专门人员或部门按照工程实施方案的要求对工程实施过程进行进度和质量控制，是否将控制方法和工程人员行为规范制度化，是否要求工程实施单位提供其能够安全实施系统建设的资质证明和能力保证； b）应检查工程实施方案，查看其是否规定工程时间限制、进度控制、质量控制等方面内容，工程实施过程是否按照实施方案形成各种文档，如阶段性工程报告； c）应检查工程实施管理制度，查看其是否规定工程实施过程的控制方法（如内部阶段性控制或外部监理单位控制）、实施参与人员的各种行为准则等方面内容

续表

域	测评项	测评对象、方式和结果判定	测评实施
测试验收	a) 委托公正的第三方测试单位对系统进行安全性测试,并出具安全性测试报告; b) 在测试验收前根据设计方案或合同要求等制订测试验收方案,测试验收过程中详细记录测试验收结果,形成测试验收报告; c) 对系统测试验收的控制方法和人员行为准则进行书面规定; d) 指定或授权专门的部门负责系统测试验收的管理,并按照管理规定的要求完成系统测试验收工作; e) 组织相关部门和相关人员对系统测试验收报告进行审定,没有疑问后由双方签字	测评对象:系统建设负责人,系统测试方案,测试记录,安全性测试报告,系统验收报告,测试验收管理文档。 测评方式:访谈、检查。 结果判定:"测评实施"a)~g)均为肯定,则信息系统符合本单元测评项要求	a) 应访谈系统建设负责人,询问在信息系统正式运行前,是否委托第三方测试机构根据设计方案或合同要求对信息系统进行独立的安全性测试; b) 应访谈系统建设负责人,询问是否指定专门部门负责测试验收工作,由何部门负责,是否对测试过程(包括测试前、测试中和测试后)进行文档化要求; c) 应访谈系统建设负责人,询问是否根据设计方案或合同要求组织相关部门和人员对安全性测试和验收报告进行符合性审定; d) 应检查系统测试方案,查看其是否对参与测试部门、人员、现场操作过程等进行要求;查看测试记录是否详细记录了测试时间、人员、操作过程、测试结果等方面内容; e) 应检查是否具有系统安全性测试报告,查看安全性测试报告是否提出存在问题及改进意见等,并有第三方测试机构的签字或盖章; f) 应检查是否具有系统验收报告,并有双方的签字确认; g) 应检查测试验收管理文档是否对系统验收测试的过程控制、参与人员的行为等进行规定
系统交付	a) 制定详细的系统交付清单,并根据交付清单对所交接的设备、软件和文档等进行清点; b) 对负责系统运行维护的技术人员进行相应的技能培训; c) 确保提供系统建设过程中的文档和指导用户进行系统运行维护的文档; d) 对系统交付的控制方法和人员行为准则进行书面规定; e) 指定或授权专门的部门负责系统交付的管理工作,并按照管理规定的要求完成系统交付工作	测评对象:系统建设负责人,系统交付清单,培训记录,系统交付管理文档。 测评方式:访谈、检查。 结果判定:"测评实施"a)~e)均为肯定,则信息系统符合本单元测评项要求	a) 应访谈系统建设负责人,询问是否有系统交付清单,系统交接工作是否由专门部门根据交付清单对所交接的设备、文档、软件等进行清点,交付清单是否满足合同的有关要求;是否对交付工作进行文档化要求; b) 应访谈系统建设负责人,询问目前的信息系统是否由内部人员独立运行维护,如果是,是否对运维技术人员进行过培训,针对哪些方面进行过培训,以何形式进行,系统是否具有支持其独立运行维护所需的文档; c) 应检查系统交付清单,查看其是否具有系统建设文档(如系统建设方案)、指导用户进行系统运维的文档(如服务器操作规程书)以及系统培训手册等文档名称; d) 应检查是否具有培训记录; e) 应检查培训记录,查看是包括培训内容、培训时间和参与人员等; f) 应检查系统交付管理文档,查看其是否规定了交付过程的控制方法和对交付参与人员的行为限制等方面内容

续表

域	测评项	测评对象、方式和结果判定	测评实施
系统备案	a) 指定专门的人员或部门负责管理系统定级的相关材料，并控制这些材料的使用； b) 将系统等级及相关材料报系统主管部门备案； c) 将系统等级及其他要求的备案材料报相应公安机关备案	测评对象：安全主管，文档管理员，备案记录。 测评方式：访谈，检查。 结果判定："测评实施"a)~e)均为肯定，则信息系统符合本单元测评项要求	a) 应访谈安全主管，询问是否有专门的人员或部门负责管理系统定级相关文档，由何部门/何人负责； b) 应访谈文档管理员，询问对系统定级相关文档备案采取哪些控制措施（如限制使用范围、使用登记记录等）； c) 应检查是否具有将系统定级相关材料报主管部门备案的记录或备案文档； d) 应检查是否具有将系统等级相关备案材料报相应公安机关备案的记录或证明； e) 应检查是否具有系统定级相关材料的使用控制记录
安全服务商选择	a) 确保安全服务商的选择符合国家的有关规定； b) 与选定的产品供应、软件开发、系统集成、安全测评和系统运维等安全服务商签订与安全相关的协议，明确约定相关责任； c) 确保选定的安全服务商提供技术培训和服务承诺，必要的与其签订服务合同	测评对象：系统建设负责人，安全责任合同书或保密协议，服务合同。 测评方式：访谈，检查。 结果判定："测评实施"a)~e)均为肯定，则信息系统符合本单元测评项要求	a) 应访谈系统建设负责人，询问对信息系统进行安全规划、设计、实施、维护、测评等服务的安全服务单位是否符合国家有关规定； b) 应访谈系统建设负责人，询问在产品采购、外包软件、系统集成和安全测评前是否对选定的安全服务商以书面文档形式（如安全责任合同书或保密协议）规范安全服务商的安全行为以及质量、服务承诺等相关内容； c) 应访谈系统建设负责人，由哪些安全服务商为系统运维人员提供技术培训、技术支持或安全服务，是否与其签订安全服务合同； d) 应检查安全责任合同书或保密协议，查看是否有保密范围、保密责任、违约责任、协议的有效期限和责任人的签字等； e) 应检查服务合同，查看是否包括服务内容、服务期限、双方签字或盖章等

（5）系统运维管理，三级系统的系统运维管理的测评内容和方式如表 4-10 所示。

表 4-10　系统运维管理的测评对象、方式和结果判定

域	测评项	测评对象、方式和结果判定	测评实施
环境管理	a) 对机房供配电、空调、温湿度控制等设施指定专人或专门的部门定期进行维护管理； b) 指定部门负责机房安全，并配备机房安全管理人员，对机房的出入、服务器的开机或关机等工作进行管理	测评对象：物理安全负责人，机房值守人员，机房工作人员，机房安全管理制度，办公环境管理文档，设备维护记录。 测评方式：访谈，检查。	a) 应访谈物理安全负责人，询问是否指定专人或部门对机房基础设施（如空调、供配电设备等）进行定期维护，由何部门/何人负责，维护周期多长； b) 应访谈物理安全负责人，询问是否指定部门和人员负责机房安全管理工作，由何部门负责，对机房进出管理是否要求制度化和文档化

续表

域	测评项	测评对象、方式和结果判定	测评实施
环境管理	c）建立机房安全管理制度，对有关机房物理访问，物品带进、带出机房和机房环境安全等方面作出规定； d）加强对办公环境的保密性管理，包括如不在办公区接待来访人员、工作人员离开座位应确保终端计算机退出登陆状态和桌面上没有包含敏感信息的纸档文件等	结果判定：1）如果"测评实施"c）中访谈人员能够表述出针对办公环境保密性注意事项（如离开座位后应退出登陆，并收好敏感性文件等），则该项为肯定；2）"测评实施"a）～f）均为肯定，则信息系统符合本单元测评项要求	c）应访谈机房工作人员，询问对办公环境的保密性要求事项，如不在办公区接待来访人员、工作人员离开座位应确保终端计算机退出登陆状态和桌面上没有包含敏感信息的纸档文件等； d）应检查机房安全管理制度，查看其内容是否覆盖机房物理访问，物品带进、带出机房，机房环境安全等方面； e）应检查办公环境管理文档，查看其内容是否对工作人员离开座位后的保密行为（如清理桌面文件和屏幕锁定等）、人员调离办公室后的行为等方面进行规定； f）应检查机房基础设施维护记录，查看是否记录维护日期、维护人、维护设备、故障原因、维护结果等方面内容
资产管理	a）建立资产安全管理制度，规定信息资产管理的责任人员或责任部门，并规范信息资产管理和使用的行为； b）编制并保存与信息系统相关的信息资产、信息资产所属关系、安全级别和所处位置等信息的信息资产清单； c）确定信息分类与标识的原则和方法，对其进行标识管理，并对信息的使用、传输和存储作出规定； d）加强对责任书、授权书、许可证、各类策略文档、事故报告处理文档、安全配置文档、系统各类日志等资料的管理，并确保文档的完整性和一致性	测评对象：安全主管，物理安全负责人，资产管理员，系统运维负责人，信息资产清单，资产安全管理制度，信息分类标识文档。 测评方式：访谈，检查。 结果判定：1）如果"测评实施"c）中访谈人员能够描述出不同的资产管理措施，则该项为肯定；2）"测评实施"a）～g）均为肯定，则信息系统符合本单元测评项要求	a）应访谈安全主管，询问是否指定信息资产管理的责任人员或部门，由何部门/何人负责； b）应访谈物理安全负责人，询问是否对信息资产管理要求文档化和制度化； c）应访谈资产管理员，询问是否依据资产的重要程度对资产进行分类和标识管理，不同类别的资产是否采取不同的管理措施； d）应访谈系统运维负责人，询问目前信息系统是否由机构自身负责运行维护，如果是，系统运行所产生的文档如何进行管理（责任书、授权书、许可证、各类策略文档、事故报告处理文档、安全配置文档、系统各类日志等），是否由专人管理； e）应检查信息资产清单，查看其内容是否覆盖信息资产责任人、所属级别、所处位置、所属部门等方面； f）应检查资产安全管理制度，查看其内容是否覆盖资产使用、借用、维护等方面； g）应检查信息分类标识文档，查看其内容是否规定了分类标识的原则和方法（如根据信息的重要程度、敏感程度或用途不同进行分类）

续表

域	测评项	测评对象、方式和结果判定	测评实施
介质管理	a) 建立介质安全管理制度，对介质的存放环境、使用、维护和销毁等方面作出规定； b) 确保介质存放在安全的环境中，对各类介质进行控制和保护，并实行存储环境专人管理； c) 对介质在物理传输过程中的人员选择、打包、交付等情况进行控制，对介质归档和查询等进行登记记录，并根据存档介质的目录清单定期盘点； d) 对存储介质的使用过程、送出维修以及销毁等进行严格的管理，对带出工作环境的存储介质进行内容加密和监控管理，对送出维修或销毁的介质应首先清除介质中的敏感数据，对保密性较高的存储介质未经批准不得自行销毁； e) 根据数据备份的需要对某些介质实行异地存储，存储地的环境要求和管理方法应与本地相同； f) 对重要介质的数据和软件采取加密存储，并根据所承载数据和软件的重要程度对介质进行分类和标识管理	测评对象：资产管理员，介质管理记录，介质安全管理制度，各类介质，介质存放地。 测评方式：访谈，检查。 结果判定："测评实施"a)~h)均为肯定，则信息系统符合本单元测评项要求	a) 应访谈资产管理员，询问介质的存放环境是否有保护措施，异地存放地的环境要求和管理要求是否与本地相同，是否有专人管理； b) 应访谈资产管理员，询问是否对介质的使用管理要求制度化和文档化，是否根据介质的目录清单对介质的使用现状进行定期检查，是否定期对其完整性（数据是否损坏或丢失）和可用性（介质是否受到物理破坏）进行检查，是否根据所承载数据和软件的重要性对介质进行分类和标识管理； c) 应访谈资产管理员，询问对介质带出工作环境（如送出维修或销毁）和重要介质中的数据和软件是否进行保密性处理；对保密性较高的介质销毁前是否有领导批准，对送出维修或销毁的介质是否对数据进行净化处理；询问对介质的物理传输过程是否要求选择可靠传输人员、严格介质的打包（如采用防拆包装置）、选择安全的物理传输途径、双方在场交付等环节的控制； d) 应访谈资产管理员，询问是否对某些重要介质实行异地存储，异地存储环境是否与本地环境相同； e) 应检查介质管理记录，查看是否记录介质存储、归档、借用等情况； f) 应检查介质安全管理制度，查看其内容是否覆盖介质的存放环境、使用、维护和销毁等方面； g) 应检查介质，查看是否对其进行了分类，并具有不同标识； h) 应检查介质本地存放地的实际环境条件是否安全，是否有专人对存放地进行管理
设备管理	a) 对信息系统相关的各种设备（包括备份和冗余设备）、线路等指定专人或专门的部门定期进行维护管理； b) 建立基于申报、审批和专人负责的设备安全管理制度，对信息系统的各种软硬件设备的选型、采购、发放、领用和维护等过程进行规范化管理	测评对象：资产管理员，系统管理员，审计员，设备安全管理制度，设备操作规程，设备使用管理文档，设备维护记录，主要设备操作日志。 测评方式：访谈，检查	a) 应访谈资产管理员，询问是否对各类线路（包括备份和冗余设备）指定专人或专门部门进行定期维护，由何部门/何人维护，维护周期多长； b) 应访谈资产管理员，询问是否对设备选用的各个环节（如选型、采购、发放等）进行审批控制，是否对设备带离机构进行审批控制，设备的操作和使用是否要求规范化管理

续表

域	测评项	测评对象、方式和结果判定	测评实施
设备管理	c）对终端计算机、工作站、便携机、系统和网络等设备的操作和使用进行规范化管理，信息处理设备必须经过审批才能带离机房或办公地点； d）按操作规程实现主要设备（包括备份和冗余设备）的启动/停止、加电/断电等操作，加强对主要设备操作的日志文件管理和监控管理，并对其定期进行检查	结果判定："测评实施"a）～h）均为肯定，则信息系统符合本单元测评项要求	c）应访谈系统管理员，询问其对主要设备（包括备份和冗余设备）的操作是否按操作规程进行； d）应访谈审计员，询问对主要设备（包括备份和冗余设备）的操作是否建立日志，日志文件如何管理，是否定期检查管理情况； e）应检查设备安全管理制度，查看其是否对设备选型、采购、发放、维护以及带离机构等环节的申报和审批作出规定；查看是否具有设备的选型、采购、发放等过程的申报材料和审批报告；查看其是否覆盖维护人员的责任、涉外维修和服务的审批、维修过程的监督控制等方面； f）应检查设备使用管理文档，查看其内容是否覆盖终端计算机、便携机和网络设备等使用、操作原则、注意事项等方面； g）应检查设备（包括备份和冗余设备）操作规程，查看其内容是否覆盖服务器如何启动、停止、加电、断电等操作； h）应检查是否具有设备维护记录和主要设备操作日志
监控管理	a）对通信线路、主机、网络设备和应用软件的运行状况、网络流量、用户行为等进行监测并报警，形成记录并妥善保存； b）组织相关人员定期对监测和报警记录进行分析、评审，发现可疑行为，形成分析报告，并采取必要的应对措施	测评对象：系统运维负责人，监测记录文档，监测分析报告。 测评方式：访谈、检查。 结果判定："测评实施"a）～d）均为肯定，则信息系统符合本单元测评项要求	a）应访谈系统运维负责人，询问其是否对通信线路、主机、网络设备和应用软件的运行状况、网络流量、用户行为等进行监测并报警，是否形成监测记录文档，是否组织人员对监测记录进行整理并保管； b）应访谈系统运维负责人，询问其是否组织人员定期对监测记录进行分析、评审，是否发现可疑行为并采取必要的措施，是否形成分析报告； c）应检查监控记录文档，查看是否记录监控对象、监控内容、监控的异常现象处理等方面； d）应检查监测分析报告，查看是否包括监测的异常现象、处理措施等
网络安全管理	a）指定专人对网络进行管理，负责运行日志、网络监控记录的日常维护及报警信息分析和处理工作； b）建立网络安全管理制度，对网络安全配置、日志保存时间、安全策略、升级与打补丁、口令更新周期等方面作出规定； c）根据厂家提供的软件升级版本对网络设备进行更新，并在更新前对现有的重要文件进行备份；	测评对象：安全主管，安全管理员，网络管理员，网络漏洞扫描报告，网络安全管理制度，系统外联授权书，网络设备备份配置文件，网络审计日志。 测评方式：访谈、检查。 结果判定："测评实施"a）～i）均为肯定，则信息系统符合本单元测评项要求	a）应访谈安全主管，询问是否指定专人负责维护网络运行日志、监控记录和分析处理报警信息等网络安全管理工作； b）应访谈网络管理员，询问是否根据厂家提供的软件升级版本对网络设备进行过升级，目前的版本号为多少，升级前是否对重要文件（账户数据、设备配置文件等）进行备份，采取什么方式；是否定期对网络设备进行漏洞扫描，对扫描出的漏洞是否及时修补； c）应访谈网络管理员，询问是否实现网络设备的最小服务配置，对配置文件是否进行定期备份，采取什么方式

续表

域	测评项	测评对象、方式和结果判定	测评实施
网络安全管理	d) 定期对网络系统进行漏洞扫描，对发现的网络系统安全漏洞进行及时的修补； e) 实现设备的最小服务配置，并对配置文件进行定期离线备份； f) 保证所有与外部系统的连接均得到授权和批准； g) 依据安全策略允许或者拒绝便携式和移动式设备的网络接入； h) 定期检查违反规定拨号上网或其他违反网络安全策略的事件； i) 在规定的保存时间范围内妥善保存网络审计日志		d) 应访谈安全管理员，询问网络的外联种类有哪些（互联网、合作伙伴企业网、上级部门网络等），是否都得到授权与批准，由何部门/何人批准，是否定期检查违反网络安全策略的行为； e) 应检查网络漏洞扫描报告，查看其内容是否覆盖网络存在的漏洞、严重级别、原因分析和改进意见等方面； f) 应检查网络安全管理制度，查看其是否覆盖网络安全配置、安全策略、升级与打补丁、最小服务、授权访问、日志保存时间、口令更新周期、文件备份等方面内容，查看安全策略是否包括允许或者拒绝便携式和移动式设备的网络接入； g) 应检查是否具有内部网络所有外联的授权批准书； h) 应检查是否有网络设备离线备份配置文件等； i) 应检查在规定的保存时间范围内是否存在网络审计日志
系统安全管理	a) 建立系统安全管理制度，对系统安全策略、安全配置、日志管理、日常操作流程等方面作出规定； b) 指定专人对系统进行管理，划分系统管理员角色，明确各个角色的权限、责任和风险，权限设定应当遵循最小授权原则； c) 依据操作手册对系统进行维护，详细记录操作日志（包括重要的日常操作、运行维护记录、参数的设置和修改等内容），严禁进行未经授权的操作； d) 定期对运行日志和审计数据进行分析，以便及时发现异常行为，如账户的连续多次登陆失败、非工作时间的登陆、访问受限系统或文件的失败尝试、系统错误等非正常事件。运行日志和审计记录应受到保护，避免受到未预期的删除、修改或破坏等； e) 定期进行系统漏洞扫描	测评对象：安全主管，安全管理员，系统管理员，系统操作手册，系统安全管理制度，详细操作日志，系统审计分析记录，系统漏洞扫描报告。 测评方式：访谈，检查。 结果判定："测评实施"a)～g)均为肯定，则信息系统符合本单元测评项要求	a) 应访谈安全主管，询问是否指定专人对系统进行管理，是否对系统安全管理工作制度化； b) 应访谈安全管理员，询问对系统管理员用户是否进行分类，明确各个角色的权限、责任和风险，权限设定是否遵循最小授权原则；是否定期分析运行日志和审计数据，能否及时发现异常行为，运行日志和审计记录是否有人员负责存放； c) 应访谈系统管理员，询问是否定期对系统安装安全补丁程序，在安装系统补丁前是否对重要文件（系统配置、系统用户数据等）进行备份，采取什么方式进行，是否先在测试环境中测试通过才能安装；是否定期对系统进行漏洞扫描，发现漏洞是否及时修补； d) 应检查系统安全管理制度，查看其内容是否覆盖系统安全策略、安全配置、日志管理、日常操作流程等具体内容； e) 应检查是否有详细操作日志（包括重要的日常操作、运行维护记录、参数的设置和修改等内容）； f) 应检查是否有定期对运行日志和审计结果进行分析的分析报告，查看报告是否能够记录账户的连续多次登陆失败、非工作时间的登陆、访问受限系统或文件的失败尝试、系统错误等非正常事件；是否由专人管理运行日志和审计记录； g) 应检查系统漏洞扫描报告，查看其内容是否覆盖系统存在的漏洞、严重级别、原因分析和改进意见等方面

续表

域	测评项	测评对象、方式和结果判定	测评实施
恶意代码防范管理	a) 提高所有用户的防病毒意识，告知及时升级防病毒软件，在读取移动存储设备（如软盘、移动硬盘、光盘）上的数据以及网络上接收文件或邮件之前，先进行病毒检查，对外来计算机或存储设备接入网络系统之前也要进行病毒检查； b) 指定专人对网络和主机进行恶意代码检测并保存检测记录； c) 对防恶意代码软件的授权使用、恶意代码库升级、定期汇报等作出明确管理规定； d) 建立恶意代码集中防护的安全管理中心，确保整个网络统一配置、统一升级、统一控制； e) 定期检查信息系统内各种产品的恶意代码库的升级情况并进行记录，对主机防病毒产品、防病毒网关和邮件防病毒网关上截获的危险病毒或恶意代码进行及时分析处理，并形成书面的报表和总结汇报	测评对象：系统运维负责人，安全管理员，工作人员，恶意代码防范管理文档，恶意代码检测记录，恶意代码升级记录，恶意代码分析报告，恶意代码集中防范管理中心。 测评方式：访谈，检查。 结果判定：1) 如果"测评实施"e) 中访谈人员回答内容与测评实施a) 回答内容基本一致，则该项为肯定；2) "测评实施"a)～h) 均为肯定，则信息系统符合本单元测评项要求	a) 应访谈系统运维负责人，询问是否对员工进行基本恶意代码防范意识教育，如告知应及时升级软件版本，使用外来设备、网络上接收文件和外来计算机或存储设备接入网络系统之前应进行病毒检查； b) 应访谈系统运维负责人，询问是否指定专人对恶意代码进行检测，并保存记录； c) 应访谈安全管理员，询问是否将恶意代码防范管理工作（包括防恶意代码软件的授权使用、代码库升级和防范工作情况汇报等）制度化，对其执行情况是否进行检查，检查周期多长； d) 应访谈安全管理员，询问是否建立恶意代码防护管理中心，对整个系统的恶意代码管理工作是否实行统一集中管理（统一升级、检测、分析等），是否对恶意代码库的升级情况进行记录，对截获的危险病毒或恶意代码是否进行及时分析处理，并形成书面报表和总结汇报； e) 应访谈工作人员，询问其是否熟知恶意代码基本的防范手段，主要包括哪些； f) 应检查恶意代码防范管理文档，查看其内容是否覆盖防恶意代码软件的授权使用、恶意代码库升级、定期汇报等方面； g) 应检查是否具有恶意代码检测记录、恶意代码库升级记录和分析报告，查看升级记录是否记录升级时间、升级版本等内容；查看分析报告是否描述恶意代码的特征、修补措施等内容； h) 应检查是否具有恶意代码集中防范管理中心
密码管理	建立密码使用管理制度，使用符合国家密码管理规定的密码算法和密钥	测评对象：安全管理员，密码使用管理制度。 测评方式：访谈，检查。 结果判定："测评实施"a)～b) 均为肯定，则信息系统符合本单元测评项要求	a) 应访谈安全管理员，询问密码算法和密钥的使用是否遵照国家密码管理规定； b) 应检查是否具有密码使用管理制度
变更管理	a) 确认系统中将发生的变更，并制定变更方案； b) 建立变更管理制度，重要系统变更前，向主管领导申请，变更和变更方案经过评审、审批后方可实施变更，并在实施后将变更情况向相关人员通告； c) 建立变更控制的申报和审批文件化程序，对变更影响进行分析并文档化，记录变更实施过程，所有文档记录妥善保存	测评对象：系统运维负责人，变更方案，系统变更申请书，变更管理制度，变更申报和审批程序文档，变更失败恢复程序文档，变更方案评审记录，变更过程记录文档。 测评方式：访谈，检查。 结果判定：1) 如果系统没有发生过变更，则"测评实施"i) 不适用；	a) 应访谈系统运维负责人，询问是否制定变更方案指导系统执行变更，变更是否要求制度化管理，目前系统发生过哪些变更，变更过程是否文档化和保存，是否修改相关的操作流程（如系统配置发生变更后，相应的操作流程是否修改）； b) 应访谈系统运维负责人，询问重要系统变更前是否根据申报和审批程序得到有关领导的批准，由何人批准，对发生的变更情况是否通知了所有相关人员，以何种方式通知；变更方案是否经过评审； c) 应访谈系统运维负责人，询问变更失败后的恢复程序、工作方法和人员职责是否文档化，恢复过程是否经过演练

续表

域	测评项	测评对象、方式和结果判定	测评实施
变更管理	d) 建立中止变更并从失败变更中恢复的文件化程序，明确过程控制方法和人员职责，必要时恢复过程应经过演练	2)"测评实施"a)～i)均为肯定，则信息系统符合本单元测评项要求	d) 应检查重要系统的变更申请书，查看其是否有主管领导的批准； e) 应检查系统变更方案，查看其是否对变更类型、变更原因、变更过程、变更前评估等方面进行规定； f) 应检查变更管理制度，查看其是否覆盖变更前审批、变更过程记录、变更后通报等方面内容； g) 应检查变更控制的申报、审批程序，查看其是否规定需要申报的变更类型、申报流程、审批部门、批准人等方面内容； h) 应检查变更失败恢复程序，查看其是否规定变更失败后的恢复流程； i) 应检查是否具有变更方案评审记录和变更过程记录文档
备份与恢复管理	a) 识别需要定期备份的重要业务信息、系统数据及软件系统等； b) 建立备份与恢复管理相关的安全管理制度，对备份信息的备份方式（如增量备份或全备份等）、备份频度（如每日或每周等）、存储介质、保存期等进行规范； c) 根据数据的重要性和数据对系统运行的影响，制定数据的备份策略和恢复策略，备份策略须指明备份数据的放置场所、文件命名规则、介质替换频率和将数据离站运输的方法； d) 建立控制数据备份和恢复过程的程序，对备份过程进行记录，所有文件和记录妥善保存； e) 定期执行恢复程序，检查和测试备份介质的有效性，确保可以在恢复程序规定的时间内完成备份的恢复	测评对象：系统管理员，数据库管理员，网络管理员，备份和恢复管理制度文档，备份和恢复策略文档，备份和恢复程序文档，备份过程记录文档。 测评方式：访谈，检查。 结果判定："测评实施"a)～e)均为肯定，则信息系统符合本单元测评项要求	a) 应访谈系统管理员、数据库管理员和网络管理员，询问是否识别出需要定期备份的业务信息、系统数据及软件系统，主要有哪些；对其备份工作是否以文档形式规范了备份方式、频度、介质、保存期等内容，数据备份和恢复策略是否文档化，备份和恢复过程是否文档化； b) 应访谈系统管理员、数据库管理员和网络管理员，询问是否定期执行恢复程序，周期多长，系统是否按照恢复程序完成恢复，如有问题，是否针对问题改进恢复程序或调整其他因素； c) 应检查备份和恢复管理制度文档，查看是否对备份方式、频度、介质、保存期等内容进行规定； d) 应检查数据备份和恢复策略文档，查看其内容是否覆盖数据的存放场所、文件命名规则、介质替换频率、数据离站传输方法等方面； e) 应检查备份过程记录文档，查看其内容是否覆盖备份时间、备份内容、备份操作、备份介质存放等内容
安全事件处置	a) 所有用户均有责任报告自己发现的安全弱点和可疑事件，但任何情况下用户均不能尝试验证弱点； b) 制定安全事件报告和处置管理制度，明确安全事件的类型，规定安全事件的现场处理、事件报告和后期恢复的管理职责	测评对象：系统运维负责人，工作人员，安全事件记录分析文档，安全事件定级文档，安全事件报告和处置管理制度，安全事件报告和处理程序文档。 测评方式：访谈，检查	a) 应访谈系统运维负责人，询问是否告知用户在发现安全弱点和可疑事件时应及时报告，安全事件的报告和响应处理过程是否制度化和文档化，不同安全事件是否采取不同的处理和报告程序； b) 应访谈系统运维负责人，询问是否根据本系统已发生的和需要防止发生的安全事件对系统的影响程度划分不同等级，划分为几级，划分方法是否参照了国家相关管理部门的技术资料，主要参照哪些

域	测评项	测评对象、方式和结果判定	测评实施
安全事件处置	c）根据国家相关管理部门对计算机安全事件等级划分方法，根据安全事件在本系统产生的影响，将本系统计算机安全事件进行等级划分； d）制定安全事件报告和响应处理程序，确定事件的报告流程，响应和处置的范围、程度，以及处理方法等； e）在安全事件报告和响应处理过程中，分析和鉴定事件产生的原因、收集证据、记录处理过程、总结经验教训、制订防止再次发生的补救措施，过程形成的所有文件和记录均应妥善保存； f）对造成系统中断和造成信息泄密的安全事件采用不同的处理程序和报告程序	结果判定：1）如果"测评实施"c）中访谈回答与 g）中描述一致，则该项为肯定；2）"测评实施"a）~g）均为肯定，则信息系统符合本单元测评项要求	c）应访谈工作人员，询问其不同安全事件的报告流程； d）应检查安全事件报告和处置管理制度，查看其是否明确本系统已发生的和需要防止发生的安全事件类型，是否描述与安全事件有关的工作职责，包括报告单位（人）、接报单位（人）和处置单位等职责； e）应检查安全事件定级文档，查看其内容是否明确安全事件的定义、安全事件等级划分原则、等级描述等方面内容； f）应检查安全事件记录分析文档，查看其是否记录引发安全事件的原因，是否记录事件处理过程，不同安全事件是否采取不同措施避免其再次发生； g）应检查安全事件报告和处理程序文档，查看其是否根据不同安全事件制定不同的处理和报告程序，是否明确具体报告方式、报告内容、报告人等方面内容
应急预案管理	a）在统一的应急预案框架下制定不同事件的应急预案，应急预案框架包括启动预案的条件、应急处理流程、系统恢复流程、事后教育和培训等； b）从人力、设备、技术和财务等方面确保应急计划的执行有足够的资源保障； c）对系统相关的人员进行培训，使之了解如何及何时使用应急预案中的控制手段及恢复策略，对应急预案的培训至少每年举办一次； d）定期对应急预案进行演练，根据不同的应急恢复内容，确定演练的周期； e）规定应急预案需要定期审查和根据实际情况更新的内容，并按照执行	测评对象：系统运维负责人，应急响应预案文档，应急预案培训记录，应急预案演练记录，应急预案审查记录。 测评方式：访谈、检查。 结果判定："测评实施"a）~d）均为肯定，则信息系统符合本单元测评项要求	a）应访谈系统运维负责人，询问是否制定不同事件的应急预案，是否对系统相关人员进行应急预案培训，培训内容是什么，多长时间举办一次，是否定期对应急预案进行演练，演练周期多长，是否对应急预案定期进行审查并更新； b）应访谈系统运维负责人，询问是否具有应急预案小组，是否具备应急设备并能正常工作，应急预案执行所需资金是否做过预算并能够落实； c）应检查应急响应预案文档，查看其内容是否覆盖启动预案的条件、应急处理流程、系统恢复流程、事后教育等内容； d）应检查是否具有应急预案培训记录、演练记录和审查记录

4.3.2　整体测评内容

1. 安全控制间安全测评

安全控制间的安全测评主要考虑同一区域内、同一层面上的不同安全控制间存在的功能增强、补充或削弱等关联作用。安全功能上的增强和补充可以使两个不同强度、不同等级的安全控制发挥更强的综合效能，可以使单个低等级安全控制在特定环境中达到高等级信息系统的安全要求。如可以通过物理层面上的物理访问控制来增强其安全防盗窃功能等。安全功能上的削弱会使一个安全控制的引入影响另一个安全控制的功能发挥或者给其带来新的脆弱性。如应用安全层面的代码安全与访问控制，如果代码安全没有做好，很可能会使应用系统的访问控制被旁路。

在测评安全控制间的增强和补充作用时，应先根据安全控制的具体实现和部署方式以及信息系统的实际环境，分析出位于物理安全、网络安全、主机系统安全、应用安全和数据安全等同一层面内的哪些安全技术控制间可能存在安全功能上的增强和补充作用。如果增强和补充作用是可以进行测评验证的，则应设计出具体测评过程，进行测评验证。最后根据测评分析结果，综合判断安全控制相互作用后，是否发挥出更强的综合效能，使其功能增强或得到补充。

在测评安全控制间的削弱作用时，应先根据安全控制的具体实现方式和部署方式以及信息系统的实际环境，分析出位于物理安全、网络安全、主机系统安全、应用安全和数据安全等同一层面内的哪些安全技术控制间可能会存在安全功能上的削弱作用，分析出处在安全管理机构、安全管理制度、人员安全管理、系统建设管理和系统运维管理等同一方面内的哪些安全管理控制间可能存在安全功能上的削弱作用。如果功能削弱是可以进行测评验证的，则应设计出具体测评过程进行测评验证。最后根据测评分析结果，综合判断安全控制相互作用后，一个安全控制是否影响另一个安全控制的功能发挥或者给其带来新的脆弱性，使其功能削弱。

如果安全控制间优势互补，使单个低等级安全控制发挥的安全功能达到信息系统相应等级的安全要求，则可认为该安全控制没有影响信息系统的整体安全保护能力。如果安全控制间存在削弱作用，使某个安全控制的功能等级降低到其安全功能已不能达到信息系统相应等级的安全要求，则可认为该安全控制影响到信息系统的整体安全保护能力。

2. 层面间安全测评

层面间的安全测评主要考虑同一区域内的不同层面之间存在的功能增强、补充和削弱等关联作用。安全功能上的增强和补充可以使两个不同层面上的安全控制发挥更强的综合效能，可以使单个低等级安全控制在特定环境中达到高等级信息系统的安全要求。安全功能上的削弱会使一个层面上的安全控制影响另一个层面安全控制的功能发挥或者给其带来新的脆弱性。

在测评层面间的功能增强和补充作用时，应先根据层面的整合集成方式和信息系统的实际环境，重点研究不同层面上相同或相似的安全控制（如主机系统层面与应用层面上的身份鉴别之间的关系），以及技术与管理上各层面的关联关系，分析出哪些安全控制间可能会存在安全功能上的增强和补充作用。如果增强和补充作用是可以进行测评验证的，则应设计出具体测评过程，进行测评验证。最后根据测评分析结果，综合判断层面间整合后，是否发挥出更强的综合效能，使其功能增强或得到补充。

在测评层面间的功能削弱作用时，应先根据层面的整合集成方式和信息系统的实际环境，分析出哪些安全技术层面间和安全管理方面可能存在安全功能上的削弱作用。如果功能削弱是可以进行测评验证的，则应设计出具体测评过程，进行测评验证。最后根据测评分析结果，综合判断不同层面整合后，一个层面是否影响另一个层面安全功能的发挥或者给其带来新的脆弱性，使其功能削弱。

如果层面间安全功能增强或优势互补，使单个或部分低等级安全控制发挥的安全功能达到信息系统的安全要求，则可认为这些安全控制没有影响信息系统的整体安全保护能力。如果层面间存在削弱作用，使某个或某些安全控制的功能等级降低到其安全功能已不能满足信息系统相应等级的安全要求，则可认为这些安全控制影响到信息系统的整体安全保护能力。

3. 区域间安全测评

区域间的安全测评主要考虑互连互通（包括物理上和逻辑上的互连互通等）的不同区域之间存在的安全功能增强、补充和削弱等关联作用，特别是有数据交换的两个不同区域。如流入某个区域的所有网络数据都已经在另一个区域上做过网络安全审计，则可以认为该区域通过区域互连后具备网络安全审计功能。安全功能上的增强和补充可以使两个不同区域上的安全控制发挥更强的综合效能，可以使单个低等级安全控制在特定环境中达到高等级信息系统的安全要求。安全功能上的削弱会使一个区域上的安全功能影响另一个区域安全功能的发挥或者给其带来新的脆弱性。

在测评区域间的功能增强和补充作用时，应先根据区域间互连互通的集成方式和信息系统的实际环境，特别是区域间的数据流流向和控制方式，分析出哪些区域间可能会存在安全功能上的增强和补充作用。如果增强和补充作用是可以进行测评验证的，则应设计出具体测评过程，进行测评验证。最后根据测评分析结果，综合判断区域间互连互通后，是否发挥出更强的综合效能，使其功能增强或得到补充。

在测评区域间的功能削弱作用时，应先根据区域间互连互通的集成方式和信息系统的实际环境，特别是区域间的数据流流向和控制方式，分析出哪些区域间可能会存在安全功能上的削弱作用。如果功能削弱是可以进行测评验证的，则应设计出具体测评过程，进行测评验证。最后根据测评分析结果，综合判断不同区域互连互通后，一个区域是否影响另一个区域安全功能的发挥或者给其带来新的脆弱性，使其功能削弱。

如果区域间安全功能增强或优势互补，使单个或部分低等级安全控制发挥的安全功能达到信息系统的安全要求，则可认为这些安全控制没有影响信息系统的整体安全保护能力。如果区域间存在削弱作用,使某个或某些安全控制的功能等级降低到其安全功能已不能满足信息系统相应等级的安全要求,则可认为这些安全控制影响到信息系统的整体安全保护能力。

4. 系统结构安全测评

系统结构安全测评主要考虑信息系统整体结构的安全性和整体安全防范的合理性。如由于信息系统边界上的网络入侵防范设备的管理接口连接方式不当,可能使网络访问控制出现旁路,出现信息系统整体安全防范不当。测评分析信息系统整体结构的安全性,主要是指从信息安全的角度,分析信息系统的物理布局、网络结构和业务逻辑等在整体结构上是否合理、简单、安全有效。测评信息系统整体安全防范的合理性,主要是指从系统的角度,分析研究信息系统安全防范在整体上是否遵循纵深防御的思路,明晰系统边界,确定重点保护对象,在适当的位置部署恰当的安全技术和安全管理措施等。

在测评分析信息系统整体结构的安全性时,应掌握信息系统的物理布局、网络拓扑、业务逻辑(业务数据流)、系统实现和集成方式等各种情况,结合业务数据流分析物理布局与网络拓扑之间、网络拓扑与业务逻辑之间、物理布局与业务逻辑之间、不同信息系统之间存在的各种关系,明确物理、网络和业务系统等不同位置上可能面临的威胁、可能暴露的脆弱性等,考虑信息系统的实际情况,综合判定信息系统的整体布局是否合理、主要关系是否简单、整体是否安全有效等。

在测评分析信息系统整体安全防范的合理性时,应熟悉信息系统安全保护措施的具体实现方式和部署情况等,结合业务数据流分析不同区域和不同边界与安全保护措施的关系、重要业务和关键信息与安全保护措施的关系等,参照纵深防御的要求,识别信息系统的安全防范是否突出重点、层层深入,综合判定信息系统的整体安全防范是否恰当合理等。

4.4 测评方案与测评报告编制

4.4.1 测评方案编制示例

某公司(简称"AAA")用电信息系统承载着该公司的电力营销业务,由数据存储、业务处理、接入、对外服务和外联等五个功能区域组成,是一个安全等级为三级的信息系统。现场测评时间为 X 年 X 月 X 日至 X 年 X 月 X 日,现场测评小组分为管理组(2人)和技术组(4人)两组,分别完成安全管理和安全技术方面的测评。

针对 AAA 用电信息系统的实际情况,下面从被测系统描述、测评对象、测评指标、测评工具和接入点、测评内容以及配套的测评指导书等方面说明测评方案的编制方法。

1. 被测系统描述

被测系统为承载着 AAA 公司电力营销业务,是 AAA 公司的重要信息系统,其安全等级定为三级(S3A2G3)。

被测系统由数据存储、业务处理、接入、对外服务和外联等五个功能区域组成,对内有业务扩充管理、电量计量管理、电费结算、收费、统计分析等业务功能模块；对外有可以为 Internet 网、大客户单位、拨号用户等提供电费数据查询、交纳、业务扩充、投诉等服务的功能模块。数据存储功能区位于屏蔽机房，其他功能区域位于中心机房。

与被测系统相连的外部连接有 Internet、外联单位（包括 DDN 单位和 PSTN 用户）和控制网三处。在 Internet、外联单位的边界连接处设置了防火墙；与控制网连接是通过交换机 SJ6506 以共用服务器方式进行的。整个网络拓扑结构示意图如图 4-2 所示。

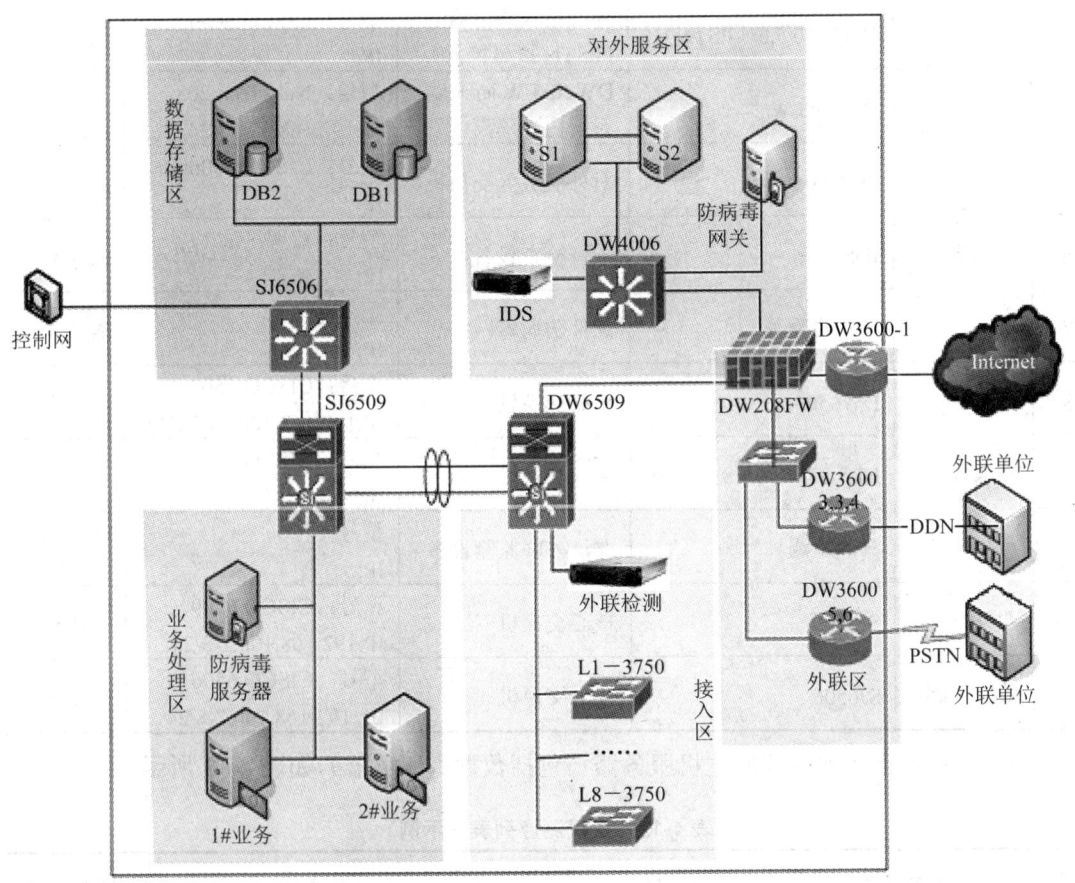

图 4-2　被测系统网络拓扑结构示意图

2．测评对象

根据用电信息系统的实际情况，分别确定物理安全、网络安全、主机安全、应用安全等各层面的测评对象。

（1）物理方面主要是测评屏蔽机房和主机房。

（2）网络方面主要测评的设备有：路由器、交换机、防火墙、IDS、外联检测、防病毒等，如表 4-11 所示。

表4-11 网络设备测评列表

序号	功能区域	设备名称	用途	设备信息	抽查说明
1	外联区	DW3600（Internet）	外部接入路由器（Internet）	型号：CISCO 3600 IP:	查1台
2		DW3600 2,3,4（DDN）	外部接入路由器（DDN）	型号：CISCO 3600 IP:	查1台
3		DW3600 5,6（PSTN）	外部接入路由器（PSTN 拨号接入）	型号：CISCO 3600 IP:	查1台
4	对外服务区	DW208FW	DW208FW 防火墙，系统内外隔离	型号：Netscreen 208 IP:192.168.32-33/24	查1台
5		DW4006	对外服务区交换机	型号：CISCO 4006 IP:	查1台
6		IDS	入侵检查设备	型号：启明星辰 IP:	查1台
7		防病毒网关	邮件防病毒网关	型号：瑞星 IP:	查1台
8	接入区	DW6509	核心交换机	型号：CISCO 6509 IP:192.168.100.24-25/24	查1台
9		L1－3750 到 L8－3750	接入交换机	型号：CISCO 3750 IP:	查2台
10		外联检测	非法外联监测设备	型号： IP:	查1台
11	业务处理区	SJ6509	核心交换机	型号：CISCO 6509 IP:192.168.100.1-3/24	查1台
12	数据存储区	SJ6506	接入交换机	型号：CISCO 6506 IP: 192.168.100.7-8/24	查1台

（3）主机方面主要测评的主机服务器（包括数据库服务器）如表4-12所示。

表4-12 主机测评列表（示例）

序号	设备名称	用途	设备信息	抽查说明
1	S1	对外服务业务逻辑处理	型号：IBM PC 服务器 OS: WIN2003 IP:	查1台
2	S2	对外服务网站	型号：IBM PC 服务器 OS: WIN2003 IP:	查1台

续表

序号	设备名称	用途	设备信息	抽查说明
3	1#业务	用电业务处理中间件	型号：IBM PC 服务器 OS:Linux IP:192.168.1.70	查1台
4	DB1（数据库服务器1）	用电数据存储服务器	型号：IBM 小型机 OS: AIX DB:Sybase IP: 192.168.1.10	查1台
5	用电业务客户机	运行用电业务客户端程序	型号：DELL PC OS: Win 2000 IP: 192.168.10.10	查2台
6	……	……	……	

（4）应用方面主要测评的应用系统如表 4-13 所示。

表 4-13　应用系统测评列表（示例）

序号	系统名称	系统描述	抽查说明
1	用电应用系统	主要完成的功能包括业务扩充、电量计量、电费计算、查询、统计等业务。涉及到的业务信息包括用户登陆权限认证信息、用电业务数据等与电力公司服务业务相关的信息	抽查
2	对外服务网站系统	……	
3	……	……	

（5）安全管理，主要测评对象为与信息安全管理有关的策略、制度、操作规程、运行记录、管理人员、技术人员和相关设备设施等。

3．测评指标

被测系统的定级结果为：安全保护等级为三级，业务信息安全等级为 S3，系统服务安全等级为 A2；则该系统的测评指标应包括《基本要求》"技术要求"中的三级通用指标类（G3），三级业务信息安全指标类（S3），二级系统服务安全指标类（A2），以及第三级"管理要求"中的所有指标类。本次测评的测评指标情况具体如表 4-14 所示。

表 4-14 测评指标

技术/管理	层面	测评指标 类数量			
		S类（3级）	A类（2级）	G类（3级）	小计
安全技术	物理安全	1	1	8	10
	网络安全	1	0	6	7
	主机安全	3	1	3	7
	应用安全	5	2	2	9
	数据安全	2	1	0	3
安全管理	安全管理机构	0	0	3	3
	安全管理制度	0	0	5	5
	人员安全管理	0	0	5	5
	系统建设管理	0	0	11	11
	系统运维管理	0	0	13	13
合　　计					73（类）

4. 测评工具和接入点

本次测评的信息系统为三级信息系统，根据三级信息系统的测评强度要求，在测试的广度上，应基本覆盖不同类型的机制，在数量、范围上可以抽样；在测试的深度上，应执行功能测试和渗透测试，功能测试可能涉及机制的功能规范、高级设计和操作规程等文档，渗透测试可能涉及机制的所有可用文档，并试图智取进入信息系统等。因此，对其进行测评，应涉及到漏洞扫描工具、渗透测评工具集等多种测试工具。

针对被测系统的网络边界和测评设备、主机和业务应用系统的情况，需要在被测系统及其互联网络中设置 6 个测试工具接入点——接入点 JA 到 JF，如图 4-3 所示，"接入点"标注表示进行工具测试时，需要从该接入点接入，对应的箭头路线表示工具测试数据的主要流向示意。

（1）在接入点 JA 接入扫描器，模拟 Internet 用户，探测对外服务功能区上各服务器对 Internet 暴露的安全漏洞情况。并根据漏洞扫描的结果接入渗透测试工具集，试图利用服务器的安全漏洞入侵服务器。

（2）在接入点 JB 接入扫描器，模拟外联单位，探测对外服务功能区上各服务器对外联单位暴露的安全漏洞情况。并根据漏洞扫描的结果接入渗透测试工具集，试图利用服务器的安全漏洞入侵服务器。

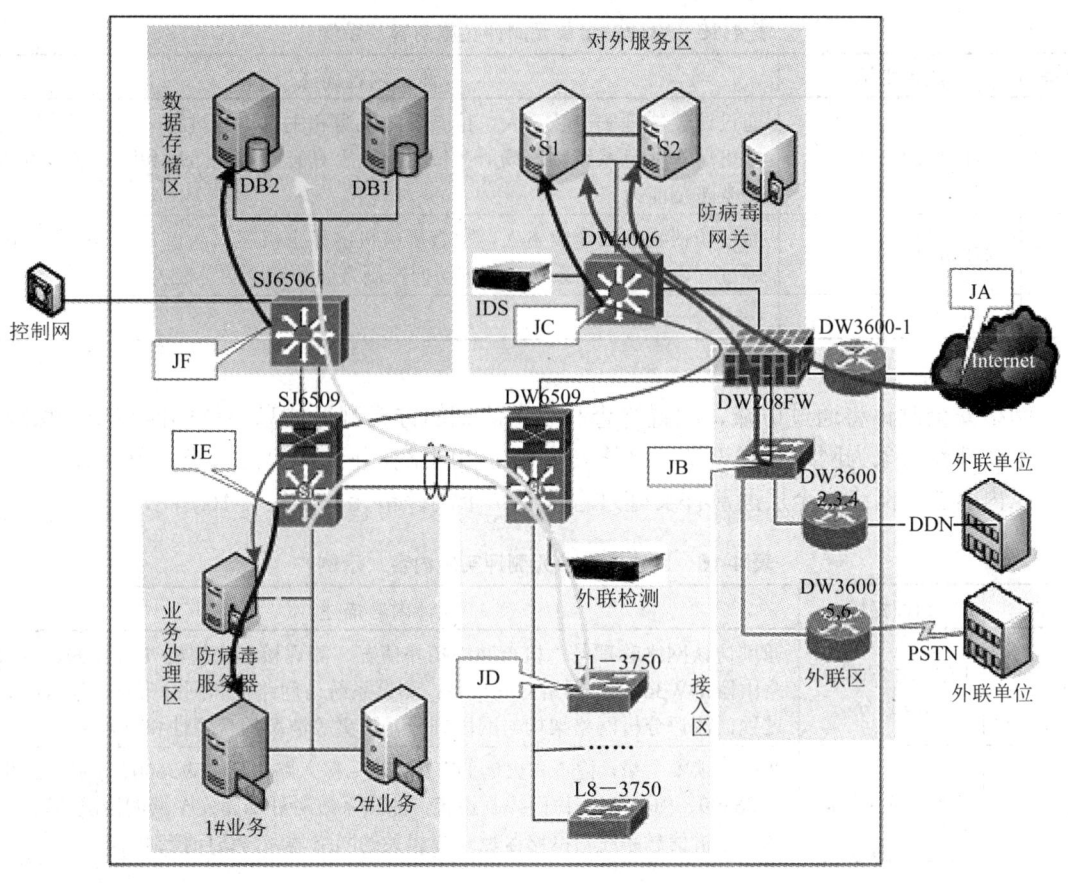

图 4-3 工具接入示意图

(3) 在接入点 JC 接入扫描器,直接测试对外服务功能区上各服务器对网络暴露的安全漏洞情况。同时,试图穿过防火墙,探测业务处理功能区上各服务器对外暴露的安全漏洞情况。并根据漏洞扫描的结果接入渗透测试工具集,试图利用业务处理功能区上各服务器的安全漏洞入侵服务器。

(4) ……

5. 测评内容

本次测评的单项测评从技术上的物理安全、网络安全、主机系统安全、应用安全和数据安全五个层面和管理上的安全管理机构、安全管理制度、人员安全管理、系统建设管理和系统运维管理等五个方面分别进行。

(1) 物理安全。

物理安全测评将通过访谈、文档审查和实地察看的方式测评信息系统的物理安全保障情况。主要涉及对象为屏蔽机房和主机房。

在内容上,物理安全层面测评实施过程涉及 10 个测评单元,如表 4-15 所示。

表 4-15　物理安全单元测评实施内容（示例）

序号	测评指标	测评内容描述
1	物理位置的选择	通过访谈物理安全负责人，检查屏蔽机房和主机房等过程，测评屏蔽机房和主机房等信息系统物理场所在位置上是否具有防震、防风和防雨等多方面的安全防范能力
2	物理访问控制	通过访谈物理安全负责人，检查屏蔽机房和主机房出入口、机房分区域情况等过程，测评信息系统在物理访问控制方面的安全防范能力
3	……	……

（2）网络安全。

网络安全测评将通过访谈、配置检查和工具测试的方式测评信息系统的网络安全保障情况。主要涉及对象为网络互联设备、网络安全设备和网络拓扑结构等三大类对象。

在内容上，网络安全层面测评实施过程涉及 7 个测评单元，如表 4-16 所示。

表 4-16　网络安全单元测评实施内容（示例）

序号	测评指标	测评内容描述
1	网络结构安全与网段划分	通过访谈网络管理员，检查网络拓扑情况、测评核心交换机 DW6509、接入路由器 DW3600 等网络互联设备，测试系统访问路径和网络带宽分配情况等过程，测评分析网络架构与网段划分、隔离等情况的合理性和有效性
2	网络访问控制	通过访谈安全员，检查防火墙 DW208FW、接入路由器 DW3600、核心交换机 DW6509、SJ6509 等访问控制设备，测试系统对外暴露安全漏洞情况等过程，测评分析信息系统对网络区域边界相关的网络隔离与访问控制能力
3	……	……

（3）主机系统安全。

主机系统安全测评将通过访谈、配置检查和工具测试的方式测评信息系统的主机安全保障情况。本次重点测评的操作系统包括各网站服务器、应用服务器和数据库服务器等的操作系统，数据库管理系统为数据库服务器 Sybase。

在内容上，主机系统安全层面测评实施过程涉及 7 个测评单元，如表 4-17 所示。

表 4-17　主机系统安全单元测评实施内容（示例）

序号	测评指标	测评内容描述
1	身份鉴别	对各主机服务器和终端设备相应操作系统或数据库的身份鉴别情况进行配置检查，测评分析被测系统主机的身份鉴别能力
2	访问控制	检查各主机服务器和终端设备相应操作系统或数据库的访问控制设置情况，包括安全策略覆盖、控制粒度以及权限设置情况等，测评分析被测系统主机的访问控制能力
3	……	……

（4）应用安全。

应用安全测评将通过访谈、配置检查和工具测试的方式测评信息系统的应用安全保障情况，主要涉及对象为用电信息系统、对外服务网站系统和远程客户服务系统。

在内容上，应用安全层面测评实施过程涉及9个测评单元，如表4-18所示。

表4-18 应用安全单元测评实施内容（示例）

序号	测评指标	测评内容描述
1	身份鉴别	检查业务应用系统的身份标识与鉴别功能设置和使用配置情况；检查业务应用系统对用户登陆各种情况的处理，如登陆失败处理、登陆连接超时等
2	访问控制	检查业务应用系统的访问控制功能设置情况，如访问控制的策略、访问控制粒度、权限设置情况等
3	……	……

（5）数据安全。

数据安全测评将通过访谈、配置检查的方式测评信息系统的数据安全保障情况，主要涉及对象为信息系统的管理数据及业务数据等。

在内容上，数据安全层面测评实施过程涉及3个测评单元，如表4-19所示。

表4-19 数据安全单元测评实施内容（示例）

序号	测评指标	测评内容描述
1	数据完整性	检查信息系统的数据完整性保护情况，包括传输完整性、存储完整性保护措施等
2	数据保密性	检查信息系统的数据保密性保护情况，包括传输保密性和存储保密性保护措施等
3	备份和恢复	数据的备份情况，包括软、硬件方面的支持情况等

（6）安全管理部分。

安全管理部分为全局性问题，涉及安全管理制度、安全管理机构、人员安全管理、系统建设管理和系统运维管理等5个方面。其中，安全管理制度测评实施过程涉及3个测评单元，安全管理机构测评实施过程涉及5个测评单元，人员安全管理测评实施过程涉及5个测评单元，系统建设管理测评实施过程涉及11个测评单元，系统运维管理测评实施过程涉及13个测评单元等。由于管理部分的测评内容在描述时差异不大，这里以安全管理制度部分为例说明。

安全管理制度方面的测评对象主要为安全主管人员、安全管理人员等，如表4-20所示。

表 4-20　安全管理制度单元测评实施内容（示例）

序号	测评指标	测评内容描述
1	管理制度	通过访谈安全主管，检查有关管理制度体系文档等过程，测评管理制度体系在内容覆盖上是否全面、完善
2	制定与发布	通过访谈安全主管，检查有关制度制定要求文档等过程，测评管理制度的制定和发布过程是否遵循一定的流程
3	评审和修订	通过访谈安全主管，检查管理制度评审记录等过程，测评管理制度定期评审和修订情况

6. 测评指导书

下面从被测系统的物理安全、网络安全、主机安全、应用安全等技术部分和安全管理部分分别举例说明测评指导书的格式和开发方法。

（1）物理安全。

按照方案的要求，物理安全应测评物理位置选择（G3）、物理访问控制（G3）、防盗窃和防破坏（G3）、防雷击（G3）、防水和防潮（G3）、防静电（G3）、温湿度控制（G3）、电力供应（A2）和电磁防护（S3）等。

在《基本要求》中找到对应等级项目的要求，然后在 GB/T DDDD-DDDD 中找到相应的测评方法。如对于温湿度控制（G3），在《基本要求》中的描述为"机房应设置温、湿度自动调节设施，使机房温、湿度的变化在设备运行所允许的范围之内。"，按照该要求在 GB/T DDDD-DDDD 的第三级中找到对应测评方法，然后按照该方法开发出对应的预期结果。

按照上述思路，对于"温湿度控制（G3）"可以开发出如下的测评指导书。

【测评项】

机房应设置温、湿度自动调节设施，使机房温、湿度的变化在设备运行所允许的范围之内。

【测评实施过程】

应访谈物理安全负责人，询问机房是否配备了温、湿度自动调节设施，保证温、湿度能够满足计算机设备运行的要求，是否在机房管理制度中规定了温、湿度控制的要求，是否有人负责此项工作。

应访谈机房维护人员，询问是否定期检查和维护机房的温、湿度自动调节设施，询问是否出现过温、湿度影响系统运行的事件；

应检查机房是否有温、湿度控制设计/验收文档，是否能够满足系统运行需要，是否与当前实际情况相符合；应检查温、湿度自动调节设施是否能够正常运行，查看温湿度记录、运行记录和维护记录；

查看机房温、湿度是否满足 GB 2887-89《计算站场地技术条件》的要求。

【预期结果】

机房配备了温、湿度自动调节设施，在机房管理制度中规定了温、湿度控制的要求，有人负责此项工作；定期检查和维护机房的温、湿度自动调节设施，没有出现过温、湿度影响系统运行的事件；有温、湿度控制设计/验收文档，能够满足系统运行需要，与当前实际情况相符合；温、湿度自动调节设施能够正常运行，机房温、湿度满足 GB 2887-89《计算站场地技术条件》的要求。

（2）网络安全。

按照测评方案的要求，核心交换机 SJ6509 应测评网络访问控制（G3）、网络安全审计（G3）、网络设备防护（G3）等部分的内容。

在《基本要求》中找到对应等级项目的要求，然后在 GB/T DDDD-DDDD 中找到相应的测评方法。如对于网络设备防护（G3），在《基本要求》中的描述之一为"应对网络设备的管理员登陆地址进行限制"，按照该项要求找到对应测评实施（方法），然后开发出对应的操作步骤和预期结果即可。

按照上述思路，对于"网络设备防护（G3）"的一个测评项可以开发如下的测评指导书。

【测评项】

应对网络设备的管理员登陆地址进行限制。

【测评实施过程】

应检查边界和主要网络设备上的安全设置，查看是否对边界和主要网络设备的管理员登陆地址进行限制；应测试边界和主要网络设备的安全设置，对网络设备的管理员登陆地址进行限制（如使用任意地址登陆，观察网络设备的动作等）等功能是否有效。

【操作步骤】

执行命令：show ip permit，查看 IP 地址限定情况；在业务处理功能区中，用主机 192.168.1.3（限制的 IP 地址）试图登陆 SJ6509 的管理界面，查看是否成功。

【预期结果】

系统对管理 IP 地址进行了限定；192.168.1.3 登陆 SJ6509 的管理界面失败。

（3）主机安全。

按照方案的要求，DB2（数据库为 Sybase）应测评身份鉴别（S3）、自主访问控制（S3）、强制访问控制（S3）、安全审计（G3）、资源控制（A2）、数据备份与恢复（A2）、数据完整性（S3）、数据保密性（S3）等部分的内容。在《基本要求》中找到对应等级项目的要求，然后在 GB/T DDDD-DDDD 中找到相应的测评方法。如对于身份鉴别（S3），在测评项中的描述之一为"应采用两种或两种以上组合的鉴别技术对管理用户进行身份鉴别"，按照该项要求找到对应测评实施方法，然后开发对应操作步骤和预期结果。

按照上述思路，对于"身份鉴别（S3）"的一个测评项可以开发如下的测评指导书。

【测评项】

应采用两种或两种以上组合的鉴别技术对管理用户进行身份鉴别。

【测评实施过程】

应检查主要数据库管理系统，查看对管理用户的身份鉴别是否采用两种及两种以上鉴别技术的组合来进行身份鉴别（如采用用户名/口令、挑战应答、动态口令、物理设备、生物识别技术和数字证书方式的身份鉴别技术中的任意两个组合）。

【操作步骤】

在 DB2 主机上执行命令：select * from syslogins，查看是否有用户存在空口令；询问数据库管理员，除使用口令鉴别外是否采用其他的鉴别方式，如果有，则检查其是否有效。

【预期结果】

数据库没有空口令用户，从而说明数据库管理系统采用口令鉴别方式；执行步骤（2），数据库管理系统还采取有其他的鉴别方式，并且有效。

（4）应用安全和数据安全。

按照方案的要求，业务应用程序（用户自主开发）应测评身份鉴别（S3）、访问控制（S3）、安全审计（G3）、剩余信息保护（G3）、通信完整性（S3）、通信保密性（S3）、抗抵赖（S3）、软件容错（A3）、资源控制（A3）、数据备份与恢复（A3）、数据完整性（S3）、数据保密性（S3）等部分的内容。

在《基本要求》中找到对应等级项目的要求，然后在 GB/T DDDD-DDDD 中找到相应的测评方法。如对于通信保密性（S3），在测评项中的描述之一为"应对通信过程中的整个报文或会话过程进行加密。"，按照该项要求找到对应测评实施方法，然后开发出对应操作步骤和预期结果。

按照上述思路，对于"通信保密性（S3）"的一个测评项可以开发如下的测试用例。

【测评项】

应对通信过程中的整个报文或会话过程进行加密。

【测评实施过程】

应访谈安全管理员，询问业务系统数据在通信过程中是否采取保密措施，具体措施有哪些；应测试主要应用系统，通过查看通信双方数据包的内容，查看系统在通信过程中，对整个报文或会话过程进行加密的功能是否有效。

【操作步骤】

应访谈安全管理员，询问业务系统数据在通信过程中是否采取保密措施，具体措施有哪些；应采用协议分析工具测试应用系统，通过查看通信双方数据包的内容，查看系统在通信过程中，是否对整个报文或会话过程进行加密，加密功能是否有效。

【预期结果】

业务系统采用了保密措施，且能具体说明保密措施；协议分析工具看到的数据包进行了加密，且加密方法符合国家规定，是有效的。

（5）管理安全。

GB/T XXXX – XXXX 管理安全部分在测评时可以按照 GB/T DDDD-DDDD 中介绍的测评实施过程在现场直接实施使用。对于系统运维管理中的密码管理"应建立密码使用管理制度，使用符合国家密码管理规定的密码技术和产品"的要求可以编制如下的测评指导书。

【测评项】

应建立密码使用管理制度,使用符合国家密码管理规定的密码技术和产品。

【测评实施过程】

应访谈安全员,询问密码技术和产品的使用是否遵照国家密码管理规定;应检查是否具有密码使用管理制度。

【预期结果】

密码技术和产品的使用遵照国家密码管理规定;有密码使用管理制度。

4.4.2 测评报告编制示例

测评报告应包括但不局限于以下内容:概述、被测系统描述、测评对象说明、测评指标说明、测评内容和方法说明、单元测评、整体测评、测评结果汇总、风险分析和评价、等级测评结论、整改建议等。

其中,概述部分描述被测系统的总体情况、本次测评的主要测评目的和依据;被测系统描述、测评对象、测评指标、测评内容和方法等部分内容编制时可以参考测评方案相关部分内容,有改动的地方应根据实际测评情况进行修改。下面主要举例说明整体测评和整改建议这两部分内容。

1. 系统整体测评分析

(1)物理层面。

1)由于屏蔽机房位于主机房内部,其唯一出口也在主机房内,因此,对其物理层面的安全要求中的物理访问控制、防盗窃和防破坏的测评项可以通过关联互补关系得到补充。

2)……

综合以上测评分析过程,可以得到如表4-21物理层面的整体测评结果(安全控制间、层面间和区域间):

表 4-21 物理层面系统整体测评结果

序号	安全控制	测评对象	单项判定不符合项	能否进行关联互补	说明
1	物理位置的选择	屏蔽机房	——		
		主机房	——		
2	物理访问控制	屏蔽机房	1)2)3)	能	屏蔽机房位于主机房内部
		主机房	——		
3	防盗窃和防破坏	屏蔽机房	1)5)6)	能	
		主机房	——		
……	……	……	……	……	
项目小计					

(2) 网络层面。

1) 外联功能区拨号路由器 DW3600 上基本没有直接采取较好的拨号访问控制措施,只是对用户进行了固定 IP 地址分配。但是,由于在防火墙 DW208FW 上,严格限定了拨号接入 IP 地址的用户的访问范围,从而可以弥补这部分功能。

2) 外联功能区的 6 台路由器 DW3600 在网络设备防护的用户身份认证方面,存在口令不强、未限制管理员登陆地址等方面问题,但是,由于这些设备都没有开放网络管理(Telnet/HTTP 等),全部采取通过本地串口方式来管理,而其又是存放在主机房中,因此,其网络设备防护安全控制可以通过物理的相关措施(物理访问控制、防盗窃和防破坏等)得到增强。

3) 对外服务功能区的网络安全审计功能没有采取单独的设备来完成,其网络流量、用户行为等的监测、记录功能是通过网络入侵防范安全控制的 IDS 来协助完成的。

4) 网络安全审计设备 IDS 具有对部分病毒、蠕虫攻击的检测识别能力,可以部分弥补恶意代码防范功能,因为,防病毒网关只对邮件数据进行病毒过滤。

5) ……

综合以上测评分析过程,可以得到如表 4-22 的测评结果。

表 4-22 网络层面系统整体测评结果

序号	安全控制	测评对象	单项判定不符合项	能否进行关联互补	说明
1	网络结构安全与网段划分	网络拓扑图	——		
2	网络访问控制	防火墙 208	——		
		核心交换机 C6509	——		
3	拨号访问控制	拨号路由器 DW3600	1) 3)	能	
4	网络安全审计				
……	……	……	……	……	……
8	网络设备防护	路由器 DW3600 1,2,3,4,5,6	5) 6) 7)	能	
项目小计					

(3) 系统结构测评分析。

在信息系统整体结构的安全性方面,从被测系统的网络拓扑结构示意图来看,该网络系统虽然有多处相对独立的出口,但是这些出口除到控制网外的连线都集中到防火墙 DW208FW,因此,从在网络结构上,不存在出口过多的问题;对外服务功能区上防病毒服务器 a(拓扑图上未标出)使用双网卡方式工作,一边连接内部网络,一边连接对外服务功能区,通过防火墙 DW208FW 上网升级,这在安全上是不可取的,外部用户一旦控制防病毒服务器 a,则可通过双网卡直接进入信息系统的内部网络功能区域,对信息系统的安全构成严重威胁。

从被测系统的网络拓扑结构示意图来看，内部网络划分了多个功能区域，这些功能区域之间采取了网络访问控制措施，即使是内网用户也只能访问到应用处理功能区上的服务器主机，而不能直接访问数据存储功能区的数据库服务器。这种保护方法符合纵深防御的要求，重点突出，能较好地解决一些安全问题。

2. 系统整改建议

（1）安全建议（网络安全部分）。

1）主要问题。

没有绘制与实际网络相一致的网络拓扑结构图；没有对重要网段采取网络层地址与数据链路层地址绑定措施。

2）立即整改。

需要立即整改的安全建议：应根据当前运行的网络拓扑情况，绘制与实际网络相一致的网络拓扑结构图，以便于工作人员掌握网络结构的整体情况。

3）持续改进。

需要持续改进的建议如下：对重要网段采取网络层地址与数据链路层地址绑定措施，防止地址欺骗；购置并在适当网段部署防病毒网关。

（2）安全管理方面。

1）主要问题。

与安全管理制度相配套的总体信息安全策略还没有正式制定，且有部分管理制度没有制定，如工程实施安全管理制度等。没有方针性文件的指引和统一规划，机构的信息安全工作则会有工作方向不明确的问题。

对信息安全关键岗位的人员管理缺乏更细粒度的要求。没有明确对这些岗位的人员是否有区别于其他岗位的更严格的录用要求、日常信用审查等管理要求。

2）改进建议。

进一步完善安全管理文件体系，尽快制定信息安全总体政策、方针文件，并进一步补充、完善、细化各类管理制度，如工程安全实施管理制度、系统交付管理制度等，从而形成高层策略文件、各类管理制度、具体操作规程和各类操作记录等四层塔式管理文件体系。

加强对关键岗位人员（如系统管理员、网络管理员、安全管理员）的管理，定期对其进行信用审查，并要求其签署岗位安全协议，使其承诺在岗位上的具体安全责任、工作职责以及保密义务，从而保证对关键岗位进行关键管理。

思考与练习

1. 简述对信息系统进行等级保护等级测评的实施过程？
2. 简述信息安全等级测评对象的确定原则？

3．列举出三级系统比二级系统测评增加的测评内容和要求？
4．自选一个相对重要的系统进行系统定级、测评并制定出整改报告。
5．主机安全在测评时会遇到哪些类型操作系统？
6．网络安全三级信息系统的安全子类是什么？三级网络安全的安全审计的内容是什么？

5

等级保护安全建设与整改

任务描述

本章主要介绍了等级保护建设整改的目的、内容、工作流程，以及安全建设的方案设计。涵盖以下主题：
- 等级保护安全建设内容
- 新建系统等级保护设计
- 已建系统整改方案设计
- 安全管理措施建设整改
- 安全技术措施建设整改

5.1 等级保护建设整改概述

5.1.1 安全建设整改目的

信息系统的安全保护等级确定后，下一步就是如何根据等级保护《信息安全技术 信息系统安全等级保护基本要求》标准，达到信息系统安全等级所要求的安全保护能力。对于新建信息系统，根据安全建设与系统建设"同步规划、同步建设"的原则，要依照《信息安全技术 信息系统安全等级保护实施指南》的要求进行安全需求分析、安全建设规划、安全建设实施和安全运维各个阶段的工作。

对于已运营（运行）的信息系统，同样需要根据其安全等级，判断现有的防护措施是否满足相应的安全防护能力。产生该问题的原因是，等级保护作为政策性要求在系统建设之初并没有作为安全需求加以考虑，因此系统的安全保障体系或安全保护措施只能满足本部门、本单位的安全需求。信息系统定级之后就会发现，对于业务重要性相同的不同行业或地区的信息系统，由于建设年代不同、所在地域差异、设计人员和实施人员的水平差距等都会造成其信息系统的保护水平参差不齐。如果信息系统的安全保护现状（包括新建系统的安全建设和已运行系统的安全整改）与等级保护要求之间存在差距，需要依照《信息安全技术　信息系统安全等级保护实施指南》（以下简称《实施指南》）的要求进行整改工作。

通过开展等级保护工作，使信息系统可以按照等级保护相应等级的要求进行设计、规划和实施，将国家政策标准要求、机构使命性要求、系统可能面临的环境和影响，以及机构自身需求相结合作为信息系统的安全需求，使信息系统能够达到相应等级的基本保护水平和保护能力。

5.1.2　安全建设工作内容

信息系统运营使用单位在开展信息安全等级保护安全建设整改工作中，应按照国家有关规定和标准规范要求，坚持管理和技术并重的原则，将技术措施和管理措施有机结合，建立信息系统综合防护体系，提高信息系统整体安全保护能力。要依据《信息安全技术　信息系统安全等级保护基本要求》（以下简称《基本要求》），落实信息安全责任制，建立并落实各类安全管理制度，开展人员安全管理、系统建设管理和系统运维管理等工作，落实物理安全、网络安全、主机安全、应用安全和数据安全等安全保护技术措施，具体内容如图5-1所示。

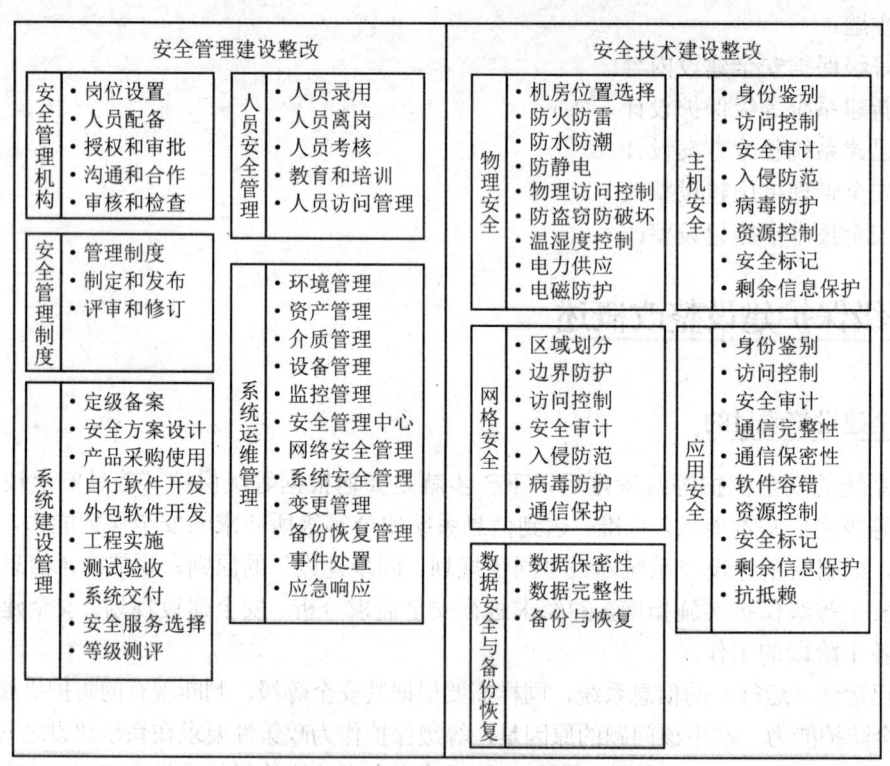

图 5-1　信息系统安全等级保护基本要求

需要说明的是：不同级别信息系统安全建设整改的具体内容，应根据信息系统定级时的业务信息安全等级和系统服务安全等级，以及信息系统安全保护现状确定。信息系统安全建设整改工作具体实施可以根据实际情况，将安全管理和安全技术整改内容一并实施，或分步实施。

5.1.3 安全建设整改工作流程

根据《信息安全技术 信息系统安全等级保护实施指南》，信息系统安全建设整改工作分五个基本步骤进行，如图 5-2 所示。

第一步：制定信息系统安全建设整改工作规划，对信息系统安全建设整改工作进行总体部署；

第二步：开展信息系统安全保护现状分析，从管理和技术两个方面确定信息系统安全建设整改需求；

第三步：确定安全保护策略，制定信息系统安全建设整改方案；

第四步：开展信息系统安全建设整改工作，建立并落实安全管理制度，落实安全责任制，建设安全设施，落实安全措施；

第五步：开展安全自查和等级测评，及时发现信息系统中存在的安全隐患和威胁，进一步开展安全建设整改工作。

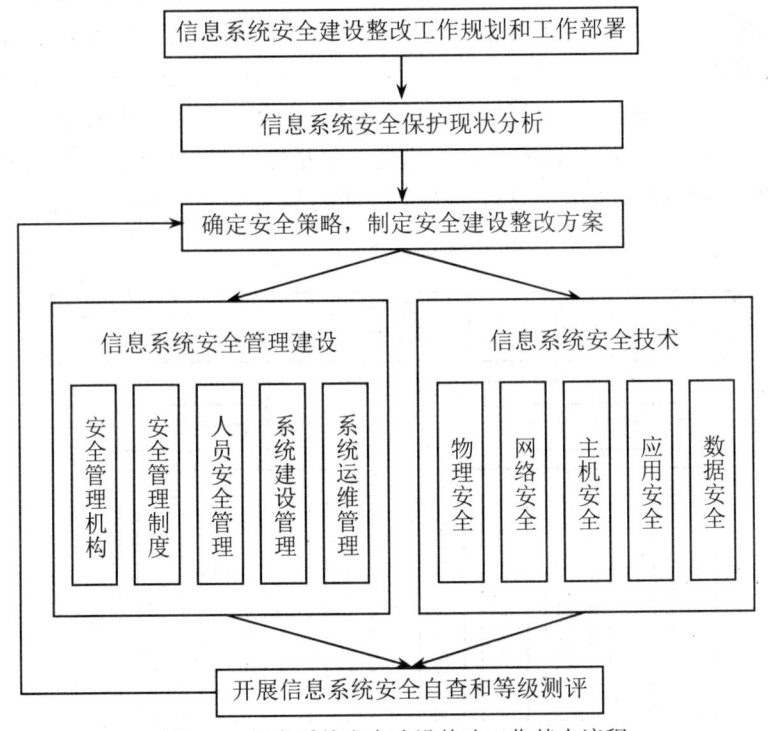

图 5-2 信息系统安全建设整改工作基本流程

5.1.4 理解和掌握《信息安全技术 信息系统安全等级保护基本要求》

《信息安全技术 信息系统安全等级保护基本要求》（以下简称《基本要求》）提出和规定了不同安全保护等级信息系统的最低保护要求。因此，理解《基本要求》对安全建设整改工作有基础性作用。

1. 不同等级安全保护能力

信息系统是颇受诱惑力的被攻击目标。它们抵抗着来自各方面威胁实体的攻击。对信息系统实行安全保护的目的就是要对抗系统面临的各种威胁，从而尽量降低由于威胁给系统带来的损失。

能够应对威胁的能力构成了系统的安全保护能力之一——对抗能力。但在某些情况下，当信息系统无法阻挡威胁对自身的破坏时，如果系统具有很好的恢复能力，那么即使遭到破坏，也能在很短的时间内恢复系统原有的状态。能够在一定时间内恢复系统原有状态的能力构成了系统的另一种安全保护能力——恢复能力。对抗能力和恢复能力共同形成了信息系统的安全保护能力。

不同级别的信息系统应具备相应等级的安全保护能力，即应该具备不同的对抗能力和恢复能力，以对抗不同的威胁和能够在不同的时间内恢复系统原有的状态。针对各等级系统应当对抗的安全威胁和应具有的恢复能力，《基本要求》提出了各等级的基本安全要求。

基本安全要求包括了基本技术要求和基本管理要求，基本技术要求主要用于对抗威胁和实现技术能力；基本管理要求主要为安全技术实现提供组织、人员、程序等方面的保障。

各等级的基本安全要求，由包括物理安全、网络安全、主机系统安全、应用安全和数据安全及备份恢复等五个层面的基本安全技术措施和包括安全管理机构、安全管理制度、人员安全管理、系统建设管理和系统运维管理等五个方面的基本安全管理措施来实现和保证，如图5-3所示。

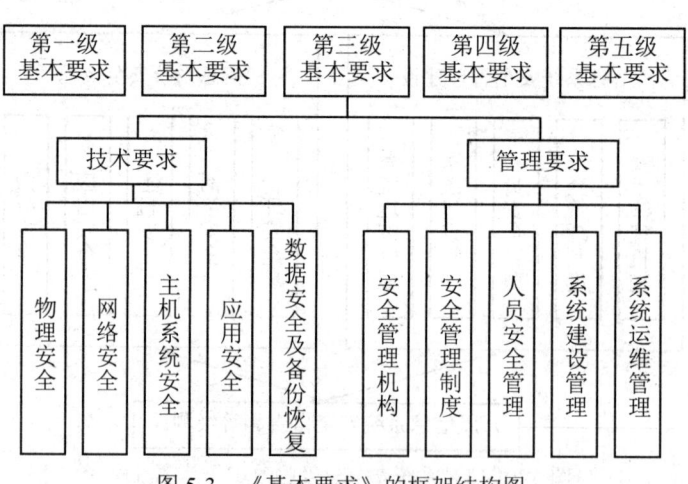

图 5-3 《基本要求》的框架结构图

（1）对抗能力。

能够应对威胁的能力构成了系统的安全保护能力之——对抗能力。不同等级系统所应对抗的威胁主要从威胁源（自然、环境、系统、人为）、动机（不可抗外力、无意、有意）、范围（局部、整体）、能力（工具、技术、资源等）四个要素来考虑。

威胁源——是指任何能够导致非预期的不利事件发生的因素，通常分为自然（如自然灾害）、环境（如电力故障）、IT系统（如系统故障）和人员（如心怀不满的员工）四类。

动机——与威胁源和目标有着密切的联系，不同的威胁源对应不同的目标有着不同的动机，通常可分为不可抗外力（如自然灾害）、无意的（如员工的疏忽大意）和故意的（如情报机构的信息收集活动）三类。

范围——是指威胁潜在的危害范畴，分为局部和整体两种情况，如病毒威胁，有些计算机病毒的传染性较弱，危害范围是有限的；但是蠕虫类病毒则相反，它们可以在网络中以惊人的速度迅速扩散并导致整个网络瘫痪。

能力——主要是针对威胁源为人的情况，它是衡量攻击成功可能性的主要因素。能力主要体现在威胁源占有的计算资源的多少、工具的先进程度、人力资源（包括经验）等方面。

通过对威胁主要因素的分析，我们可以组合得到不同等级的威胁。

第一级的威胁主要是：危害范围为局部的环境或者设备故障；无意的员工失误；低能力的渗透攻击等威胁情景。典型情况如灰尘超标（环境）、单个非重要工作站（设备）崩溃等。

第二级的威胁主要是：危害局部的较严重的自然事件；具备中等能力、有预设目标的威胁情景。典型情况如有组织的情报搜集等。

第三级的威胁主要是：危害整体的自然事件；具备较高能力、大范围的、有预设目标的渗透攻击。典型情况如较严重的自然灾害、大型情报组织的情报搜集等。

第四级的威胁主要是：危害整体的严重自然事件；国家级渗透攻击。典型情况如国家经营、组织精良、有很好的财政资助，从其他具有经济、军事或政治优势的国家收集机密信息等。

（2）恢复能力。

在某些情况下，信息系统无法阻挡威胁对自身的破坏时，如果系统具有很好的恢复能力，那么即使遭到破坏，也能在很短的时间内恢复系统原有的状态。能够在一定时间内恢复系统原有状态的能力构成了另一种安全保护能力——恢复能力。恢复能力主要从恢复时间和恢复程度上来衡量其不同级别。恢复时间越短、恢复程度越接近系统正常运行状态，表明恢复能力越高。

第一级：系统具有基本的数据备份功能，在遭到破坏后能够不限时的恢复部分系统功能。

第二级：系统具有一定的数据备份功能，在遭到破坏后能够在一段时间内恢复部分功能。

第三级：系统具有较高的数据备份和系统备份功能，在遭到破坏后能够较快地恢复绝大部分功能。

第四级：系统具有极高的数据备份和系统备份功能，在遭到破坏后能够迅速恢复所有系统功能。

（3）不同等级的安全保护能力。

第一级信息系统：经过安全建设，信息系统具有抵御一般性攻击的能力，防范常见计算机病毒和恶意代码危害的能力；系统遭到损害后，具有恢复系统主要功能的能力。

第二级信息系统：经过安全建设，信息系统具有抵御小规模、较弱强度恶意攻击的能力，抵抗一般的自然灾害的能力，防范一般性计算机病毒和恶意代码危害的能力；具有检测常见的攻击行为，并对安全事件进行记录的能力；系统遭到损害后，具有恢复系统正常运行状态的能力。

第三级信息系统：经过安全建设，信息系统在统一的安全保护策略下具有抵御大规模、较强恶意攻击的能力，抵抗较为严重的自然灾害的能力，防范计算机病毒和恶意代码危害的能力；具有检测、发现、报警、记录入侵行为的能力；具有对安全事件进行响应处置，并能够追踪安全责任的能力；在系统遭到损害后，具有能够较快恢复正常运行状态的能力；对于服务保障性要求高的系统，应能快速恢复正常运行状态；具有对系统资源、用户、安全机制等进行集中控管的能力。

第四级信息系统：经过安全建设，信息系统在统一的安全保护策略下具有抵御敌对势力有组织的大规模攻击的能力，抵抗严重的自然灾害的能力，防范计算机病毒和恶意代码危害的能力；具有检测、发现、报警、记录入侵行为的能力；具有对安全事件进行快速响应处置，并能够追踪安全责任的能力；在系统遭到损害后，具有能够较快恢复正常运行状态的能力；对于服务保障性要求高的系统，应能立即恢复正常运行状态；具有对系统资源、用户、安全机制等进行集中控管的能力。

2. 类、控制点和项

《基本要求》在整体框架结构上以三种分类为支撑点，自上而下分别为：类、控制点和项。其中，类表示《基本要求》在整体上大的分类，其中技术部分分为：物理安全、网络安全、主机安全、应用安全和数据安全及备份恢复等五大类，管理部分分为：安全管理制度、安全管理机构、人员安全管理、系统建设管理和系统运维管理等五大类，一共分为十大类。控制点表示每个大类下的关键控制点，如物理安全大类中的"物理访问控制"作为一个控制点。而项则是控制点下的具体要求项，如"机房出入应安排专人负责，控制、鉴别和记录进入的人员。"表 5-1 显示了不同级别信息系统的要求点及其数量差别。

表 5-1 不同级别信息系统的要求点及其数量差别

安全要求类	层面	一级	二级	三级	四级
技术要求	物理安全	9	19	32	33
	网络安全	9	18	33	32
	主机安全	6	19	32	36
	应用安全	7	19	31	36
	数据安全及备份恢复	2	4	8	11
管理要求	安全管理制度	3	7	11	14
	安全管理机构	4	9	20	20
	人员安全管理	7	11	16	18
	系统建设管理	20	28	45	48
	系统运维管理	18	41	62	70
合计	/	85	175	290	318
级差	/	/	90	115	28

《基本要求》中的安全要求从整体上分为技术和管理两大类，其中，技术类安全要求按其保护的侧重点不同，将其下的控制点分为三类：

业务信息安全类（S类）——关注的是保护数据在存储、传输、处理过程中不被泄漏、破坏和免受未授权的修改。如访问控制，该控制点主要关注的是防止未授权的访问系统，进而造成数据的修改或泄漏。

服务保证类（A类）——关注的是保护系统连续正常的运行，避免因对系统的未授权修改、破坏而导致系统不可用。如数据的备份和恢复，该控制点很好的体现了对业务正常运行的保护。通过对数据进行备份，在发生安全事件后能够及时的进行恢复，从而保证了业务的正常运行。

通用安全保护类（G类）——既关注保护业务信息的安全性，同时也关注保护系统的连续可用性。大多数技术类安全要求都属于此类，保护的重点既是为了保证业务能够正常运行，同时数据也要安全。如物理访问控制，该控制点主要是防止非授权人员物理访问系统主要工作环境，由于进入工作环境可能导致的后果既可能包括系统无法正常运行（如损坏某台重要服务器），也可能窃取某些重要数据。因此，它保护的重点二者兼而有之。

技术安全要求按其保护的侧重点不同分为S、A、G三类，如果从另外一个角度考虑，根据信息系统安全的整体结构来看，信息系统安全可从五个层面：物理、网络、主机系统、应用系统和数据及备份恢复对系统进行保护，因此，技术类安全要求也相应的分为五个层面上的安全要求：

——物理层面安全要求：主要是从外界环境、基础设施、运行硬件、介质等方面为信息系统的安全运行提供基本的后台支持和保证。

——网络层面安全要求：为信息系统能够在安全的网络环境中运行提供支持，确保网络系统安全运行，提供有效的网络服务。

——主机系统层面安全要求：在物理、网络层面安全的情况下，提供安全的操作系统和安全的数据库管理系统，以实现操作系统和数据库管理系统的安全运行。

——应用系统层面安全要求：在物理、网络、应用系统等层面安全的支持下，实现用户安全需求所确定的安全目标。

——数据及备份恢复层面安全要求：全面关注信息系统中存储、传输、处理等过程的数据的安全性。

管理类安全要求主要是围绕信息系统整个生命周期全过程而提出的，均为G类要求。管理类安全要求，分为：安全管理制度、安全管理机构、人员安全管理、系统建设管理和系统运维管理五个方面。

3. 安全域的划分方法

对大型信息系统进行等级保护，不是对整个系统进行同一等级的保护，而是针对系统内部的不同业务区域进行不同等级的保护。因此，安全域划分是进行信息安全等级保护的首要步骤。

安全域是具有相同或相似安全要求和策略的IT要素的集合，是同一系统内根据信息的性质、使用主体、安全目标和策略等元素的不同来划分的不同逻辑子网或网络，每一个逻辑区域有相同的安全保护需求,具有相同的安全访问控制和边界控制策略,区域间具有相互信任关系,而且相同的网络安全域共享同样的安全策略。当然,安全域的划分不能单纯从安全角度考虑,而是应该以业务角度为主,辅以安全角度,并充分参照现有网络结构和管理现状,才能以较小的代价完成安全域划分和网络梳理,而又能保障其安全性。对信息系统安全域(保护对象)的划分应主要考虑如下方面因素:

(1) 业务和功能特性。

业务系统逻辑和应用关联性;业务系统对外连接:对外业务,支撑,内部管理。

(2) 安全特性的要求。

安全要求相似性:可用性、保密性和完整性的要求,如有保密性要求的资产单独划分区域。

威胁相似性:威胁来源、威胁方式和强度,如第三方接入区单独划分区域。

资产价值相近性:重要与非重要资产分离,如核心生产区和管理终端区分离。

(3) 参照现有状况。

现有网络结构的状况:现有网络结构、地域和机房等;参照现有的管理部门职权划分。

具体到某一业务系统,安全域划分原则可以继续细化为:功能相似、资产价值相似属于同一区域;功能存在差异、资产价值相似,对可以提炼出功能中共同的属性的资产同属一个区域,对于不能提炼出共性的资产划分到不同区域;功能相似、资产价值存在差异,可以判断威胁来源和影响程度,对于威胁来源和影响相似的资产同属一个区域,不同程度的划分到不同区域;功能存在差异、资产价值存在差异,划分为不同区域;根据威胁分析结果,从逻辑上整合威胁相近的外部逻辑边界。

对于同一组织机构的多个业务系统,首先逐一分析应用系统,划分安全域。分析每个应用系统安全域划分结果,充分考虑实施可行性和管理可行性,将多个系统的安全域进行合并和边界整合。多个系统安全域合并和边界整合需充分考虑以下因素:网络结构、地域和机房等;网络和应用管理可行性;多系统间可能的影响;安全技术手段实施可控制范围;多系统系统等级和安全域重要程度差异;功能相似性和威胁相似性;安全要求相似性。

划分一个独立的业务信息系统的内部安全域,其划分主要参考如下步骤:

查看网络上承载的业务系统的访问终端与业务主机的访问关系以及业务主机之间的访问关系:若业务主机之间没有任何访问关系则单独考虑各业务系统安全域的划分,若业务主机之间有访问关系,则几个业务系统一起考虑安全域的划分。

划分安全计算域:根据业务系统的业务功能实现机制、保护等级程度进行安全计算域的划分,一般分为核心处理域和访问域,其中数据库服务器等后台处理设备归入核心处理域,前台直接面对用户的应用服务器归入访问域。如局域网访问域可以有多种类型,包括开发区、测试区、数据共享区、数据交换区、第三方维护管理区、VPN 接入区等;局域网的内部核心处理域包括数据库、安全控制管理、后台维护区(网管工作区)等,核心处理域应具有隔离设备对该区域进行安全隔离,如防火墙、路由器(使用 ACL)、交换机(使用 VLAN)等。

划分安全用户域:根据业务系统的访问,用户分类进行安全用户域的划分,访问同类数据的用户终端，需要进行相同级别保护划为一类安全用户域，一般分为管理用户域、内部用户域、外部用户域。

划分安全网络域：安全网络域是由连接具有相同安全等级的计算域和（或）用户域组成的。网络域的安全等级的确定与网络所连接的安全用户域和（或）安全计算域的安全等级有关。一般同一网络内化分三种安全域：外部域、接入域、内部域。

5.2 新建系统安全等级保护设计

5.2.1 等级保护安全需求分析

本节重点说明如何为信息系统确定既满足等级保护要求，又满足系统自身需求的安全需求分析方法。

1. 选择调整基本安全要求

根据《信息安全技术 信息系统安全等级保护定级指南》以下简称《定级指南》除了可以确定信息系统的安全保护等级外，还同时确定了信息系统在业务信息安全和系统服务安全两个方面的安全保护等级，这两个等级反映了信息系统在数据安全保护和服务能力保护的需求方面可能是不均衡的。

如在政务系统中，单个数据信息（如文件）本身的安全性要求比较高，而对于通过信息系统提供及时的数据服务的要求不高，而对于生产控制系统和调度系统，其重要性不体现在每条控制指令数据上，而体现在整个控制系统或调度系统不能停止运行或不正常运行。《定级指南》正是通过定级方法的设计区分了信息系统对这两类安全保障方面的需求。

由于有了业务信息安全和系统服务安全保护等级，即使信息系统的安全保护等级相同，其内在安全需求也会有所不同。为此我们可以用两维函数的形式表达系统的安全保护等级：L（业务信息安全保护等级，系统服务安全保护等级）=Max（业务信息安全保护等级，系统服务安全保护等级）。如 L(3,2)=3，同样 L(3,1)=L(3,3)=L(1,3)=L(2,3)=3。

表 5-2 将五个等级的系统的不同安全需求分类表示，形成了五个等级，25 个安全需求类。

表 5-2 安全保护等级与安全需求类的对应关系

安全保护等级	安全需求类
第一级	L(1,1)
第二级	L(1,2)，L(2,2)，L（2,1）
第三级	L(1,3)，L(2,3)，L(3,3)，L(3,2)，L(3,1)
第四级	L(1,4)，L(2,4)，L(3,4)，L(4,4)，L(4,3)，L(4,2)，L(4,1)
第五级	L(1,5)，L(2,5)，L(3,5)，L(4,5)，L(5,5)，L(5,4)，L(5,3)，L(5,2)，L(5,1)

由于同样等级的信息系统，其安全需求有所不同，因此对其实施的保护也应该有不同的要求。《基本要求》就是根据这样的思路设计的。《基本要求》对每个不同级别的系统提出了该等级可以对抗威胁的能力，以及获得相应等级的安全保护能力可以采取的技术措施和管理措施。

为了区别不同安全技术要求和管理要求在保护信息系统的业务信息安全和系统服务安全所起的作用，将所有技术要求和管理要求进行了标识，标识分为三种 S、A 和 G。S 类——业务信息安全保护类——关注的是保护数据在存储、传输、处理过程中不被泄漏、破坏和免受未授权的修改。A 类——系统服务安全保护类——关注的是保护系统连续正常的运行，避免因对系统的未授权修改、破坏而导致系统不可用。G 类——通用安全保护类——既关注保护业务信息的安全性，同时也关注保护系统的连续可用性。

为表示不同等级的某类安全保护要求，在保护类标识的后面添加保护级别，如以 S2 表示二级的业务信息安全保护类要求，A3 表示三级的系统服务安全保护类要求。有了上述定义，在确定了系统的安全保护等级后，信息系统的运营使用单位人员可以参照以下步骤，确定该信息系统的等级保护基本安全需求。

第一步：根据其等级从《基本要求》中选择相应等级的基本安全要求。如某一信息系统，根据《定级指南》确定系统等级为三级，首先从《基本要求》中选择三级的安全要求。

第二步：根据定级过程中确定业务信息安全保护等级和系统服务安全保护等级，确定该信息系统的安全需求类，如 L(3,2)，将所选择《基本要求》的三级要求中标识为 A 类的控制点要求，替换为二级要求中的相应控制点要求，低级别的基本要求中没有相应的控制点，则该控制点将不作为该系统的要求。

必须说明的是：G 类要求是每个等级系统必备的要求，不能调整。G 类要求体现了相应等级系统的综合保护能力。

由于《基本要求》对所有技术要求和管理要求在类别上分为 S、A、G 三类，对应了信息系统的安全保护等级中的业务信息安全保护等级和系统服务安全保护等级，相同的安全保护等级的系统可能具有不同的等级保护要求，表 5-3 给出五个等级保护要求的所有组合形式。同样也是五个等级，保护要求的 25 种组合。

表 5-3　安全保护等级与基本保护要求组合的对应关系

安全保护等级	信息系统基本保护要求的组合
第一级	S1A1G1
第二级	S1A2G2，S2A2G2，S2A1G2
第三级	S1A3G3，S2A3G3，S3A3G3，S3A2G3，S3A1G3
第四级	S1A4G4，S2A4G4，S3A4G4，S4A4G4，S4A3G4，S4A2G4，S4A1G4
第五级	S1A5G5，S2A5G5，S3A5G5，S4A5G5，S5A5G5，S5A4G5，S5A3G5，S5A2G5，S5A1G5

因此，安全保护要求和系统等级之间存在一定的对应关系。即 S 类安全技术要求，其级

别由业务信息安全保护等级决定；A 类安全技术要求，其级别由系统服务安全保护等级决定；而 G 类安全技术要求，其级别由业务信息安全保护等级和系统服务安全保护等级两者中的高级别决定，也就是与信息系统的安全保护等级相同。

总之，不能直接根据系统的安全保护等级使用《基本要求》相应等级的要求，还应当确定其信息和服务的保护等级。因此，在上面的例子，该系统的等级为三级，但由于系统需求类型为 L(3,2)，因此，其安全保护要求的组合应选择为 S3A2G3。

第三步：根据系统所面临的威胁特点调整安全要求。

根据《基本要求》的整体设计思路，每级安全要求的实现是为了达到相应等级的威胁对抗能力和恢复能力，这种设计思路是面向所有信息系统的。当面临一个特定信息系统时，还需要具体分析其所面临的具体威胁。如果某个安全威胁对于该特定信息系统来讲是不会发生的，那么为对抗该威胁的相应安全要求对于该系统来讲，是不适用的。因此，需要进行相应的调整。这种情况在网络安全方面尤为明显，如某个系统与互联网及本单位其他系统在网络上是物理隔离的，由于不会面临来自外部网络的安全威胁，该系统可以不选择相应的网络安全控制点或其中的要求项。

当然，可能还会存在其他需要调整要求的原因。系统应在满足系统达到相应等级安全保护目标的基础上，结合系统实际，对安全要求进行适当的调整，调整的原则是保证不降低整体安全保护能力。

2. 明确系统特殊安全需求

《基本要求》是面向所有行业、所有类型信息系统所提出的要求，等级也只有五个，不可能满足所有信息系统的要求，因此每个信息系统必然还会有自身的特殊安全需求。这些自身的特殊安全需求可能有两种情况。第一种情况：等级保护相应等级的基本要求中某些方面的安全措施所达到的安全保护不能满足本单位信息系统的保护需求，需要更强的保护。第二种情况：由于信息系统的业务需求、应用模式具有特殊性，系统面临的威胁具有特殊性，基本要求没有提供所需要的保护措施，如有关无线网络的接入和防护《基本要求》中没有提出专门的要求，需要作为特殊需求。

针对这两种特殊需求，用户可以通过以下两种方式解决。第一种：选择《基本要求》中更高级别的安全要求达到本级别基本要求不能实现的安全保护能力；第二种：参照《管理办法》第十二条和第十三条列出的等级保护的其他标准进行保护。最后，调整后的信息系统等级保护基本安全要求与识别出的特殊安全需求共同确定了该系统的安全需求。

5.2.2 安全等级与安全设计

完成系统定级并确定安全需求后，新建和改建系统就进入了实施前的设计过程。设计过程通常分为总体设计和详细设计，安全设计也不例外，在《实施指南》中，总体安全设计在"总体安全规划阶段"完成，详细安全设计在"安全设计与实施阶段"完成。总体安全设计一般是针对整个单位的，目的是根据确定的系统安全需求和等级保护安全基本要求，设计系统的整体安全框架，提出系统在总体方面的策略要求、各个子系统应该实现的安全技术措施、安全管理措施等，是《基本要求》在特定系统的具体落实，总体安全设计形成的文档用于指导系统具体安全建设。

详细安全设计可以是针对整个单位的，也可以是针对某个信息系统的，目的是依据本单位的总体安全设计，提出具体实施方案，将总体安全设计中要求实现的安全策略、安全技术体系架构、安全措施和要求落实到产品功能或物理形态上，提出指定的产品或组件及其具体规范，并将产品功能特征整理成文档，使得安全产品采购、安全控制开发、具体安全实施有依据。

以往的安全保障体系设计是没有等级概念的，主要是依据本单位业务特点，结合其他行业或单位实施安全保护的实践经验而提出的，当引入等级保护的概念后，系统安全防护设计思路会有所不同。

第一点不同：由于确定了单位内部代表不同业务类型的若干个信息系统的安全保护等级，在设计思路上应突出对等级较高的信息系统的重点保护。

第二点不同：安全设计应体现保证不同保护等级的信息系统应满足相应等级的保护要求。满足等级保护要求不意味着各信息系统独立实施保护，而应本着优化资源配置的原则，合理布局，构建纵深防御体系。

第三点不同：划分了不同等级的系统，就存在如何解决等级系统之间的互联问题，因此必须在总体安全设计中规定相应的安全策略。

第四点不同：不同等级的系统需要满足不同的安全管理要求，但所有的信息系统又都可能在同一个组织机构的管理控制下，如何实现等级保护的管理体系也是需要在总体安全设计中给与规定的。

5.2.3　总体安全设计方法

总体安全设计并非安全等级保护实施过程中必须的执行过程，对于规模较小、构成内容简单的信息系统，在通过安全需求分析确定了信息系统的安全需求之后，可以直接进入详细安全设计。

对于略有规模的信息系统，比如信息系统本身是由多个不同级别的系统构成、信息系统分布在多个物理地区、信息系统的系统之间横向和纵向连接关系复杂等，对于这样的信息系统，应实施总体安全设计过程。

总体安全设计的基本思路是根据自身信息系统的系统划分情况、系统定级情况、系统的连接情况、系统的业务承载情况、运作机制和管理方式等特点，结合《基本要求》，在较高层次上形成自己信息系统的安全要求，包括安全方针和安全策略、安全技术框架和安全管理体系等。

总体安全设计的基本方法是将复杂信息系统进行简化，提取共性形成模型，针对模型要素结合《基本要求》和安全需求提出安全策略和安全措施要求，指导信息系统中各个组织、各个层次和各个对象安全策略和安全措施的具体实现。总体安全设计的基本步骤如下：

1. 将单位信息系统进行模型化处理

（1）局域网内部抽象处理。

一个局域网可能是由多个不同等级系统构成，无论局域网内部等级系统有多少，可以将等级相同、安全需求类相同、安全策略一致的系统合并为一个安全域，并将其抽象为一个模型要素，我们称之为某级安全域。通过抽象处理后，局域网模型可能是由多个级别的安全域互联构成的模型。

（2）局域网内部安全域之间互联的抽象处理。

根据局域网内部的业务流程、数据交换要求、用户访问要求等确定不同级别安全域之间的网络连接要求，从而对安全域边界提出安全策略要求和安全措施要求，实现对安全域边界的安全保护。

如果任意两个不同级别的子系统之间都有业务流程、数据交换要求、用户访问要求等的需要，则认为两个模型要素之间有连接。通过分析和抽象处理后，局域网内部子系统之间互联模型可能如图 5-4 所示。

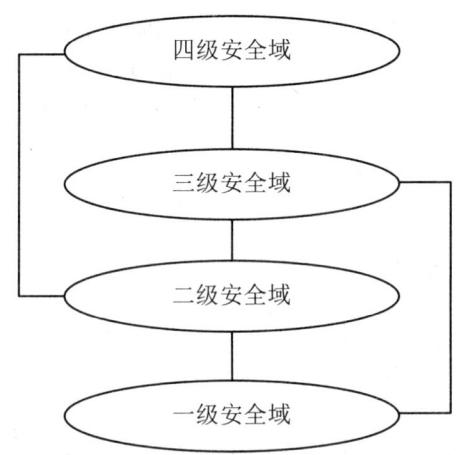

图 5-4　局域网内部安全域之间互联抽象图

（3）局域网之间安全域互联的抽象处理。

根据局域网之间的业务流程、数据交换要求、用户访问要求等确定局域网之间通过骨干网/城域网的分隔的同级或不同级别安全域之间的网络连接要求。

如果任意两个级别的安全域之间有业务流程、数据交换要求、用户访问要求等的需要，则认为两个局域网的安全域之间有连接。通过分析和抽象处理后，局域网之间安全域互联模型可能如图 5-5 所示。

（4）局域网安全域与外部单位互联的抽象处理。

对于与国际互联网或外部机构/单位有连接或数据交换的信息系统，分析这种网络连接要求，并进行模型化处理。

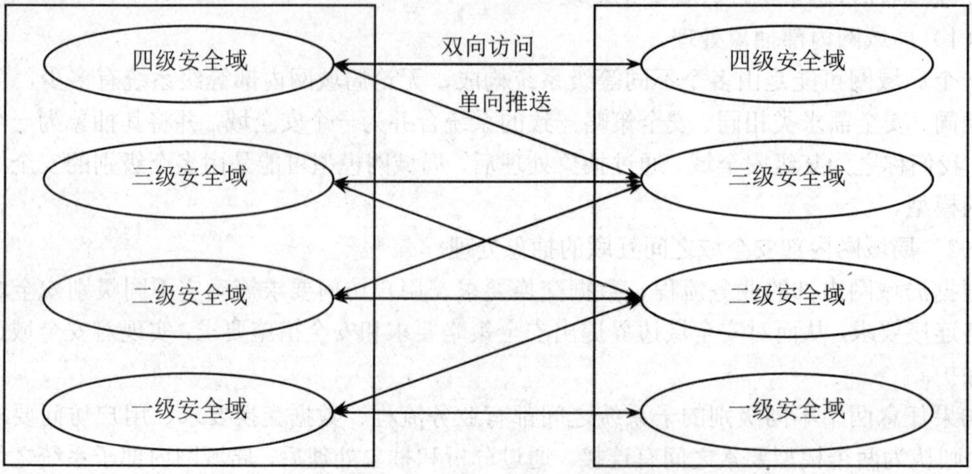

图 5-5 局域网之间安全域互联的抽象图

任意一个级别的安全域,如果这个安全域与外部机构/单位或国际互联网之间有业务访问、数据交换等的需要,则认为这个级别的安全域与外部机构/单位或国际互联网之间有连接,通过这种分析和抽象处理后,局域网安全域与外部机构/单位或国际互联网之间互联模型可能如图 5-6 所示。

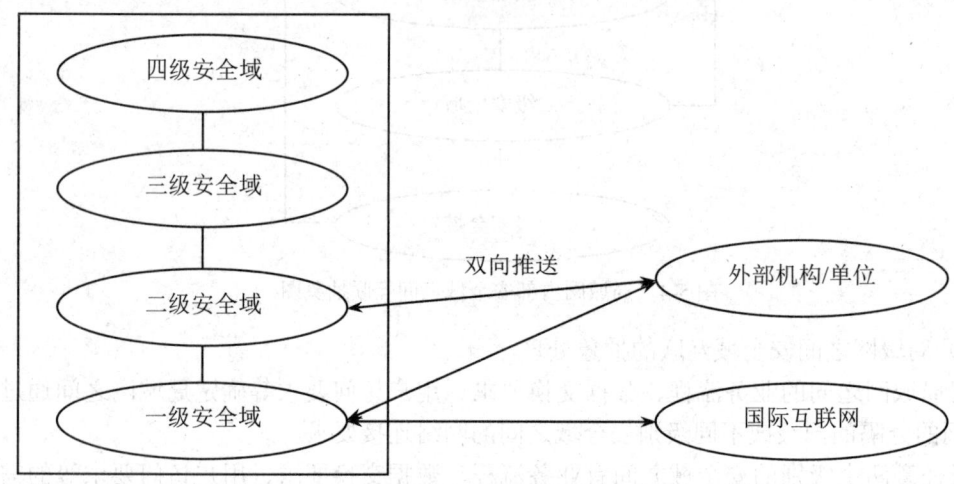

图 5-6 局域网安全域与外部机构/单位互联的抽象图

(5) 安全域内部抽象处理。

局域网中不同级别的安全域的规模和复杂程度可能不同,但是每个级别的安全域的构成要素基本一致,即是由服务器、工作站和连接它们构成网络的网络设备组成。为了便于分析和处理,将安全域内部抽象为服务器设备(包括存储设备)、工作站设备和网络设备这些要素,通过对安全域内部的模型化处理后,对每个安全域内部的关注点将放在服务器设备、工作站设备和网络设备上,通过对不同级别的安全域中的服务器设备、工作站设备和网络设备提出安全策略要求和安全措施要求,实现安全域内部的安全保护。通过抽象处理后,每个安全域模型可能如图5-7所示。

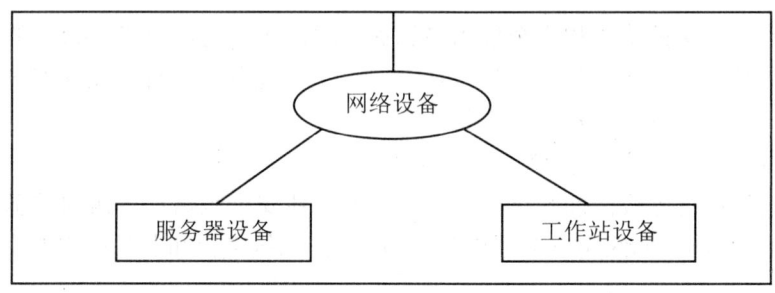

图 5-7　安全域内部抽象图

（6）形成信息系统抽象模型。

通过对信息系统的分析和抽象处理,最终应形成被分析信息系统的抽象模型。信息系统抽象模型的表达应包括以下内容：

- 单位的不同局域网络如何通过骨干网、城域网互联。
- 每个局域网内最多包含几个不同级别的安全域。
- 局域网内部不同级别的安全域之间如何连接；不同局域网之间的安全域之间如何连接。
- 局域网内部安全域是否与外部机构/单位或国际互联网有互联。
- 等等。

（7）制定总体安全策略。

制定总体安全策略最重要的是制定安全域互联策略,通过限制多点外联、统一出口,既可以达到保护重点、优化配置,也体现了纵深防御的策略思想。具体规则如下：

- 通过骨干网/城域网只能建立同级安全域的连接,实现上、下级单位的同级安全域的连接。
- 四级安全域通过专网的 VPN 通道进行数据交换；三级安全域可以通过公网的 VPN 通道进行数据交换。
- 四级安全域不能与二级安全域、一级安全域直接连接；三级安全域不能与一级安全域直接连接。
- 一级安全域可以直接访问互联网。
- 等等。

（8）关于等级边界进行安全控制的规定。

针对信息系统等级化抽象模型,根据机构总体安全策略、等级保护基本要求和系统的特殊安全需求,提出不同级别安全域边界的安全保护策略和安全技术措施,具体规定如下：

- 四级安全域与三级安全域之间必须采用接近物理隔离的专用设备进行隔离。
- 各级别安全域网络与外部网络的边界处必须使用防火墙进行有效的边界保护。
- 通过三级安全域与外部单位进行数据交换时,必须把要交换的数据推送到前置机,外部单位从外部接入网络的前置机或中间件将数据取走。
- 等等。

安全域边界安全保护策略和安全技术措施提出时,应考虑边界设备共享的情况,如果不同级别的安全域通过同一设备进行边界保护,这个边界设备的安全保护策略和安全技术措施应满足最高级别安全域的等级保护基本要求。

(9) 关于各安全域内部的安全控制要求。

提出针对信息系统等级化抽象模型,根据机构总体安全策略、等级保护基本要求和系统的特殊安全需求,提出不同级别安全域内部网络平台、系统平台和业务应用的安全保护策略和安全技术措施。

(10) 关于等级安全域的管理策略。

从全局角度出发提出单位的总体安全管理框架和总体安全管理策略,对每个等级安全域提出各自的安全管理策略,安全域管理策略继承单位的总体安全管理策略。

2. 形成安全设计总体方案

对安全需求分析、信息系统的分级保护模型以及为信息系统设计的技术防护策略和安全管理策略等文档进行整理,形成文件化的信息系统安全总体方案。总体安全设计过程的结果描述文件包括:

(1) 信息系统概述。
(2) 单位信息系统安全保护等级状况。
(3) 各等级信息系统的安全需求。
(4) 信息系统的安全等级保护模型抽象。
(5) 总体安全策略。
(6) 信息系统的边界安全防护策略。
(7) 信息系统的等级安全域防护策略。
(8) 信息系统安全管理与安全保障策略。

3. 设计实施方案

总体设计方案的设计原则和安全策略需要具体落实到若干个具体的建设项目中,一个设计方案的实施可能会分为若干个实施方案,分期、分批建设,实现统一设计、分步实施。实施方案不同于设计方案,实施方案需要根据阶段性的建设目标和建设内容将信息系统安全总体设计方案中要求实现的安全策略、安全技术体系结构、安全措施和要求落实到产品功能或物理形态上,提出能够实现的产品或组件及其具体规范,并将产品功能特征整理成文档。使得在信息安全产品采购和安全控制开发阶段具有依据。

此外,还需要根据机构当前安全管理需要和安全技术保障需要提出与信息系统安全总体方案中管理部分相适应的本期安全实施内容，以保证安全技术建设的同时，安全管理的同步建设。实施方案的设计过程包括：

（1）结构框架设计。

依据本次实施项目的建设内容和信息系统的实际情况，给出与总体安全规划阶段的安全体系结构一致的安全实现技术框架，内容可能包括安全防护的层次、信息安全产品的选择和使用、等级系统安全域的划分、IP地址规划及其他内容。

（2）功能要求设计。

对安全实现技术框架中使用到的相关信息安全产品，如防火墙、VPN、网闸、认证网关、代理服务器、网络防病毒、PKI等提出功能指标要求。对需要开发的安全控制组件，提出功能指标要求。

（3）性能要求设计。

对安全实现技术框架中使用到的相关信息安全产品，如防火墙、VPN、网闸、认证网关、代理服务器、网络防病毒、PKI等提出性能指标要求。对需要开发的安全控制组件，提出性能指标要求。

（4）部署方案设计。

结合目前信息系统网络拓扑，以图示的方式给出安全技术实现框架的实现方式，包括信息安全产品或安全组件的部署位置、连接方式、IP地址分配等。对于需对原有网络进行调整的，给出网络调整的图示方案等。

（5）制定安全策略实现计划。

依据信息系统安全总体方案中提出的安全策略的要求，制定设计和设置信息安全产品或安全组件的安全策略实现计划。

（6）管理措施实现内容设计。

结合系统实际安全管理需要和本次技术建设内容，确定本次安全管理建设的范围和内容，同时注意与信息系统安全总体方案的一致性。安全管理设计的内容主要考虑：安全管理机构和人员的配套、安全管理制度的配套、人员安全管理技能的配套等。

（7）形成系统建设的安全实施方案。

系统建设的安全实施方案包含以下内容：

- 本期建设目标和建设内容。
- 技术实现框架。
- 信息安全产品或组件功能及性能。
- 信息安全产品或组件部署。
- 安全策略和配置。
- 配套的安全管理建设内容。
- 工程实施计划。
- 项目投资概算。

5.3 已建系统安全整改方案设计

5.3.1 确定系统改建的安全需求

等级保护工作相关的大部分系统是已建成并投入运行的系统，信息系统的安全建设也已完成，因此信息系统的运营使用单位更关心如何找出现有安全防护与相应等级基本要求的差距，如何根据差距分析结果设计系统的改建方案，使其能够指导该系统后期具体的改建工作，逐步达到相应等级系统的保护能力。

系统改建方案设计的主要依据是安全需求分析的结果，和对信息系统目前保护措施与《基本要求》的差距的分析和评估，而系统改建方案的主要内容则是解决如何针对这些存在的差距，分析其存在的原因以及如何进行整改。要确定系统改建的安全需求，可以参照以下步骤进行：

第一步：根据信息系统的安全保护等级，参照前述的安全需求分析方法，确定本系统的总体安全需求，其中包括经过调整的等级保护基本要求和本单位的特殊安全需求。

第二步：由信息系统的运营使用单位自己组织人员或由第三方评估机构，采用等级测评方法对信息系统系统安全保护现状与等级保护基本要求进行符合性评估，得到与相应等级要求的差距项。

第三步：针对满足特殊安全需求（包括采用高等级的控制措施和采用其他标准的要求）的安全措施进行符合性评估，得到与满足特殊安全需求的差距项。

5.3.2 存在差距的原因分析

差距项不一定都会作为改建的安全需求，因为存在差距的原因可能有以下几种情况：

情况一：整体设计方面的问题，即某些差距项的不满足是由于该系统在整体的安全策略（包括技术策略和管理策略）设计上存在问题。如网络结构设计不合理，各网络设备在位置的部署上存在问题，导致某些网络安全要求没有正确实现；信息安全的管理策略方向性不明确，导致一些管理要求没有实现。

情况二：缺乏相应产品实现安全控制要求。由于安全保护要求都是要落在具体产品、组件的安全功能上，通过对产品的正确选择和部署满足相应要求。但在实际中，有些安全要求在系统中并没有落在具体的产品上。产生这种情况的原因是多方面，其中目前技术的制约可能是最主要的原因。如强制访问控制，目前在主流的操作系统和数据库系统上并没有得到很好的实现。

情况三：产品没有得到正确配置。不同于情况二，某些安全要求虽然能够在具体的产品组件上实现，但由于使用者技术能力、安全意识的原因，或出于对系统运行性能影响的考虑等因素，产品没有得到正确的配置，从而使其相关安全功能没有得到发挥。如登陆口令复杂度检测没有启用、操作系统的审计功能没有启用等就是经常出现的情况。

以上情况的分析，只是系统在等级化安全保护上出现差距的主要原因，不同系统有其个性特点，产生差距的原因也不尽相同。总之，在进行系统整改前，要对系统出现差距的原因进行全面分析，只有这样，才能为之后改建方案的设计奠定基础。

5.3.3 分类处理的改建措施

针对差距出现的种种原因，分析如何采取措施来弥补差距。差距产生的原因不同，采用的整改措施也不同，首先可对改建措施进行分类考虑，主要可从以下几方面进行。

针对情况一：系统需重新考虑设计网络拓扑结构，包括安全产品或安全组件的部署位置、连线方式、IP 地址分配等。根据网络调整的图示方案对原有网络进行调整。针对安全管理方面的整体策略问题，机构需重新定位安全管理策略、方针，明确机构的信息安全管理工作方向。

针对情况二：将未实现的安全技术要求转化为相关安全产品的功能/性能指标要求，在适当的物理/逻辑位置对安全产品进行部署。

针对情况三：正确配置产品的相关功能，使其发挥作用。

无论是哪种情况，改建措施的实现都需要将具体的安全要求落到实处。也就是说，应确定在哪些系统组件上实现相应等级安全要求的安全功能。将安全要求落实到具体对象上，应遵循"整体性"原则。

"整体性"原则是指，每一级安全要求并不是针对系统内所有的组件来要求的，而是从整体性、全局性的角度对系统（而不是组件）提出相关方面的安全要求，系统只要在整体上能够保证达到某一方面安全要求所对应的安全保护能力即可，至于具体由系统的哪个组件来实现该安全要求，则没有绝对的对应关系。

某一控制点可能会落实到多个对象上，但某个要求项落实到不同对象上可能有所不同。具体来讲，主要应关注该安全要求"实现的关键点"，即，在哪些组件实现这些安全要求即可实现该安全要求的保护目标。

"关键点"的寻找可依照系统的业务流程，通过对业务流程的分析，分析哪些对象是业务正常完成的"关键点"，从而对系统落实该保护要求；也可根据数据的访问路径寻找"关键点"，通过对系统网络拓扑图的分析，分析合法用户可以通过哪些途径访问系统，非法用户可能通过哪些途径访问系统，通过对哪些对象进行保护就能够起到"事半功倍"的效果。

5.3.4 改建措施的详细设计

针对不同的改建措施类别，进一步细化，形成具体的改建方案，包括各种产品的具体部署、配置等。最终，整改设计方案基本结构为：

（1）系统存在的安全问题（差距项）描述。
（2）差距产生原因分析。
（3）系统整改措施分类处理原则和方法。
（4）整改措施详细设计。
（5）整改投资估算。

5.4 安全管理措施的建设与整改

5.4.1 安全管理制度建设流程

按照国家有关规定，依据《基本要求》，参照《信息安全技术 信息系统安全管理要求》等标准规范要求，开展信息系统等级保护安全管理制度建设工作，工作流程如图 5-8 所示。

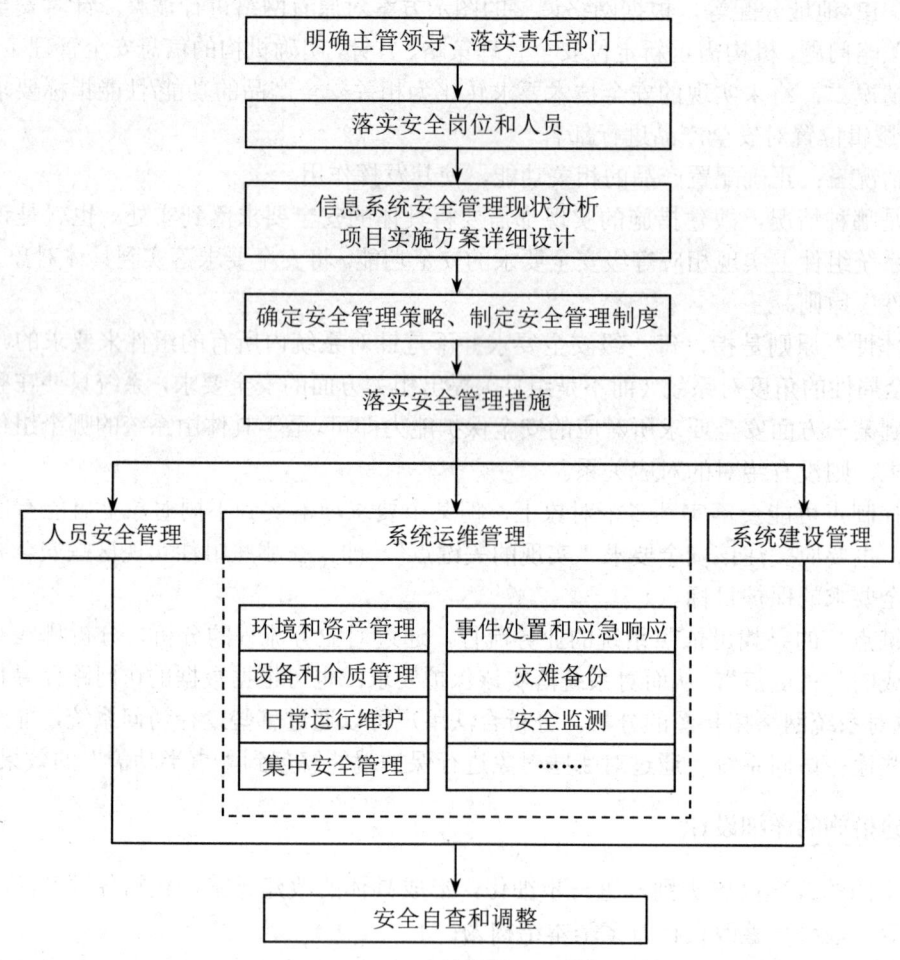

图 5-8 安全管理建设整改工作流程图

1. 落实信息安全责任制

明确领导机构和责任部门。设立或明确信息安全领导机构，明确主管领导，落实责任部门。建立岗位和人员管理制度。根据职责分工，分别设置安全管理机构和岗位，明确每个岗位的职责与任务,落实安全管理责任制。

建立安全教育和培训制度,对信息系统运维人员、管理人员、使用人员等定期进行培训和考核,提高相关人员的安全意识和操作水平。

具体依据《基本要求》中的"安全管理机构"内容,同时可以参照《信息安全技术 信息系统安全管理要求》等。

2. 信息系统安全管理现状分析

在开展信息系统安全管理建设整改之前,通过开展信息系统安全管理现状分析,查找信息系统安全管理建设整改需要解决的问题,明确信息系统安全管理建设整改的需求。

可以依据《基本要求》等标准,采取对照检查、风险评估、等级测评等方法,分析判断目前所采取的安全管理措施与等级保护标准要求之间的差距,分析系统已发生的事件或事故,分析安全管理方面存在的问题,形成安全管理建设整改的需求并论证。

3. 确定安全管理策略和制度

根据安全管理需求,确定安全管理目标和安全策略,针对信息系统的各类管理活动,制定人员安全管理制度、系统建设管理制度、系统运维管理制度、定期检查制度等,规范安全管理人员或操作人员的操作规程等,形成安全管理体系。

具体依据《基本要求》中的"安全管理制度"内容,同时可以参照《信息安全技术 信息系统安全管理要求》等。

5.4.2 落实安全管理措施

1. 人员安全管理

人员安全管理主要包括人员录用、离岗、考核、教育培训等内容。规范人员录用、离岗过程,关键岗位签署保密协议,对各类人员进行安全意识教育、岗位技能培训和相关安全技术培训,对关键岗位的人员进行全面、严格的安全审查和技能考核。

对外部人员允许访问的区域、系统、设备、信息等进行控制。

具体依据《基本要求》中的"人员安全管理"内容,同时可以参照《信息安全技术 信息系统安全管理要求》等。

2. 系统运维管理

(1)环境和资产。

安全管理明确环境(包括主机房、辅机房、办公环境等)安全管理的责任部门或责任人,加强对人员出入、来访人员的控制,对有关物理访问、物品进出和环境安全等方面做出规定。

对重要区域设置门禁控制手段,或使用视频监控等措施。

明确资产(包括介质、设备、设施、数据和信息等)安全管理的责任部门或责任人,对资产进行分类、标识,编制与信息系统相关的软件资产、硬件资产等资产清单。

具体依据《基本要求》中的"系统运维管理"内容，同时可以参照《信息安全技术　信息系统安全管理要求》等。

（2）设备和介质安全管理。

明确配套设施、软硬件设备管理、维护的责任部门或责任人，对信息系统的各种软硬件设备采购、发放、领用、维护和维修等过程进行控制，对介质的存放、使用、维护和销毁等方面做出规定，加强对涉外维修、敏感数据销毁等过程的监督控制。

具体依据《基本要求》中的"系统运维管理"内容，同时可以参照《信息安全技术　信息系统安全管理要求》等。

（3）日常运行维护。

明确网络、系统日常运行维护的责任部门或责任人，对运行管理中的日常操作、账号管理、安全配置、日志管理、补丁升级、口令更新等过程进行控制和管理，制订相应的管理制度和操作规程并落实执行。

具体依据《基本要求》中的"系统运维管理"内容，同时可以参照《信息安全技术　信息系统安全管理要求》等。

（4）集中安全管理。

第三级（含）以上信息系统应按照统一的安全策略、安全管理要求，统一管理信息系统的安全运行，进行安全机制的配置与管理，对设备安全配置、恶意代码、补丁升级、安全审计等进行管理，对与安全有关的信息进行汇集与分析，对安全机制进行集中管理。

具体依据《基本要求》中的"系统运维管理"内容，同时可以参照《信息安全技术　信息系统等级保护安全设计技术要求》和《信息安全技术　信息系统安全管理要求》等。

（5）事件处置与应急响应。

按照国家有关标准规定，确定信息安全事件的等级。

结合信息系统安全保护等级，制定信息安全事件分级应急处置预案，明确应急处置策略，落实应急指挥部门、执行部门和技术支撑部门，建立应急协调机制。

落实安全事件报告制度，第三级（含）以上信息系统发生较大、重大、特别重大安全事件时，运营使用单位按照相应预案开展应急处置，并及时向受理备案的公安机关报告。

组织应急技术支撑力量和专家队伍，按照应急预案定期组织开展应急演练。

具体依据《基本要求》中的"系统运维管理"内容，同时可以参照《信息安全事件分类分级指南》和《信息安全事件管理指南》等。

（6）灾难备份。

要对第三级（含）以上信息系统采取灾难备份措施，防止重大事故、事件发生。

识别需要定期备份的重要业务信息、系统数据及软件系统等，制定数据的备份策略和恢复策略，建立备份与恢复管理相关的安全管理制度。

具体依据《基本要求》中的"系统运维管理"内容和《信息系统灾难恢复规范》。

（7）安全监测。

开展信息系统实时安全监测，实现对物理环境、通信线路、主机、网络设备、用户行为和业务应用等的监测和报警，及时发现设备故障、病毒入侵、黑客攻击、误用和误操作等安全事件，以便及时对安全事件进行响应与处置。

具体依据《基本要求》中的"系统运维管理"。

（8）其他安全管理。

对系统运行维护过程中的其他活动，如系统变更、密码使用等进行控制和管理。

按国家密码管理部门的规定，对信息系统中密码算法和密钥的使用进行分级管理。

3．系统建设管理制定

与系统建设相关的管理制度，明确系统定级备案、方案设计、产品采购使用、软件开发、工程实施、验收交付、等级测评、安全服务等内容的管理责任部门、具体管理内容和控制方法，并按照管理制度落实各项管理措施。

具体依据《基本要求》中的"系统建设管理"内容。

5.4.3 安全自查与调整

制定安全检查制度，明确检查的内容、方式、要求等，检查各项制度、措施的落实情况，并不断完善。

定期对信息系统安全状况进行自查，第三级信息系统每年自查一次，第四级信息系统每半年自查一次。

经自查，信息系统安全状况未达到安全保护等级要求的，应当进一步开展整改。

具体依据《基本要求》中的"安全管理机构"内容，同时可以参照《信息安全技术 信息系统安全管理要求》等。

信息系统安全管理建设整改工作完成后，安全管理方面的等级测评与安全技术方面的测评工作一并进行。

5.5 安全技术措施的建设与整改

5.5.1 安全技术建设整改流程

按照国家有关规定，依据《基本要求》，参照《信息安全技术 信息系统通用安全技术要求》、《信息安全技术 信息系统等级保护安全设计技术要求》等标准规范要求，开展信息系统安全技术建设整改工作。工作流程如图5-9所示。

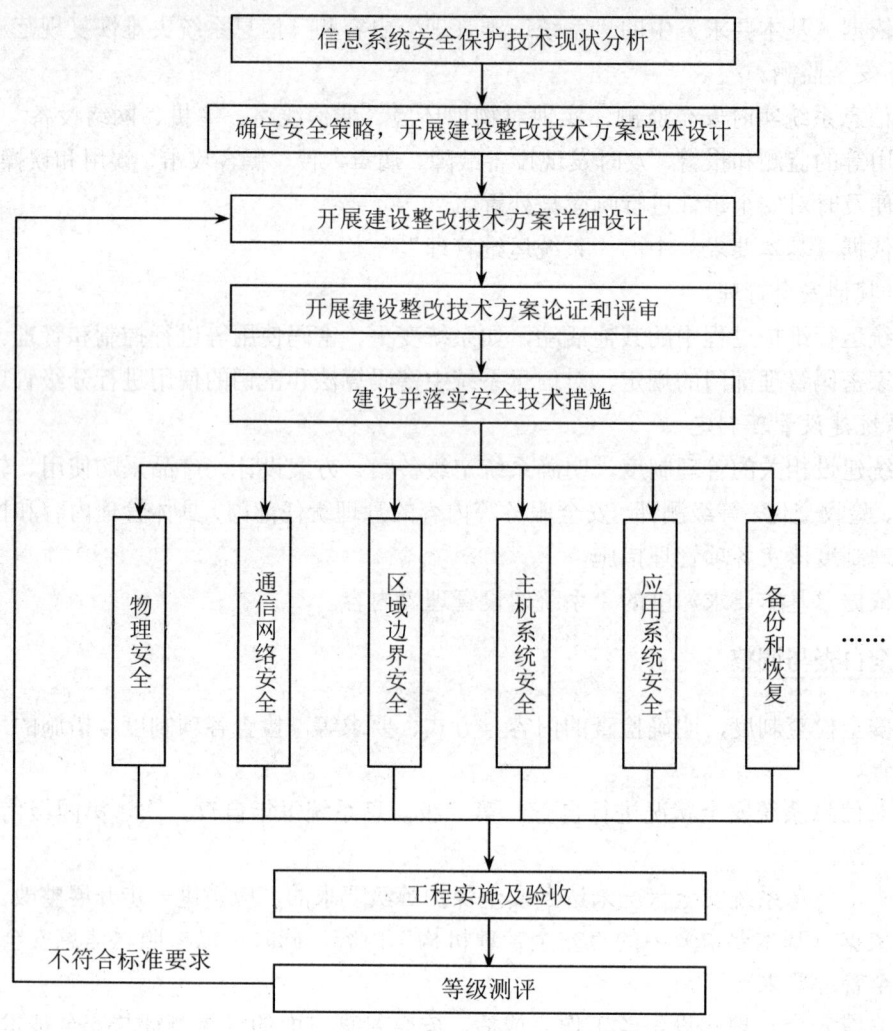

图 5-9　信息系统安全技术建设整改工作流程图

5.5.2　安全保护技术现状分析

　　了解掌握信息系统现状，分析信息系统的安全保护状况，明确信息系统安全技术建设整改需求，为安全建设整改技术方案设计提供依据。

1. 信息系统现状分析

　　了解掌握信息系统的数量和等级、所处的网络区域以及信息系统所承载的业务应用情况，分析信息系统的边界、构成和相互关联情况，分析网络结构、内部区域、区域边界以及软、硬件资源等。具体可参照《信息安全技术　信息系统安全等级保护实施指南》中"信息系统分析"的内容。

2. 信息系统安全保护技术现状分析

在开展信息系统安全技术建设整改之前，应通过开展信息系统安全保护技术现状分析，查找信息系统安全保护技术建设整改需要解决的问题，明确信息系统安全保护技术建设整改的需求。

可采取对照检查、风险评估、等级测评等方法，分析判断目前所采取的安全技术措施与等级保护标准要求之间的差距，分析系统已发生的事件或事故，分析安全技术方面存在的问题，形成安全技术建设整改的基本安全需求。在满足信息系统安全等级保护基本要求基础上，可以结合行业特点和信息系统安全保护的特殊要求，提出特殊安全需求。具体可参照《基本要求》、《信息安全技术　信息系统安全等级保护测评要求》和《信息安全技术　信息系统安全等级保护测评过程指南》等标准。

3. 安全需求论证和确定

安全需求分析工作完成后，将信息系统的安全管理需求与安全技术需求综合形成安全需求报告。组织专家对安全需求进行评审论证。

5.5.3　安全技术建设整改方案设计

在安全需求分析的基础上，开展信息系统安全建设整改方案设计，包括总体设计和详细设计，制定工程预算和工程实施计划等，为后续安全建设整改工程实施提供依据。

1. 确定安全技术策略，设计总体技术方案

（1）确定安全技术策略。

根据安全需求分析，确定安全技术策略，包括业务系统分级策略、数据信息分级策略、区域互连策略和信息流控制策略等，用以指导系统安全技术体系结构设计。

（2）设计总体技术方案。

在进行信息系统安全建设整改技术方案设计时，应以《基本要求》为基本目标，可以针对安全现状分析发现的问题进行加固改造，缺什么补什么；也可以进行总体的安全技术设计，将不同区域、不同层面的安全保护措施形成有机的安全保护体系，落实物理安全、网络安全、主机安全、应用安全和数据安全等方面基本要求，最大程度发挥安全措施的保护能力。在进行安全技术设计时，可参考《信息安全技术　信息系统等级保护安全设计技术要求》，从安全计算环境、安全区域边界、安全通信网络和安全管理中心等方面落实安全保护技术要求。

2. 安全技术方案详细设计

（1）物理安全设计。

从安全技术设施和安全技术措施两方面对信息系统所涉及到的主机房、辅助机房和办公环境等进行物理安全设计，设计内容包括防震、防雷、防火、防水、防盗窃、防破坏、温湿度控制、电力供应、电磁防护等方面。物理安全设计是对采用的安全技术设施或安全技术措施的物理部署、物理尺寸、功能指标、性能指标等内容提出具体设计参数。具体依据《基本要求》中的"物理安全"内容，同时可以参照《信息安全技术　信息系统物理安全技术要求》等。

（2）通信网络安全设计。

对信息系统所涉及的通信网络，包括骨干网络、城域网络和其他通信网络（租用线路）等进行安全设计，设计内容包括通信过程数据完整性、数据保密性、保证通信可靠性的设备和线路冗余、通信网络的网络管理等方面。通信网络安全设计涉及所需采用的安全技术机制或安全技术措施的设计，对技术实现机制、产品形态、具体部署形式、功能指标、性能指标和配置参数等提出具体设计细节。具体依据《基本要求》中"网络安全"内容，同时可以参照《信息安全技术　网络基础安全技术要求》等。

（3）区域边界安全设计。

对信息系统所涉及的区域网络边界进行安全设计，内容包括对区域网络的边界保护、区域划分、身份认证、访问控制、安全审计、入侵防范、恶意代码防范和网络设备自身保护等方面。

区域边界安全设计涉及所需采用的安全技术机制或安全技术措施的设计，对技术实现机制、产品形态、具体部署形式、功能指标、性能指标和配置策略及参数等提出具体设计细节。具体依据《基本要求》中的"网络安全"内容，同时可以参照《信息安全技术　信息系统等级保护安全设计技术要求》、《信息安全技术　网络基础安全技术要求》等。

（4）主机系统安全设计。

对信息系统涉及到的服务器和工作站进行主机系统安全设计，内容包括操作系统或数据库管理系统的选择、安装和安全配置，主机入侵防范、恶意代码防范、资源使用情况监控等。其中，安全配置细分为身份鉴别、访问控制、安全审计等方面的配置内容。具体依据《基本要求》中的"主机安全"内容，同时可以参照《信息安全技术　信息系统等级保护安全设计技术要求》、《信息安全技术　信息系统通用安全技术要求》等。

（5）应用系统安全设计。

对信息系统涉及到的应用系统软件（含应用/中间件平台）进行安全设计，设计内容包括身份鉴别、访问控制、安全标记、可信路径、安全审计、剩余信息保护、通信完整性、通信保密性、抗抵赖、软件容错和资源控制等。具体依据《基本要求》中的"应用安全"内容，同时可以参照《信息安全技术　信息系统等级保护安全设计技术要求》、《信息安全技术　信息系统通用安全技术要求》等。

（6）备份和恢复。

安全设计针对信息系统的业务数据安全和系统服务连续性进行安全设计，设计内容包括数据备份系统、备用基础设施以及相关技术设施。针对业务数据安全的数据备份系统可考虑数据备份的范围、时间间隔、实现技术与介质以及数据备份线路的速率以及相关通信设备的规格和要求；针对信息系统服务连续性的安全设计可考虑连续性保证方式（设备冗余、系统级冗余直至远程集群支持）与实现细节，包括相关的基础设施支持、冗余/集群机制的选择、硬件设备的功能/性能指标以及软硬件的部署形式与参数配置等。具体依据《基本要求》中的"数据安全和备份恢复"内容，同时可以参照《信息安全技术　信息系统灾难恢复规范》等。

3. 建设经费预算和工程实施计划

（1）建设经费预算。

根据信息系统的安全建设整改内容提出详细的经费预算，包括产品名称、型号、配置、数量、单价、总价和合计等，同时应包括集成费用、等级测评费用、服务费用和管理费用等。对于跨年度的安全建设整改或安全改建，提供分年度的经费预算。

（2）工程实施计划。

根据信息系统的安全建设整改内容提出详细的工程实施计划，包括建设内容、工程组织、阶段划分、项目分解、时间计划和进度安排等。对于跨年度的安全建设整改或安全改建，要对安全建设整改方案明确的主要安全建设整改内容进行适当的项目分解，比如分解成机房安全改造项目、网络安全建设整改项目、系统平台和应用平台安全建设整改项目等，分别制定中期和短期的实施计划，短期内主要解决目前急迫和关键的问题。

4. 方案论证和备案

将信息系统安全建设整改技术方案与安全管理体系规划共同形成安全建设整改方案。组织专家对安全建设整改方案进行评审论证，形成评审意见。第三级（含）以上信息系统安全建设整改方案应报公安机关备案，并组织实施安全建设整改工程。

5.5.4 安全建设整改工程管理

1. 安全建设整改工程实施和管理

安全建设整改工程实施的组织管理工作包括落实安全建设整改的责任部门和人员，保证建设资金足额到位，选择符合要求的安全建设整改服务商，采购符合要求的信息安全产品，管理和控制安全功能开发、集成过程的质量等方面。

按照《信息安全技术　信息系统安全工程管理要求》中有关资格保障和组织保障等要求组织管理等级保护安全建设整改工程。实施流程管理、进度规划控制和工程质量控制可参照《信息安全技术　信息系统安全工程管理要求》中第8、9、10章提出的工程实施、项目实施和安全工程流程控制要求，实现相应等级的工程目标和要求。

2. 安全工程监理和验收

为保证建设工程的安全和质量，第二级（含）以上信息系统安全建设整改工程可以实施监理。监理内容包括对工程实施前期安全性、采购外包安全性、工程实施过程安全性、系统环境安全性等方面的核查。

工程验收的内容包括全面检验工程项目所实现的安全功能、设备部署、安全配置等是否满足设计要求，工程施工质量是否达到预期指标，工程档案资料是否齐全等方面。在通过安全测评或测试的基础上，组织相应信息安全专家进行工程验收。具体参照《信息安全技术　信息系统安全工程管理要求》。

3. 安全等级测评的预算

信息系统安全建设整改完成后要进行等级测评，在工程预算中应当包括等级测评费用。

对第三级（含）以上信息系统每年要进行等级测评，并对测评费用做出预算。

思考与练习

1. 根据《信息安全技术 信息系统安全等级保护实施指南》，信息系统安全建设整改工作分五个基本步骤进行，请简述这五个基本步骤的内容？
2. 根据信息系统安全的整体结构来看，信息系统安全可从五个层面：物理、网络、主机系统、应用系统和数据及备份恢复对系统进行保护，因此，技术类安全要求也相应的分为这五个层面上的安全要求，请分别进行简述？
3. 什么是安全域？如何来划分安全域？
4. 一个完整的信息系统安全等级保护建设实施方案通常应该包含哪些内容？

6 等级保护方案设计与分析

任务描述

本章将介绍根据国家对"数字海洋"应用系统的定级要求,按照安全等级三级的标准进行方案的分析和设计的过程和方法。涵盖以下主题:
- 信息系统的安全风险与需求分析
- 安全技术体系的分析与设计
- 安全管理体系的分析与设计
- 安全运维服务的分析与设计

6.1 等级保护项目设计概述

6.1.1 项目设计要求与任务

"数字海洋"是在海洋相关科学长期积累的基础上,依托信息科学与空间技术的发展,利用天基、空基、海基、陆基等海洋数据获取更新监视监测手段,利用3S等技术,构建多分辨率、多时相、多类型的动态海洋时空数据平台,以空间位置为核心关联点,对海洋各种信息进行实时采集、有序处理、快速传递、多维显示、逼真描述的综合性数字化信息系统。

"数字海洋"是一项涵盖海洋工作所有领域的信息化系统工程,它服务于海洋综合管理和宏观决策;服务于海洋经济及社会发展;服务于海洋国土安全维护。

根据中国"数字海洋"总体构想和908-03项目建设的目标,908-03项目的建设将围绕"一个平台,一个原型,一个系统"三项任务开展具体工作。即"数字海洋"信息基础平台、"数字海洋"原型系统和海洋综合管理与服务信息系统。其中的核心是"数字海洋"数据仓库体系和原型系统。

随着海洋行业信息化进程的不断推进,各应用系统不断的建设和推广,并且逐步成为海洋行业的重要基础设施,因此信息系统安全问题已经被提到战略性高度,已引起海洋行业领导的高度关注。特别是海洋行业特殊的业务特性,它的信息对我国海洋的政治、军事、经济、科技、文化等领域产生至关重要的影响。能否有效的保护信息资源,保护信息化进程健康、有序、可持续发展,是国家的头等大事。

国家信息化领导小组为了加强对各行业信息安全保障工作的指导,制定并实行了信息安全等级保护制度,重点保护基础信息网络和重要信息系统安全,同时抓紧安全等级保护制度建设。对信息系统实行等级保护是国家法定制度和基本国策,是开展信息安全保护工作的有效办法,是信息安全保护工作的发展方向。实行信息安全等级保护的决定具有重大的现实和战略意义。

根据国家对"数字海洋"应用系统的定级要求,"数字海洋"应用系统按安全等级三级的标准进行保护。下面将按照安全等级保护制度三级的标准对"数字海洋"908项目的应用体系进行设计。

该阶段的总体目标是:根据前期调研、访谈、安全评估阶段的结果,分析"数字海洋"的现状与《信息安全技术 信息系统安全等级保护基本要求》三级要求在信息安全管理和信息安全技术方面存在的差距,并提出改进建议。

该阶段的主要任务是:根据《信息安全技术 信息系统安全等级保护基本要求》三级、GB 50174-2008《电子计算机机房设计规范》、ISO 17799 和 IATF(Information Assurance Technical Framework,信息保障技术框架)等国家及国际标准,提出"数字海洋"在信息资产保护技术方面的差距,并从信息的机密性、完整性及可用性等方面提出改进建议;根据国际标准 ISO 17799/ISO 27001 和国家等级保护三级要求,提出"数字海洋"在信息资产保护管理制度方面的缺陷,并提出改进建议。

6.1.2 等级保护的建设流程

"按需防御的等级化安全体系"是依据国家信息安全等级保护制度,根据系统在不同阶段的需求、业务特性及应用重点,采用等级化的安全体系设计方法,帮助构建一套覆盖全面、重点突出、节约成本、持续运行的等级化安全防御体系。

"等级化"设计方法是根据需要保护的信息系统确定不同的安全等级,根据安全等级确定不同等级的安全目标,形成不同等级的安全措施进行保护。等级保护的精髓思想就是"等级化"。等级保护可以把业务系统、信息资产、安全边界等进行"等级化",分而治之,从而实现信息安全等级保护的"等级保护、适度安全"思想。

整体的安全保障体系包括技术和管理两大部分,其中技术部分根据《信息安全技术 信息系统安全等级保护基本要求》分为物理安全、网络安全、主机安全、应用安全、数据安全五个方面进行建设；而管理部分根据《信息安全技术　信息系统安全等级保护基本要求》则分为安全管理制度、安全管理机构、人员安全管理、系统建设管理、系统运维管理五个方面。

整个安全保障体系各部分既有机结合，又相互支撑，之间的关系可以理解为"构建安全管理机构，制定完善的安全管理制度及安全策略，由相关人员，利用技术手段及相关工具，进行系统建设和运行维护。"

根据等级化安全保障体系的设计思路，等级保护的设计与实施可以通过以下步骤进行：

（1）系统识别与定级：确定保护对象，通过分析系统所属类型、所属信息类别、服务范围以及业务对系统的依赖程度确定系统的等级。通过此步骤充分了解系统状况，包括系统业务流程和功能模块，以及确定系统的等级，为下一步安全域设计、安全保障体系框架设计、安全要求选择以及安全措施选择提供依据。

（2）安全域设计：根据第一步的结果，通过分析系统业务流程、功能模块，根据安全域划分原则设计系统安全域架构。通过安全域设计将系统分解为多个层次，为下一步安全保障体系框架设计提供基础框架。

（3）确定安全域安全要求：参照国家相关等级保护安全要求，设计不同安全域的安全要求。通过安全域适用安全等级选择方法确定系统各区域等级，明确各安全域所需采用的安全指标。

（4）评估现状：根据各等级的安全要求确定各等级的评估内容，根据国家相关风险评估方法，对系统各层次安全域进行有针对性的等级风险评估。并找出系统安全现状与等级要求的差距，形成完整准确的按需防御的安全需求。通过等级风险评估，可以明确各层次安全域相应等级的安全差距，为下一步安全技术解决方案设计和安全管理建设提供依据。

（5）安全保障体系方案设计：根据安全域框架，设计系统各个层次的安全保障体系框架以及具体方案。包括：各层次的安全保障体系框架形成系统整体的安全保障体系框架；详细安全技术设计、安全管理设计。

（6）安全建设：根据方案设计内容逐步进行安全建设，满足方案设计要符合的安全需求，满足等级保护相应等级的基本要求，实现按需防御。

（7）持续安全运维：通过安全预警、安全监控、安全加固、安全审计、应急响应等，从事前、事中、事后三个方面进行安全运行维护，确保系统的持续安全，满足持续性按需防御的安全需求。

通过如上步骤，系统可以形成整体的等级化的安全保障体系，同时根据安全建设和安全管理建设，保障系统整体的安全。而应该特别注意的是：等级保护不是一个项目，它应该是一个不断循环的过程，所以通过整个安全项目、安全服务的实施，来保证用户等级保护的建设能够持续的运行，能够使整个系统随着环境的变化达到持续的安全。

6.1.3　建设方案参照的标准

GB/T 21052-2007　信息安全技术　信息系统物理安全技术要求

GB/T 22239-2008　信息安全技术　信息系统安全等级保护基本要求

GB/T 22240-2008	信息安全技术	信息系统安全保护等级定级指南
GB/T 25058-2010	信息安全技术	信息安全等级保护实施指南
GB/T 28449-2012	信息安全技术	信息系统安全等级保护测评过程指南
GB/T 20271-2006	信息安全技术	信息系统通用安全技术要求
GB/T 20270-2006	信息安全技术	网络基础安全技术要求
GB/T 20984-2007	信息安全技术	信息安全风险评估规范
GB/T 20269-2006	信息安全技术	信息系统安全管理要求
GB/T 20281-2006	信息安全技术	防火墙技术要求和测试评价方法
GB/T 20275-2006	信息安全技术	入侵检测系统技术要求和测试评价方法
GB/T 20278-2006	信息安全技术	网络脆弱性扫描产品技术要求
GB/T 20277-2006	信息安全技术	网络和终端设备隔离部件测试评价方法
GB/T 20279-2006	信息安全技术	网络和终端设备隔离部件安全技术要求
GB/T 20280-2006	信息安全技术	网络脆弱性扫描产品测试评价方法

……

6.1.4 安全区域框架

"数字海洋"的安全建设核心内容是将网络进行全方位的安全防护,不是对整个系统进行同一等级的保护,而是针对系统内部的不同业务区域进行不同等级的保护。因此,安全域划分是进行信息安全等级保护的首要步骤,需要通过合理的划分网络安全域,针对各自的特点而采取不同的技术及管理手段,从而构建一整套有针对性的安防体系。而选择这些措施的主要依据是按照等级保护相关的要求。

安全域是具有相同或相似安全要求和策略的 IT 要素的集合,是同一系统内根据信息的性质、使用主体、安全目标和策略等元素的不同来划分的不同逻辑子网或网络,每一个逻辑区域有相同的安全保护需求,具有相同的安全访问控制和边界控制策略,区域间具有相互信任关系,而且相同的网络安全域共享同样的安全策略。

根据确定信息系统安全保护等级的一般流程,"数字海洋"应用系统不同安全域的定级结果如表 6-1 所示。

表 6-1 数字海洋系统安全域划分及保护等级

网络区域	功能区	安全等级
业务专网	办公终端接入域	3
	网络基础设施域	3
	支撑性基础设施域	3
	服务域	3
	数据交换区(第二级)	3

6.2 系统安全风险与需求分析

6.2.1 安全技术需求分析

1. 物理安全风险与需求分析

物理安全风险主要是指网络周边的环境和物理特性引起的网络设备和线路的不可使用,从而会造成网络系统的不可使用,甚至导致整个网络的瘫痪。它是整个网络系统安全的前提和基础,只有保证了物理层的可用性,才能使得整个网络的可用性,进而提高整个网络的抗破坏力。

如机房缺乏控制,人员随意出入带来的风险;网络设备被盗、被毁坏;线路老化或是有意、无意的破坏线路;设备在非预测情况下发生故障、停电等;自然灾害如地震、水灾、火灾、雷击等;电磁干扰等。

因此,在通盘考虑安全风险时,应优先考虑物理安全风险。保证网络正常运行的前提是将物理层安全风险降到最低或是尽量考虑在非正常情况下物理层出现风险问题时的应对方案。

2. 计算环境安全风险与需求分析

计算环境的安全主要指主机以及应用层面的安全风险与需求分析,包括:身份鉴别、访问控制、系统审计、入侵防范、恶意代码防范、软件容错、数据完整性与保密性、备份与恢复、资源合理控制、剩余信息保护、抗抵赖等方面。

(1) 身份鉴别。

身份鉴别包括主机和应用两个方面。

主机操作系统登陆、数据库登陆以及应用系统登陆均必须进行身份验证。过于简单的标识符和口令容易被穷举攻击破解。同时非法用户可以通过网络进行窃听,从而获得管理员权限,可以对任何资源非法访问及越权操作。因此必须提高用户名/口令的复杂度,且防止被网络窃听,同时应考虑失败处理机制。

(2) 访问控制。

访问控制包括主机和应用两个方面。

访问控制主要为了保证用户对主机资源和应用系统资源的合法使用。非法用户可能企图假冒合法用户的身份进入系统,低权限的合法用户也可能企图执行高权限用户的操作,这些行为将给主机系统和应用系统带来很大的安全风险。用户必须拥有合法的用户标识符,在制定好的访问控制策略下进行操作,杜绝越权非法操作。

(3) 系统审计。

系统审计包括主机审计和应用审计两个方面。

对于登陆主机后的操作行为则需要进行主机审计。对于服务器和重要主机需要进行严格的行为控制,对用户的行为、使用的命令等进行必要的记录审计,便于日后的分析、调查、取证,规范主机使用行为。而对于应用系统同样提出了应用审计的要求,即对应用系统的使用行为进行审计。重点审计应用层信息，和业务系统的运转流程息息相关。系统审计能够为安全事件提供足够的信息，与身份认证与访问控制联系紧密，为相关事件提供审计记录。

（4）入侵防范。

主机操作系统面临着各类具有针对性的入侵威胁，常见操作系统存在着各种安全漏洞，并且现在漏洞被发现与漏洞被利用之间的时间差变得越来越短，这就使得操作系统本身的安全性给整个系统带来巨大的安全风险，因此对于主机操作系统的安装、使用、维护等提出了更高要求，以防范针对系统的入侵行为。

（5）恶意代码防范。

病毒、蠕虫等恶意代码是对计算环境造成危害最大的隐患，当前病毒威胁形势非常严峻，特别是蠕虫病毒的爆发，会立刻向其他子网迅速蔓延，发动网络攻击和数据窃密。大量占据正常业务十分有限的带宽，造成网络性能严重下降、服务器崩溃甚至网络通信中断、信息损坏或泄漏，严重影响正常业务开展。因此必须部署恶意代码防范软件进行防御。同时保持恶意代码库的及时更新。

（6）软件容错。

软件容错的主要目的是提供足够的冗余信息和算法程序，使系统在实际运行时能够及时发现程序设计错误，采取补救措施，以提高软件可靠性，保证整个计算机系统的正常运行。

（7）数据安全。

数据安全主要指数据的完整性与保密性。数据是信息资产的直接体现，所有的措施最终无不是为了业务数据的安全。因此数据的备份十分重要，是必须考虑的问题。应采取措施保证数据在传输过程中的完整性以及保密性。

（8）备份与恢复。

数据是信息资产的直接体现，所有的措施最终无不是为了业务数据的安全。因此数据的备份十分重要，是必须考虑的问题。对于关键数据应建立数据的备份机制，而对于网络的关键设备、线路均需进行冗余配置，备份与恢复是应对突发事件的必要措施。

（9）资源合理控制。

资源合理控制包括主机和应用两个方面。

主机系统以及应用系统的资源是有限的，不能无限滥用。系统资源必须能够为正常用户提供资源保障。否则会出现资源耗尽、服务质量下降甚至服务中断等后果。因此对于系统资源进行控制，制定包括：登陆条件限制、超时锁定、用户可用资源阈值设置等资源控制策略。

（10）剩余信息保护。

对于正常使用中的主机操作系统和数据库系统等，经常需要对用户的鉴别信息、文件、目录、数据库记录等进行临时或长期存储，在这些存储资源重新分配前，如果不对其原使用者的信息进行清除，将会引起原用户信息泄漏的安全风险，因此，需要确保系统内的用户鉴别信息文件、目录和数据库记录等资源所在的存储空间，被释放或重新分配给其他用户前得到完全清除。

对于动态管理和使用的客体资源，应在这些客体资源重新分配前，对其原使用者的信息进行清除，以确保信息不被泄漏。

（11）抗抵赖。

对于数据安全，不仅面临着机密性和完整性的问题，同样还面临着抗抵赖性（不可否认性）的问题，应采用技术手段防止用户否认其数据发送和接收行为，为数据收发双方提供证据。

3. 区域边界安全风险与需求分析

区域边界的安全主要包括：边界访问控制、边界完整性检测、边界入侵防范以及边界安全审计等方面。

（1）边界访问控制。

对于各类边界最基本的安全需求就是访问控制，对进出安全区域边界的数据信息进行控制，阻止非授权及越权访问。

（2）边界完整性检测。

边界的完整性如被破坏则所有控制规则将失去效力，因此需要对内部网络中出现的内部用户未通过准许私自连到外部网络的行为进行检查，维护边界完整性。

（3）边界入侵防范。

各类网络攻击行为既可能来自于大家公认的互联网等外部网络，在内部也同样存在。通过安全措施，要实现主动阻断针对信息系统的各种攻击，如病毒、木马、间谍软件、可疑代码、端口扫描、DoS/DDoS等，实现对网络层以及业务系统的安全防护，保护核心信息资产免受攻击危害。

（4）边界安全审计。

在安全区域边界需要建立必要的审计机制，对进出边界的各类网络行为进行记录与审计分析，可以和主机审计、应用审计以及网络审计形成多层次的审计系统，并可通过安全管理中心集中管理。

（5）边界恶意代码防范。

如今，病毒的发展呈现出以下趋势：病毒与黑客程序相结合、蠕虫病毒更加泛滥，目前计算机病毒的传播途径与过去相比已经发生了很大的变化，更多的以网络（包括 Internet、广域网、局域网）形态进行传播，因此为了安全，防护手段也需以变应变，迫切需要网关型产品在网络层面对病毒予以查杀。

4. 通信网络安全风险与需求分析

通信网络的安全主要包括：网络结构安全、网络安全审计、网络设备防护、通信完整性与保密性等方面。

（1）网络结构。

网络结构是否合理直接影响着是否能够有效的承载业务需要。因此网络结构需要具备一定的冗余性；带宽能够满足业务高峰时期数据交换需求；并合理的划分网段和 VLAN。

（2）网络安全审计。

由于用户的计算机相关的知识水平参差不齐，一旦某些安全意识薄弱的管理用户误操作，将给信息系统带来致命的破坏。没有相应的审计记录将给事后追查带来困难。有必要进行基于网络行为的审计。从而威慑那些心存侥幸、有恶意企图的少部分用户，以利于规范正常的网络应用行为。

（3）网络设备防护。

由于"数字海洋"中将会使用大量的网络设备，如交换机、防火墙、入侵检测设备等。这些设备的自身安全性也会直接关系到涉密网和各种网络应用的正常运行。如果发生网络设备被不法分子攻击，将导致设备不能正常运行。更加严重的情况是设备设置被篡改，不法分子轻松获得网络设备的控制权，通过网络设备作为跳板攻击服务器，将会造成无法想象的后果。如交换机口令泄漏、防火墙规则被篡改、入侵检测设备失灵等都将成为威胁网络系统正常运行的风险因素。

（4）通信完整性与保密性。

由于网络协议及文件格式均具有标准、开发、公开的特征，因此数据在网上存储和传输过程中，不仅仅面临信息丢失、信息重复或信息传送的自身错误，而且会遭遇信息攻击或欺诈行为，导致最终信息收发的差异性。因此，在信息传输和存储过程中，必须要确保信息内容在发送、接收及保存的一致性；并在信息遭受篡改攻击的情况下，应提供有效的察觉与发现机制，实现通信的完整性。

而数据在传输过程中，为能够抵御不良企图者采取的各种攻击，防止遭到窃取，应采用加密措施保证数据的机密性。

（5）网络可信接入。

对于一个不断发展的网络而言，为方便办公，在网络设计时保留大量的接入端口，这对于随时随地快速接入到"数字海洋"网络进行办公是非常便捷的，但同时也引入了安全风险，一旦外来用户不加阻拦的接入到网络中来，就有可能破坏网络的安全边界，使得外来用户具备对网络进行破坏的条件，由此而引入诸如蠕虫扩散、文件泄密等安全问题。因此需要对非法客户端实现禁入，能监控网络，对于没有合法认证的外来机器，能够阻断其网络访问，保护好已经建立起来的安全环境。

6.2.2 安全管理的需求分析

"三分技术、七分管理"更加突出的是管理层面在安全体系中的重要性。除了技术管理措施外，安全管理是保障安全技术手段发挥具体作用的最有效手段，建立健全安全管理体系不但是国家等级保护中的要求，也是作为一个安全体系来讲，不可或缺的重要组成部分。

安全管理体系依赖于国家相关标准、行业规范、国际安全标准等规范和标准来指导，形成可操作的体系。主要包括：安全管理制度、安全管理机构、人员安全管理、系统建设管理和系统运维管理。

根据等级保护的要求在上述方面建立一系列的管理制度与操作规范，并明确执行。

6.3 安全技术体系方案设计

6.3.1 方案设计目标

三级系统安全保护环境的设计目标是：落实《计算机信息系统安全保护等级划分准测》对三级系统的安全保护要求，在二级安全保护环境的基础上，通过实现基于安全策略模型和标记的强制访问控制以及增强系统的审计机制，使得系统具有在统一安全策略管控下，保护敏感资源的能力。

通过为满足物理安全、网络安全、主机安全、应用安全、数据安全五个方面基本技术要求进行技术体系建设；为满足安全管理制度、安全管理机构、人员安全管理、系统建设管理、系统运维管理五个方面基本管理要求进行管理体系建设。使得"数字海洋"等级保护建设方案最终既可以满足等级保护的相关要求，又能够全方面为"数字海洋"提供立体、纵深的安全保障防御体系，保证信息系统整体的安全保护能力。

6.3.2 方案设计框架

根据《信息安全技术 信息系统安全等级保护基本要求》，分为技术和管理两大类要求，具体图所示。本方案将严格根据技术与管理要求进行设计。首先应根据本级具体的基本要求设计本级系统的保护环境模型，根据《信息安全技术 信息系统等级保护安全设计技术要求》，保护环境按照安全计算环境、安全区域边界、安全通信网络和安全管理中心进行设计，内容涵盖基本要求的五个方面。同时结合管理要求，形成如图6-1所示的三级系统安全保护环境模型。

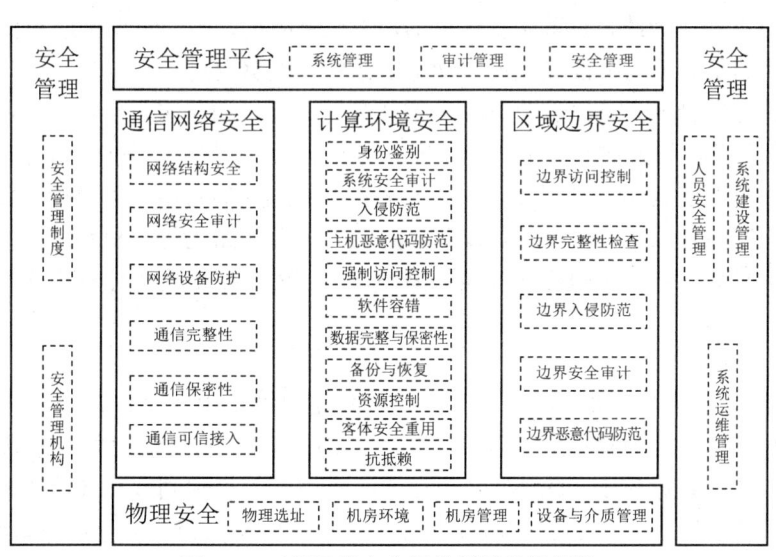

图 6-1 三级系统安全保护环境建设框架

信息系统的安全保护等级由业务信息安全性等级和系统服务保证性等级较高者决定，因此，对某一个定级后的信息系统的安全保护的侧重点可以有多种组合。对于三级保护系统，其组合为：（在 S1A3G3，S2A3G3，S3A3G3，S3A2G3，S3A1G3 选择）。以下详细方案设计时应将每个项目进行相应的组合级别说明。

6.3.3　安全技术体系设计

1. 物理安全设计

物理环境安全策略的目的是保护网络中计算机网络通信有一个良好的电磁兼容工作环境，并防止非法用户进入计算机控制室和各种偷窃、破坏活动的发生。

（1）机房选址。

机房和办公场地选择在具有防震、防风和防雨等能力的建筑内。机房场地应避免设在建筑物的高层或地下室，以及用水设备的下层或隔壁。

（2）机房管理。

机房出入口安排专人值守，控制、鉴别和记录进入的人员；需进入机房的来访人员须经过申请和审批流程，并限制和监控其活动范围；对机房划分区域进行管理，区域和区域之间设置物理隔离装置，在重要区域前设置交付或安装等过渡区域；重要区域应配置电子门禁系统，控制、鉴别和记录进入的人员。

（3）机房环境。

合理规划设备安装位置，应预留足够的空间作安装、维护及操作之用。房间装修必需使用阻燃材料，耐火等级符合国家相关标准规定。机房门大小应满足系统设备安装时运输需要。机房墙壁及天花板应进行表面处理，防止尘埃脱落，机房应安装防静电活动地板。

机房安装防雷和接地线，设置防雷保安器，防止感应雷，要求防雷接地和机房接地分别安装，且相隔一定的距离；机房设置火灾自动消防系统，能够自动检测火情、自动报警，并自动灭火；机房及相关的工作房间和辅助房应采用具有耐火等级的建筑材料；机房应采取区域隔离防火措施，将重要设备与其他设备隔离开。配备空调系统，以保持房间恒湿、恒温的工作环境；在机房供电线路上配置稳压器和过电压防护设备；提供短期的备用电力供应，满足关键设备在断电情况下的正常运行要求。设置冗余或并行的电力电缆线路为计算机系统供电；建立备用供电系统。铺设线缆要求电源线和通信线缆隔离铺设，避免互相干扰。对关键设备和磁介质实施电磁屏蔽。

（4）设备与介质管理。

为了防止无关人员和不法分子非法接近网络并使用网络中的主机盗取信息、破坏网络和主机系统、破坏网络中的数据的完整性和可用性，必须采用有效的区域监控、防盗报警系统，阻止非法用户的各种临近攻击。此外，必须制定严格的出入管理制度和环境监控制度，以保障区域监控系统和环境监控系统的有效运行。对介质进行分类标识，存储在介质库或档案室中。利用光、电等技术设置机房防盗报警系统，对机房设置监控报警系统。

2. 计算环境安全设计

（1）身份鉴别。

身份鉴别可分为主机身份鉴别和应用身份鉴别两个方面。

主机身份鉴别：为提高主机系统安全性，保障各种应用的正常运行，对主机系统需要进行一系列的加固措施。包括：对登陆操作系统和数据库系统的用户进行身份标识和鉴别，且保证用户名的唯一性；根据基本要求配置用户名/口令；口令必须具备采用 3 种以上字符、长度不少于 8 位并定期更换；启用登陆失败处理功能，登陆失败后采取结束会话、限制非法登陆次数和自动退出等措施；远程管理时应启用 SSH 等管理方式，加密管理数据，防止被网络窃听；对主机管理员登陆进行双因素认证方式，采用 USBkey+密码进行身份鉴别。

应用身份鉴别：为提高应用系统系统安全性，应用系统需要进行一系列的加固措施。包括：对登陆用户进行身份标识和鉴别，且保证用户名的唯一性；根据基本要求配置用户名/口令，且必须具备一定的复杂度，口令必须具备采用 3 种以上字符、长度不少于 8 位并定期更换；启用登陆失败处理功能，登陆失败后采取结束会话、限制非法登陆次数和自动退出等措施；应用系统如具备上述功能则需要开启使用，若不具备则需进行相应的功能开发，且使用效果要达到以上要求；对于三级系统，要求对用户进行两种或两种以上组合的鉴别技术，因此可采用双因素认证（USBkey+密码）或者构建 PKI 体系，采用 CA 证书的方式进行身份鉴别。

（2）访问控制。

三级系统一个重要要求是实现自主访问控制和强制访问控制。自主访问控制实现：在安全策略控制范围内，使用户对自己创建的客体具有各种访问操作权限，并能将这些权限的部分或全部授予其他用户；自主访问控制主体的粒度应为用户级，客体的粒度应为文件或数据库表级；自主访问操作应包括对客体的创建、读、写、修改和删除等。强制访问控制实现：在对安全管理员进行严格的身份鉴别和权限控制基础上，由安全管理员通过特定操作界面对主、客体进行安全标记；应按安全标记和强制访问控制规则，对确定主体访问客体的操作进行控制；强制访问控制主体的粒度应为用户级，客体的粒度应为文件或数据库表级。

由此主要控制的是对应用系统的文件、数据库等资源的访问，避免越权非法使用。采用的措施主要包括：启用访问控制功能，制定严格的访问控制安全策略，根据策略控制用户对应用系统的访问，特别是文件操作、数据库访问等，控制粒度主体为用户级、客体为文件或数据库表级。

权限控制：对于制定的访问控制规则要能清楚地覆盖资源访问相关的主体、客体及它们之间的操作。对于不同的用户授权原则是进行能够完成工作的最小化授权,避免授权范围过大，并在它们之间形成相互制约的关系。

账号管理：严格限制默认账户的访问权限，重命名默认账户，修改默认口令；及时删除多余的、过期的账户，避免共享账户的存在。

访问控制的实现主要采取两种方式：采用安全操作系统，或对操作系统进行安全增强改造，且使用效果要达到以上要求。

(3) 系统安全审计。

系统安全审计包含主机审计和应用审计两个层面。

主机审计：部署终端安全管理系统，启用主机审计功能，或部署主机审计系统，实现对主机监控、审计和系统管理等功能。

监控功能包括服务监控、进程监控、硬件操作监控、文件系统监控、打印机监控、非法外联监控、计算机用户账号监控等。

审计功能包括文件操作审计、外挂设备操作审计、非法外联审计、IP 地址更改审计、服务与进程审计等。审计范围覆盖到服务器上的每个操作系统用户和数据库用户；内容包括重要用户行为、系统资源的异常使用和重要系统命令的使用等系统内重要的安全相关事件；审计记录包括事件的日期、时间、类型、主体标识、客体标识和结果等；保护审计记录，避免受到未预期的删除、修改或覆盖等。同时，根据记录的数据进行统计分析，生成详细的审计报表。

系统管理功能包括系统用户管理、主机监控代理状态监控、安全策略管理、主机监控代理升级管理、计算机注册管理、实时报警、历史信息查询、统计与报表等。

应用审计：应用层安全审计是对业务应用系统行为的审计，需要与应用系统紧密结合，此审计功能应与应用系统统一开发。

应用系统审计功能记录系统重要安全事件的日期、时间、发起者信息、类型、描述和结果等，并保护好审计结果，阻止非法删除、修改或覆盖审计记录。同时能够对记录数据进行统计、查询、分析及生成审计报表。

部署数据库审计系统对用户行为、用户事件及系统状态加以审计，范围覆盖到每个用户，从而把握数据库系统的整体安全。

应用系统如具备上述功能则需要开启使用，若不具备则需进行相应的功能开发，且使用效果要达到以上要求。

(4) 入侵防范。

针对入侵防范主要体现在主机及网络两个层面。

针对主机的入侵防范，可以从多个角度进行处理：入侵检测系统可以起到防范针对主机的入侵行为；部署漏洞扫描进行系统安全性检测；部署终端安全管理系统，开启补丁分发功能模块及时进行系统补丁升级；操作系统的安装遵循最小安装的原则，仅安装需要的组件和应用程序，关闭多余服务等；另外根据系统类型进行其他安全配置的加固处理。

针对网络入侵防范，可通过部署网络入侵检测系统来实现。将网络入侵检测系统位于有敏感数据需要保护的网络上，通过实时侦听网络数据流，寻找网络违规模式和未授权的网络访问尝试。当发现网络违规行为和未授权的网络访问时，网络监控系统能够根据系统安全策略做出反应，包括实时报警、事件登陆，或执行用户自定义的安全策略等。

入侵检测系统可以部署在"数字海洋"的核心处以及主要服务器区，这里我们建议在这些区域的交换机上部署入侵检测系统，监视并记录网络中的所有访问行为和操作，有效防止非法操作和恶意攻击。同时，入侵检测系统还可以形象地重现操作的过程，可帮助安全管理员发现网络安全的隐患。

需要说明的是，IDS 是对防火墙非常有必要的附加，而不仅仅是简单的补充。入侵检测系统作为网络安全体系的第二道防线，对在防火墙系统阻断攻击失败时，可以最大限度地减少相应的损失。因此，IDS 应具备更多的检测能力，能够和其他安全产品（边界防火墙、内网安全管理软件等）进行联动。

（5）主机恶意代码防范。

各类恶意代码尤其是病毒、木马等是对"数字海洋"的重大危害，病毒在爆发时将使路由器、3 层交换机、防火墙等网关设备性能急速下降，并且占用整个网络带宽。

针对病毒的风险，我们建议重点是将病毒消灭或封堵在终端这个源头上。在所有终端主机和服务器上部署网络防病毒系统，加强终端主机的病毒防护能力并及时升级恶意代码软件版本以及恶意代码库。

在"数字海洋"安全管理安全域中，可以部署防病毒服务器，负责制定终端主机防病毒策略，在"数字海洋"内网建立全网统一的一级升级服务器，在下级节点建立二级升级服务器，由管理中心升级服务器通过互联网或手工方式获得最新的病毒特征库，分发到数据中心节点的各个终端，并下发到各二级服务器。在网络边界通过防火墙进行基于通信端口、带宽、连接数量的过滤控制，可以在一定程度上避免蠕虫病毒爆发时的大流量冲击。同时，防毒系统可以为安全管理平台提供关于病毒威胁和事件的监控、审计日志，为全网的病毒防护管理提供必要的信息。

（6）软件容错。

软件容错的主要目的是提供足够的冗余信息和算法程序，使系统在实际运行时能够及时发现程序设计错误，采取补救措施，以提高软件可靠性，保证整个计算机系统的正常运行。因此在应用系统软件设计时要充分考虑软件容错设计，包括：提供数据有效性检验功能，保证通过人机接口输入或通过通信接口输入的数据格式或长度符合系统设定要求；具备自保护功能，在故障发生时，应用系统应能够自动保存当前所有状态，确保系统能够进行恢复。

（7）数据完整性与保密性。

目前，"数字海洋"中传输的信息主要是"数字海洋"类型的数据，对信息完整性校验提出了一定的需求。

在应用系统中，将采用消息摘要机制来确保完整性校验，其方法是：发送方使用散列函数（如 SHA、MD5 等）对要发送的信息进行摘要计算，得到信息的鉴别码，连同信息一起发送给接收方，将信息与信息摘要进行打包后插入身份鉴别标识，发送给接收方。接收方接收到信息后，首先确认发送方的身份信息，解包后，重新计算，将得到的鉴别码与收到的鉴别码进行比较，若二者相同，则可以判定信息未被篡改，信息完整性没有受到破坏。通过上述方法，可以满足应用系统对于信息完整性校验的需求。而对于用户数据特别是身份鉴别信息的数据保密，应用系统采用密码技术进行数据加密，实现鉴别信息的存储保密性。

在传输过程中主要依靠 VPN 系统可以来保障数据包的数据完整性、保密性、可用性。目前 VPN 的组建主要采用两种方式，基于 IPSec 协议的 VPN 以及基于 SSL 协议的 VPN。IPSec VPN 适用于组建 site-to-site 形态的虚拟专有网络，IPSec 协议提供的安全服务包括：

保密性——IPSec 在传输数据包之前将其加密，以保证数据的保密性。

完整性——IPSec 在目的地要验证数据包，以保证该数据包在传输过程中没有被修改或替换。完整性校验是 IPSec VPN 重要的功能之一。

真实性——IPSec 端要验证所有受 IPSec 保护的数据包。

防重放——IPSec 防止了数据包被捕捉并重新投放到网上，即目的地会拒绝老的或重复的数据包，它通过报文的序列号实现。

SSL VPN 适用于远程接入环境，例如：移动办公接入。它和 IPSec VPN 适用于不同的应用场景，可配合使用。

SSL 的英文全称是"Secure Sockets Layer"，中文名为"安全套接层"，它是网景（Netscape）公司提出的基于 Web 应用的安全协议。SSL 协议指定了一种在应用程序协议（如 HTTP、Telnet、NMTP 和 FTP 等）和 TCP/IP 协议之间提供数据安全性分层的机制，它为 TCP/IP 连接提供数据加密、服务器认证、消息完整性以及可选的客户机认证。

SSL 与 IPSec 安全协议一样，也可提供加密和身份验证安全方法，因此安全性上二者无明显差别。SSL VPN 使用 SSL/HTTPS 技术作为安全传输机制。这种机制在所有的标准 Web 浏览器上都有，不用额外的软件实现。使用 SSL VPN 在移动用户和内部资源之间的连接通过应用层的 Web 连接实现，而不是像 IPSec VPN 在网络层开放的"通道"。SSL 对移动用户是理想的技术，因为 SSL 无需被加载到终端设备上；SSL 无需终端用户配置；SSL 无需被限于固定终端，只要有标准浏览器即可使用。

产品部署方面，SSL VPN 只需单臂旁路方式接入。单臂旁路接入不改变原有网络结构和网路配置，不增加故障点，部署简单灵活，同时提供完整的 SSL VPN 服务。远程用户只需应用标准 IE 浏览器即可登陆网关，通过身份鉴别，在基于角色的策略控制下实现对企业内部资源的存取访问。远程移动用户只需打开标准 IE 浏览器，登陆 SSL VPN 网关，经过用户认证后即可根据分配给该用户的相应策略进行相关业务系统的访问。

（8）备份与恢复。

备份与恢复主要包含两方面内容，首先是指数据备份与恢复，另外一方面是关键网络设备、线路以及服务器等硬件设备的冗余。

数据是最重要的系统资源。数据丢失将会使系统无法连续正常工作。数据错误则将意味着不准确的事务处理。可靠的系统要求能立即访问准确信息。将综合存储战略作为计算机信息系统基础设施的一部分，不再是一种选择，而已成为必然的趋势。

数据备份系统应该遵循稳定性、全面性、自动化、高性能、操作简单、实时性等原则。备份系统先进的特性可提供增强的性能，易于管理，广泛的设备兼容性和较高的可靠性，以保证数据完整性。广泛的选件和代理能将数据保护扩展到整个系统，并提供增强的功能，其中包括联机备份应用系统和数据文件，先进的设备和介质管理，快速、顺利的灾难恢复以及对光纤通道存储区域网（SAN）的支持等。

本地完全数据备份至少每天一次，且备份介质需要场外存放。提供异地数据备份功能，利用通信网络将关键数据定时批量传送至异地备用场地。对于核心交换设备、外部接入链路以及系统服务器进行双机、双线的冗余设计，保障从网络结构、硬件配置上满足不间断系统运行的需要。

（9）资源控制。

为保证"数字海洋"的应用系统正常的为用户提供服务，必须进行资源控制，否则会出现资源耗尽、服务质量下降甚至服务中断等后果。通过对应用系统进行开发或配置来达到控制的目标，包括如下几点。

会话自动结束：当应用系统的通信双方中的一方在一段时间内未作任何响应，另一方应能够及时检测并自动结束会话，释放资源。

会话限制：对应用系统的最大并发会话连接数进行限制，对一个时间段内可能的并发会话连接数进行限制，同时对单个账户的多重并发会话进行限制，设定相关阈值，保证系统可用性。

登陆条件限制：通过设定终端接入方式、网络地址范围等条件限制终端登陆。

超时锁定：根据安全策略设置登陆终端的操作超时锁定。

用户可用资源阈值：限制单个用户对系统资源的最大或最小使用限度，保障正常合理的资源占用。对重要服务器的资源进行监视，包括 CPU、硬盘、内存等。对系统的服务水平降低到预先规定的最小值时，进行检测和报警。

提供服务优先级设定功能，并在安装后根据安全策略设定访问账户或请求进程的优先级，根据优先级分配系统资源。

应用系统如具备上述功能则需要开启使用，若不具备则需进行相应的功能开发，且使用效果要达到以上要求。

（10）客体安全重用。

为实现客体的安全重用，及时清除剩余信息存储空间，应通过对操作系统及数据库系统进行安全加固配置，使得操作系统和数据库系统具备及时清除剩余信息的功能，从而保证用户的鉴别信息、文件、目录、数据库记录等敏感信息所在的存储空间（内存、硬盘）被及时释放或再分配给其他用户前得到完全清除。

（11）抗抵赖。

解决系统抗抵赖特性最有效的方法就是采用数字签名技术，通过数字签名及签名验证技术，可以判断数据的发送方是真实存在的用户。数字签名是不对称加密算法的典型应用。数字签名的应用过程是，数据源发送方使用自己的私钥对数据校验或其他与数据内容有关的变量进行加密处理，完成对数据的合法"签名"，数据接收方则利用对方的公钥来解读收到的"数字签名"，并将解读结果用于对数据完整性的检验，以确认签名的合法性，同时通过对签名的验证，可以判断数据在传输过程中是否被更改。从而，可以实现数据的发送方不能对发送的数据进行抵赖，发送的数据是完整的，实现系统的抗抵赖性和完整性需求。

PKI 体系具备了完善的数字签名功能。因此部署 PKI 体系可解决抗抵赖的问题，同时提供身份鉴别和访问控制。

3. 区域边界安全设计

（1）边界访问控制。

通过对"数字海洋"的边界风险与需求分析，在网络层进行访问控制需部署防火墙产品，可以对所有流经防火墙的数据包按照严格的安全规则进行过滤，将所有不安全的或不符合安全规则的数据包屏蔽，杜绝越权访问，防止各类非法攻击行为。同时可以和内网安全管理系统、网络入侵检测系统等进行安全联动，为网络创造全面纵深的安全防御体系。

在各安全域边界部署防火墙产品，部署效果如下所示。

1）网络安全的基础屏障。

防火墙能极大地提高一个内部网络的安全性，并通过过滤不安全的服务而降低风险。由于只有经过精心选择的应用协议才能通过防火墙，所以网络环境变得更安全。防火墙同时可以保护网络免受基于路由的攻击，如 IP 选项中的源路由攻击和 ICMP 重定向中的重定向路径。防火墙可以拒绝所有以上类型攻击的报文并通知防火墙管理员。

2）强化网络安全策略。

通过以防火墙为中心的安全方案配置，能将所有安全软件（如口令、加密、身份认证、审计等）配置在防火墙上。与将网络安全问题分散到各个主机上相比，防火墙的集中安全管理更经济。如在网络访问时，一次一密口令系统和其他的身份认证系统完全可以不必分散在各个主机上，而集中在防火墙一身上。

3）对网络存取和访问进行监控审计。

如果所有的访问都经过防火墙，那么，防火墙就能记录下这些访问并作出日志记录，同时也能提供网络使用情况的统计数据。当发生可疑动作时，防火墙能进行适当的报警，并提供网络是否受到监测和攻击的详细信息。另外，收集一个网络的使用和误用情况也是非常重要的，首先可以清楚防火墙是否能够抵挡攻击者的探测和攻击，并且清楚防火墙的控制是否充足。而网络使用统计对网络需求分析和威胁分析等而言也是非常重要的。

4）防止内部信息的外泄。

通过利用防火墙对内部网络的划分，可实现内部网重点网段的隔离，从而限制了局部重点或敏感网络安全问题对全局网络造成的影响。其次，隐私是内部网络非常关心的问题，一个内部网络中不引人注意的细节可能包含有关安全的线索而引起外部攻击者的兴趣，甚至因此而曝露了内部网络的某些安全漏洞。使用防火墙就可以隐蔽那些透漏内部细节的（如 Finger, DNS 等）服务。

5）精确流量管理。

通过部署防火墙设备，不仅可以实现精准访问控制与边界隔离防护，还能实现阻止由于病毒或者 P2P 软件引起的异常流量，进行精确的流量控制等。对各级节点安全域实现全面的边界防护，严格控制节点之间的网络数据流。

（2）边界完整性检查。

边界完整性检查的核心是要对内部网络中出现的内部用户未通过准许，私自联到外部网络的行为进行检查，通过部署终端安全管理系统可以实现这一目标。

终端安全管理系统中一个重要功能模块就是非法外联控制，探测内部网中非法联接互联网的计算机。非法外联监控主要解决发现和管理用户非法自行建立通路连接非授权网络的行为。通过非法外联监控的管理，可以防止用户访问非信任网络资源，并防止由于访问非信任网络资源而引入安全风险或者导致信息泄密。

1）终端非法外联行为监控。

可以发现终端试图访问非授信网络资源的行为，如试图与没有通过系统授权许可的终端进行通信，自行试图通过拨号连接互联网等行为。对于发现的非法外联行为，可以记录日志并产生报警信息。

2）终端非法外联行为管理。

可以禁止终端与没有通过系统授权许可的终端进行通信，禁止拨号上网行为。

（3）边界入侵防范。

在各区域边界，防火墙起到了协议过滤的主要作用，根据安全策略防火墙偏重在网络层判断数据包的合法流动，但面对越来越广泛的基于应用层内容的攻击行为，防火墙并不擅长处理应用层数据。

在网络边界和主要服务器区安全域均已经设计部署了防火墙，对每个安全域进行严格的访问控制。鉴于以上对防火墙核心作用的分析，需要其他具备检测新型混合攻击和防护能力的设备和防火墙配合，共同防御来自应用层到网络层的多种攻击类型，建立一整套的安全防护体系，进行多层次、多手段的检测和防护。入侵防护系统（IPS）就是安全防护体系中重要的一环，它能够及时识别网络中发生的入侵行为并实时报警并且进行有效拦截防护。

IPS是继"防火墙"、"信息加密"等传统安全保护方法之后的新一代安全保障技术。它监视计算机系统或网络中发生的事件，并对它们进行分析，以寻找危及信息的机密性、完整性、可用性或试图绕过安全机制的入侵行为进行有效拦截。IPS 就是自动执行这种监视和分析过程，并且执行阻断的硬件产品。

将 IPS 串接在防火墙后面，在防火墙进行访问控制，保证了访问的合法性之后，IPS 动态的进行入侵行为的保护，对访问状态进行检测、对通信协议和应用协议进行检测、对内容进行深度的检测。阻断来自内部的数据攻击以及垃圾数据流的泛滥。

对于互联网边界，UTM 需提供完整的上网行为管理功能，可针对内网对于外网的存取应用进行管理。可辨识多种类别如 IM / VoIP / P2P / FTP 等已知的网络应用软件，进而根据多种条件如 IP 群组、VLAN ID 等范围条件制定各种不同的管理策略，限制内网用户使用诸如：IM 软件、P2P 软件、在线游戏等互联网应用，通过技术手段规范上网行为，防止带宽滥用，阻止内网泄密。

由于 IPS 对访问进行深度的检测，因此，IPS 产品需要通过先进的硬件架构、软件架构和处理引擎对处理能力进行充分保证。

（4）边界安全审计。

各安全区域边界已经部署了相应的安全设备，负责进行区域边界的安全。对于流经各主要边界（重要服务器区域、外部连接边界）需要设置必要的审计机制，进行数据监视并记录各类操作，通过审计分析能够发现跨区域的安全威胁，实时地综合分析出网络中发生的安全事件。一般可采取开启边界安全设备的审计功能模块，根据审计策略进行数据的日志记录与审计。同时审计信息要通过安全管理中心进行统一集中管理，为安全管理中心提供必要的边界安全审计数据，利于管理中心进行全局管控。边界安全审计和主机审计、应用审计、网络审计等一起构成完整的、多层次的审计系统。

（5）边界恶意代码防范。

一个完善的安全体系应该包含了从桌面到服务器、从内部用户到网络边界的全面地解决方案，以抵御来自黑客和病毒的威胁。

在"数字海洋"网络边界部署防病毒网关，采用透明接入方式，在最接近病毒发生源安全边界处进行集中防护，对夹杂在网络交换数据中的各类网络病毒进行过滤，可以对网络病毒、蠕虫、混合攻击、端口扫描、间谍软件、P2P 软件带宽滥用等各种广义病毒进行全面的拦截。阻止病毒通过网络的快速扩散，将经网络传播的病毒阻挡在外，可以有效防止病毒从其他区域传播到内部其他安全域中。通过部署 AV 防病毒网关，截断病毒通过网络传播的途径，净化网络流量。

部署的防病毒网关应特别注意设备性能，产品必须具备良好的体系架构保证性能，能够灵活的进行网络部署。同时为达到最佳防毒效果，AV 防病毒网关设备和桌面防病毒软件应为不同的厂家产品，两类病毒防护产品共同组成"数字海洋"的立体病毒防护体系。

为能达到最好的防护效果，病毒库及时升级至最新版本至关重要。对于能够与互联网实现连接的网络，应对病毒库升级进行准确配置；对与不能与互联网进行连接的网络环境，需采取手动下载升级包的方式进行手动升级。

4. 通信网络安全设计

（1）网络结构安全。

网络结构的安全是网络安全的前提和基础，对于"数字海洋"，选用主要网络设备时需要考虑业务处理能力的高峰数据流量，要考虑冗余空间满足业务高峰期需要；网络各个部分的带宽要保证接入网络和核心网络满足业务高峰期需要；按照业务系统服务的重要次序定义带宽分配的优先级，在网络拥堵时优先保障重要主机；合理规划路由、业务终端与业务服务器之间建立安全路径；绘制与当前运行情况相符的网络拓扑结构图；根据各部门的工作职能、重要性和所涉及信息的重要程度等因素，划分不同的网段或 VLAN。保存有重要业务系统及数据的重要网段不能直接与外部系统连接，需要和其他网段隔离，单独划分区域。

(2) 网络安全审计。

网络安全审计系统主要用于监视并记录网络中的各类操作，侦察系统中存在的现有和潜在的威胁，实时地综合分析出网络中发生的安全事件，包括各种外部事件和内部事件。

在"数字海洋"交换机处并接部署网络行为监控与审计系统，形成对全网网络数据的流量监测并进行相应安全审计，同时和其他网络安全设备共同为集中安全管理提供监控数据用于分析及检测。

网络行为监控和审计系统将独立的网络传感器硬件组件连接到网络中的数据会聚点设备上，对网络中的数据包进行分析、匹配、统计，通过特定的协议算法，从而实现入侵检测、信息还原等网络审计功能，根据记录生成详细的审计报表。

网络行为监控和审计系统采用旁路技术，不用在目标主机中安装任何组件。同时网络审计系统可以与其他网络安全设备进行联动，将各自的监控记录送往安全管理安全域中的安全管理服务器，集中对网络异常、攻击和病毒进行分析和检测。

(3) 网络设备防护。

为提高网络设备的自身安全性，保障各种网络应用的正常运行，对网络设备需要进行一系列的加固措施，包括：对登陆网络设备的用户进行身份鉴别，用户名必须唯一；对网络设备的管理员登陆地址进行限制；身份鉴别信息具有不易被冒用的特点，口令设置需 3 种以上字符、长度不少于 8 位，并定期更换；具有登陆失败处理功能，失败后采取结束会话、限制非法登陆次数和当网络登陆连接超时自动退出等措施；启用 SSH 等管理方式，加密管理数据，防止被网络窃听。

对于鉴别手段，三级要求采用两种或两种以上组合的鉴别技术，因此需采用 USBkey +密码进行身份鉴别，保证对网络设备进行管理维护的合法性。

(4) 通信完整性。

信息的完整性设计包括信息传输的完整性校验以及信息存储的完整性校验。

对于信息传输和存储的完整性校验可以采用的技术包括校验码技术、消息鉴别码、密码校验函数、散列函数、数字签名等。

对于信息传输的完整性校验应由传输加密系统完成。部署 VPN 系统保证远程数据传输的数据完整性。对于信息存储的完整性校验应由应用系统和数据库系统完成。

(5) 通信保密性。

应用层的通信保密性主要由应用系统完成。在通信双方建立连接之前，应用系统应利用密码技术进行会话初始化验证；并对通信过程中的敏感信息字段进行加密。

对于信息传输的通信保密性应由传输加密系统完成。部署 VPN 系统保证远程数据传输的数据机密性。

(6) 网络可信接入。

为保证网络边界的完整性，不仅需要进行非法外联行为的识别，同时还要对非法接入进行监控与阻断，形成网络可信接入，共同维护边界完整性。通过部署终端安全管理系统可以实现这一目标。

终端安全管理系统其中一个重要功能模块就是网络准入控制，启用网络阻断方式包括 ARP 干扰、802.1x 协议联动等。监测内部网中发生的外来主机非法接入、篡改 IP 地址、盗用 IP 地址等不法行为，由监测控制台进行告警。运用用户信息和主机信息匹配方式实时发现接入主机的合法性，及时阻止 IP 地址的篡改和盗用行为。共同保证"数字海洋"的边界完整性。具体内容如下：

1) 在线主机监测。

可以通过监听和主动探测等方式检测系统中所有在线的主机，并判别在线主机是否是经过系统授权认证的信任主机。

2) 主机授权认证。

可以通过在线主机是否安装客户端代理程序，并结合客户端代理报告的主机补丁安装情况，防病毒程序安装和工作情况等信息，进行网络的授权认证，只允许通过授权认证的主机使用网络资源。

3) 非法主机网络阻断。

对于探测到的非法主机，系统可以主动阻止其访问任何网络资源，从而保证非法主机不对网络产生影响，无法有意或无意的对网络攻击或者试图窃密。

4) 网络白名单策略管理。

可生成默认的合法主机列表，根据是否安装安全管理客户端或者是否执行安全策略，来过滤合法主机列表，快速实现合法主机列表的生成。同时允许管理员设置白名单例外列表，允许例外列表的主机不安装客户端但是仍然授予网络使用权限，并根据需要授予可以和其他授权认证过的主机通信的权限或者允许和任意主机通信的权限。

5) IP 和 MAC 绑定管理。

可以将终端的 IP 和 MAC 地址绑定，禁止用户修改自身的 IP 和 MAC 地址，并在用户试图更改 IP 和 MAC 地址时，产生相应的报警信息。

5. 安全管理中心设计

由于"数字海洋"覆盖面广，用户众多，技术人员水平不一。为了能准确了解系统的运行状态、设备的运行情况，统一部署安全策略，应进行安全管理中心的设计。根据要求，应在系统管理、审计管理和安全管理几个大方面进行建设。

在安全管理安全域中建立安全管理中心，是有效帮助管理人员实施好安全措施的重要保障，是实现业务稳定运行、长治久安的基础。通过安全管理中心的建设，真正实现安全技术层面和管理层面的结合，全面提升用户网络的信息安全保障能力。

（1）系统管理。

通过系统管理员对系统的资源和运行进行配置、控制和管理，包括以下几个方面。

用户身份管理：统一管理系统用户身份，按照业务上分工的不同，合理地把相关人员划分为不同的类别或者组，以及不同的角色对模块的访问权限。权限设置可按角色划分，角色分为普通用户、系统管理员、安全管理员、审计管理员等。

系统资源配置与监控：进行系统资源配置管理与监控，包括CPU负载、磁盘使用情况、服务器内存、数据库的空间、数据库日志空间、SWAP使用情况等，通过配置采样时间，定时检测。

系统加载和启动：进行系统启动初始化管理，保障系统的正常加载和启动。

系统运行的异常监控：系统资源和设备受到攻击或运行异常时，会以告警等信息方式通知管理员。安全管理平台可提供多种自动处理机制，协助用户监控最新告警，全方位掌控网络异常和攻击。

数据备份与恢复：数据的定期备份与恢复管理识别需要定期备份的重要业务信息、系统数据及软件系统，规定备份信息的备份方式、备份频度、存储介质、保存期等；根据数据的重要性及其对系统运行的影响，制定数据的备份策略和恢复策略，定期执行备份与恢复策略。

恶意代码防范管理：建立恶意代码管理中心，进行防恶意代码软件的统一管理，并根据情况建立二级管理中心。恶意代码管理中心实现：杀毒策略统一集中配置；自动并强制进行恶意代码库升级；定制统一客户端策略并强制执行；进行集中病毒报警等。

系统补丁管理：集中进行补丁管理，定期统一进行系统补丁安装。注意应首先在测试环境中测试通过，并对重要文件进行备份后，方可实施系统补丁程序的安装。

系统管理员身份认证与审计：对系统管理员进行严格的身份鉴别，只允许其通过特定的命令或操作界面进行系统管理操作，并对这些操作进行审计。

（2）审计管理。

通过安全审计员对分布在系统各个组成部分的安全审计机制进行集中管理，包括：根据安全审计策略对审计记录进行分类；提供按时间段开启和关闭相应类型的安全审计机制；对各类审计记录进行存储、管理和查询等；对安全审计员进行严格的身份鉴别，并只允许其通过特定的命令或界面进行安全审计操作。

具体集中审计内容包括：

1）日志监视。

实时监视接收到的事件的状况，如最近日志列表、系统风险状况等；监控事件状况的同时也可以监控设备运行参数，以配合确定设备及网络的状态；日志监视支持以图形化方式实时监控日志流量、系统风险等变化趋势。

2）日志管理。

日志管理实现对多种日志格式的统一管理。通过SNMP、SYSLOG或者其他的日志接口采集管理对象的日志信息，转换为统一的日志格式，再统一管理、分析、报警；自动完成日志数据的格式解析和分类；提供日志数据的存储、备份、恢复、删除、导入和导出操作等功能。日志管理支持分布式日志级联管理，下级管理中心的日志数据可以发送到上级管理中心进行集中管理。

3）审计分析。

集中审计可综合各种安全设备的安全事件，以统一的审计结果向用户提供可定制的报表，全面反映网络安全总体状况，重点突出，简单易懂。

系统支持对包过滤日志、代理日志、入侵攻击事件、病毒入侵事件等十几种日志进行统计分析并生成分析报表；支持按照设备运行状况、设备管理操作对安全设备管理信息统计分析；支持基于多种条件的统计分析，包括：对访问流量、入侵攻击、邮件过滤日志、源地址、用户对网络访问控制日志等。对于入侵攻击日志，可按照入侵攻击事件、源地址、被攻击主机进行统计分析，生成各类趋势分析图表。

系统可以生成多种形式的审计报表，报表支持表格和多种图形表现形式；用户可以通过 IE 浏览器访问，导出审计结果。可设定定时生成日志统计报表，并自动保存以备审阅或自动通过邮件发送给指定收件人，实现对安全审计的流程化处理。

（3）安全管理。

安全管理将集中进行系统安全监测，并为安全计算环境、安全区域边界、安全通信网络配置统一的安全策略。对全网的安全设备、安全事件、安全策略、安全运维进行统一集中的监控、调度、预警和管理。集中安全管理平台针对每个安全域的设备提供灵活的策略制定和管理，实现本安全域内的信息收集和处理。同时，在安全管理安全域中部署设备管理系统服务器和控制台，通过与各事件服务器组件或安全设备通信，实现整个网络的全局管理。

管理员在安全管理安全域的控制台上，可以集中的对设备的报警策略进行指定和下发，同时，监视可处理报警信息。而对于安全管理员将进行严格的身份鉴别，并只允许其通过特定的命令或操作界面进行安全管理操作，并进行审计。安全管理平台可以以拓扑图的方式来直观清晰地显示设备关键属性和运行状态。同时，可以根据用户需要记录一段时间内的设备关键信息，在设备出现问题时，可以回放这一时间段内的信息记录，系统以曲线图形式给出关键信息的变动情况协助定位问题，同时根据状态变动曲线，可以为系统未来运行状态变化趋势提供参考。此外，管理员还可以通过控制台集中制定安全策略并下发到设备中，并可以统一的对设备进行升级。

通过部署集中安全管理平台实现：安全策略的集中部署、安全事件的深度感知、安全事件的关联分析、安全威胁的协同响应。通过部署集中安全管理平台，提高安全管理的效率，保障网络的安全运行。同时鉴于整体网络的复杂性，安全管理平台可以根据实际用户环境进行定制开发。

6.4 安全管理体系的设计

安全体系管理层面设计主要是依据《信息安全技术 信息系统安全等级保护基本要求》中的管理要求而设计。分别从以下方面进行设计。

6.4.1 安全管理制度

根据安全管理制度的基本要求制定各类管理规定、管理办法和暂行规定。从安全策略主文档中规定安全各个方面所应遵守的原则方法和指导性策略引出的具体管理规定、管理办法和实施办法，是具有可操作性，且必须得到有效推行和实施的制度。

制定严格的制定与发布流程、方式、范围等，制度需要统一格式并进行有效版本控制；发布方式需要正式、有效并注明发布范围，对收发文进行登记。

信息安全领导小组负责定期组织相关部门和相关人员对安全管理制度体系的合理性和适用性进行审定，定期或不定期对安全管理制度进行评审和修订，修订不足及进行改进。

6.4.2 安全管理机构

根据基本要求设置安全管理机构的组织形式和运作方式，明确岗位职责。

设置安全管理岗位，设立系统管理员、网络管理员、安全管理员等岗位，根据要求进行人员配备，配备专职安全员；成立指导和管理信息安全工作的委员会或领导小组，其最高领导由单位主管领导委任或授权；制定文件明确安全管理机构各个部门和岗位的职责、分工和技能要求。

建立授权与审批制度；建立内外部沟通合作渠道；定期进行全面安全检查，特别是系统日常运行、系统漏洞和数据备份等。

6.4.3 人员安全管理

根据基本要求制定人员录用、离岗、考核、培训几个方面的规定，并严格执行；规定外部人员访问流程，并严格执行。

6.4.4 系统建设管理

根据基本要求制定系统建设管理制度，包括：系统定级、安全方案设计、产品采购和使用、自行软件开发、外包软件开发、工程实施、测试验收、系统交付、系统备案、等级评测、安全服务商选择等方面。从工程实施的前、中、后三个方面，从初始定级设计到验收评测完整的工程周期角度进行系统建设管理。

6.4.5 系统运维管理

根据基本要求进行信息系统日常运行维护管理，利用管理制度以及安全管理中心进行，包括：环境管理、资产管理、介质管理、设备管理、监控管理和安全管理中心、网络安全管理、系统安全管理、恶意代码防范管理、密码管理、变更管理、备份与恢复管理、安全事件处置、应急预案管理等，使系统始终处于相应等级安全状态中。

6.5 安全运维服务的设计

等级保护建设流程中，在进行安全保障体系设计以及安全建设之后将会进入到周期性的安全运维阶段，来保证和巩固等级保护建设的成果。

根据建立的信息安全管理运维体系对客户的信息安全系统进行实时的维护管理，针对"数字海洋"信息系统安全软、硬件提供全面的安全运维服务。

6.5.1　安全扫描

安全扫描的目的是提高内部网络安全防护性能和抗破坏能力，检测评估已运行网络的安全性能，为网络系统管理员提供实时安全建议。安全扫描作为一种积极主动的安全防护技术，提供了对内部攻击、外部攻击和误操作的实时保护，在网络系统受到危害之前可以提供安全防护解决方案。

安全扫描是一种快速有效的安全评估手段，可以发觉系统可能存在的部分安全问题，公司根据目前安全行业漏洞发掘情况，对扫描系统漏洞库不断进行更新。使在扫描过程中，可以发现系统更多的安全问题。

在安全扫描过程中严格遵守以下原则：服务不能影响目标系统所承载的业务运行；服务不能严重影响目标系统的自身性能；操作时间选择在系统业务量最小，业务临时中断对外影响最小的时候。

6.5.2　人工检查

人工检查是指安全专家登陆主机和网络设备，根据检查列表对可能存在的安全漏洞进行逐项检查，根据检查结果提供详细的漏洞描述和修补方案。人工检查作为人工实施的安全评估手段可以弥补由于在放火墙策略等安全措施下，安全扫描无法发现系统内部存在的安全隐患。通过安全专家在主机、网络等设备上的实际操作，可以更深程度地发现系统存在的问题及需要安全增强的脆弱点。

人工检查是信息系统脆弱性发掘的一种有效措施，可以发现系统内部账号策略、权限管理、日志审核、网络服务等诸多问题。对服务器及网络系统来说人工检查是安全加固的必要步骤。

6.5.3　安全加固

客户现有的各类网络设备、主机系统、数据库系统、应用系统等的安全状况是动态变化的，对于安全问题的发现及安全加固优化配置等操作都需要非常专业的安全技能，需要进行周期性的安全评估、审计、加固等工作，才能够保障整体安全水平的持续提高。

（1）安全加固服务主要解决的安全问题。

安装、配置不符合安全需求；使用、维护不符合安全需求；系统完整性被破坏；被植入木马程序；账户、口令策略问题；安全漏洞没有及时修补；应用服务和应用程序滥用。

（2）安全加固服务的工作流程。

安全加固是根据专业安全评估结果，制定相应的系统加固方案，针对不同目标系统，通过打补丁、修改安全配置、增加安全机制等方法，合理进行安全性加强。加固的流程和范围如图6-2所示。

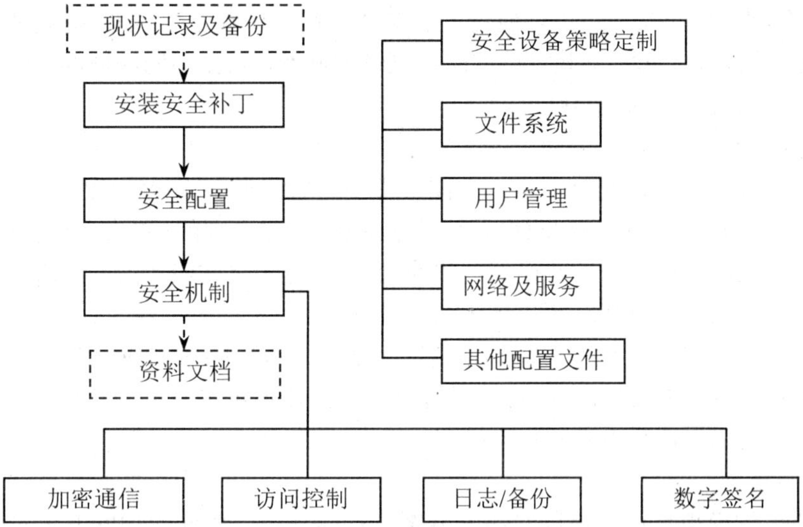

```
现状记录及备份
      ↓
  安装安全补丁          安全设备策略定制
      ↓
   安全配置  ─────       文件系统
      ↓            ├── 用户管理
   安全机制 ──────    网络及服务
      ↓            └── 其他配置文件
   资料文档

  加密通信    访问控制    日志/备份    数字签名
```

图 6-2　加固的流程和范围

（3）安全加固服务的主要内容。

系统安全加固是指通过一定的技术手段，提高操作系统或网络设备安全性和抗攻击能力。

安全加固服务覆盖网络、主机、应用、数据库，以及中间件。根据用户的安全需求，选择服务方式，达到免除现有安全漏洞威胁，提高系统抗攻击能力的效果。安全加固服务方式包括自动和手工两种，自动方式是利用公司提供的安全加固脚本和程序对系统进行自动化、批量化的加固，这样的方式适用于大规模安全加固新安装的系统；而对于生产系统，通常应该采用手工的加固方式，根据系统的实际情况制定加固方案，从而将加固可能带来的不良影响降低到最小。

常见的安全加固服务手段：基本安全配置检测和优化；密码系统安全检测和增强；账号、口令策略调整；系统后门检测；提供访问控制策略和工具；增强远程维护的安全性；文件系统完整性审计；增强的系统日志分析；系统升级与补丁安装；网络与服务加固；文件系统权限增强；内核安全参数调整。

通过工具和手工的安全评估，以及与相关人员沟通，可以掌握目前网络、主机、数据库等不同系统实际的安全情况，然后根据每台设备系统运行的具体状态，制定加固方案。与相关责任人确认可行后，由安全专家在口令策略、权限管理、系统服务、文件系统、日志审核等方面进行加固，形成面向管理、技术不同层面的加固报告并给出安全建议。

对于系统应用程序部分，可根据需要进行代码审计，细致分析在程序编码过程中可能出现的安全问题。在负责人授权的情况下，模拟黑客入侵对系统进行渗透测试，以攻击者的角度发现系统中存在的可能致命的微小漏洞，并予以加固，降低风险以保障系统的安全运营。

在网络管理方面主要加强边界及相关服务的控制。在主机层面主要对客户端计算机的补丁、配置、管理策略、杀毒软件使用情况等方面进行评估，并在加固过程中对使用人员进行培训教育，普及信息系统日常使用中可能遇到的安全问题的基本处理办法，提高使用人员的安全意识。并针对在线聊天、P2P下载等局域网常见管理问题，根据不同区域部门的实际需要进行控制，加强信息系统整体的安全强度。

（4）风险规避。

为保证用户业务系统的正常运行，加固过程中对客户业务系统造成的异常情况降到最低点，对加固对象运行的操作系统和应用系统进行调研，制定合理的、符合系统特性的加固方案，并且加固方案应通过可行性论证并得到具体的验证，实施严格按照加固方案所确定内容和步骤进行，确保每一个操作步骤都对客户在线系统没有损害。

另外为了防止在加固过程中出现异常情况，防止加固对系统造成损害，保证业务系统在诸如此类的灾难发生后能及时的恢复与运转，确保客户业务系统的正常运行或将异常情况的发生降到最低点，可以采用以下几种规避措施：

1）模拟环境。

客户所提供的模拟环境，可以对加固方案进行验证，证明此次加固方案对客户在线业务系统是没有损害。模拟环境要求系统环境（操作系统、数据库系统）与在线系统完全一样，应用系统也同在线系统版本相同，数据可以是最近一次的全备份。

2）系统备份。

全备份：用一盘磁带对整个系统进行完全备份，包括系统和数据。这种备份方式的好处就是很直观，容易被人理解。而且当发生数据丢失时，只要用一盘磁带（即灾难发生前的备份磁带），就可以恢复丢失的数据。不足之处是如果需要备份的数据量相当大，备份所需时间较长。

增量备份：就是每次备份的数据只是相对于上一次备份后新增加的和修改过的数据。这种备份的优点很明显，没有重复的备份数据，即节省了磁带空间，又缩短了备份的时间。但它的缺点在于当发生灾难时，恢复数据比较麻烦。并且这种备份的可靠性也最差。

差分备份：每次备份的数据是相对于上一次全备份之后增加的和修改过的数据。差分备份在避免了另外两种策略缺陷的同时，又具有了它们的所有优点。

文件系统备份：对主机系统而言，要进行文件系统的备份。客户应根据具体需求对此次加固过程中可能所产生的不稳定情况制定良好的备份策略，从而确保业务系统的正常稳定运行。

无论采用何种备份方式，系统备份的数据已进行了有效验证和妥善保管。

3）系统恢复。

恢复总是与一定类型的失效相对应的。在系统加固过程中如果出现被加固系统没有响应的情况，安全顾问立即停止加固工作，与客户配合工作人员一起分析情况，在确定原因后，由客户或客户系统提供商对系统进行正确恢复。

按照以下的步骤进行恢复：记录系统故障现象和信息，以备分析；根据客户所采用的备份方式进行系统恢复，保证系统最短时间内恢复运行；恢复完毕后，配合客户进行重新备份并查找系统故障原因并记录；如果遇到无法解决的问题，双方项目组工作人员共同协商解决；根据恢复类型和环境的不同，恢复所需的时间也各不相同。

6.5.4 日志分析

根据客户的安全要求，公司将提供关键服务器、防火墙、路由器、交换机、应用软件、中间件产品的日志审计服务。公司安全专家从应用系统各节点获得日志文件，采取人工加工具的分析方法，形成日志分析报告。该报告与定期评估结果、定期策略分析结果进行综合分析，找到当前的系统及网络设备中存在的问题和隐患，并给客户提供专业的增强建议。日志分析服务的主要内容和方式如表 6-2 所示。

表 6-2 日志分析服务的主要内容和方式

类型	内容	方式
网络层	网络设备日志	工具、手工
主机层	通用的 Windows 和 UNIX 系统日志，包括：应用程序日志、系统日志、安全日志等	工具、手工
应用层	Web 系统，包括：IIS、Apache；数据库等	工具、手工

日志分析服务遵循以下流程：

（1）日志服务器搭建。我们将为客户建立日志服务器，将路由器、交换机通过 SYSLOG 协议，将 Windows 系统的日志通过 EventLog 的方式集中转存到日志服务器上。

（2）分析日志。跟据客户设备的具体情况，分析关键服务器、防火墙、路由器、交换机等设备的日志，采取人工加工具的审计分析方法对日志信息进行综合分析，找到当前的系统及网络设备中存在的隐患和被攻击痕迹。

（3）生成报告。根据以上评估，生成具体的日志分析报告，安全服务公司的专家将会人工结合用户网络的构成及业务流程等，为客户量身定制出专业又极具可读性的报告，并会针对报告中的各项问题，为客户提供修补建议，使发现的问题能尽可能早的得到解决，避免引起更大范围的影响和损失。

（4）其他支持。客户得到安全服务公司提交的日志审计报告后，可以根据报告的内容对系统进行检查和修补，在此过程中的所有疑问都可以通过客服热线与公司安全专家取得联系，获得在线咨询和指导。

6.5.5 补丁管理

伴随着软件大小的不断膨胀，潜在的 BUG 也不断增加。据估计，1992 年发布的 Windows 3.1 有三百万行代码。然而，估计它存在 15000 到 60000 处潜在的 BUG。1999 年发布的 Windows 2000 保守估计有三千五百万行代码，也就是说可能存在 175000 到 700000 个潜在的 BUG。

安全相关的 BUG 通常是在大量用户使用，以及黑客或者软件测试者企图进行渗透时才会发现。一旦 BUG 被发现，软件厂商通常会发布一段软件修正这个 BUG。这种软件一般称为补丁（patch）、Hotfix 或者 Service Pack。

与以往不同的是，只有时刻对出现的漏洞及时做出反应才能够有效地保护系统的有效性、保密性和完整性。几乎每天都会有厂商发布新的补丁，即使有经验的系统管理员也很难保证能够及时使用所有最新的补丁修补系统。安全公司的补丁管理服务可以帮助客户解决这类问题。

专业安全服务公司具备完善的补丁、弱点处理机制，有专业的补丁、弱点处理小组（Patch and Vulnerability Group，简称 PVG）负责 IT 系统补丁和弱点的收集和测试。由在操作系统、应用系统和服务器方面的专家领军，包括资深的网络专家和系统管理专家，以及攻击技术研究专家。

PVG 的主要任务是帮助客户系统管理员发现、修补软件存在的弱点和漏洞，协助客户系统管理员完成补丁的测试和安装工作。

补丁管理系统的工作流程是：首先，安全服务公司协助客户部署补丁管理系统，对于预算较少，并且系统全部为 Windows 系统的客户可以选择部署 SUS 补丁管理系统；其次，公司密切关注各个厂商发布的补丁信息，根据客户的系统类型，通过安全通告服务为客户提供相关的补丁信息；最后，安全顾问将在定期巡检过程中确认客户的补丁安装情况。

6.5.6 安全监控

信息安全是一个动态的过程，操作系统、应用软件、中间件，还有硬件平台的种类越来越多，技术越来越复杂，稍有不慎就会留下安全隐患和管理漏洞，依靠客户自身的 IT 资源无论从技术的先进性还是方案的严密性上都越来越难以应对，客户往往由于人手或技术力量的不足，无法自如的处理各种复杂的信息安全问题。针对这种情况，就需要持续对新的安全威胁、安全漏洞进行跟踪、分析和响应。安全监控服务覆盖网络、主机、数据库、应用中间件的安全和性能监控，具体内容如表 6-3 所示。

表 6-3 安全监控服务的主要内容和方式

类型	内容	监控方式
网络层	Cisco 路由器、华为路由器	SNMP
主机层	Windows2000/XP/2003、Solaris、AIX、HP-UX、Redhat Linux	SNMP/专用数据收集代理
数据库	Oracle、SQL Server、Mysql	SNMP/专用数据收集代理
应用中间件	WebLogic、WebSphere、Jboss/Tomcat、Apache、IIS	SNMP/专用数据收集代理

安全监控服务可以为客户带来以下价值：帮助客户解决繁琐的安全资产管理、维护、更新工作；帮助客户用有限的资产管理人员去管理高速增长的资产数量；帮助客户降低安全资产管理成本。

安全监控服务保证客户安全管理的准确性和实时性。安全公司通常提供两种安全监控服务的方式，客户可以根据自己的需求自由选择。本地方式即安全服务公司的安全顾问协助客户建立自己的监控中心，由客户自己的技术人员负责日常的监控，而安全顾问对客户技术人员提供技术支持和指导，并采用周期性巡检的方式参与数据的分析；远程方式即客户在自己的网络、主机、应用节点上安装数据收集代理，将数据实时发送到安全服务公司的监控中心，由安全顾问对客户网络的运行情况和遭受攻击的情况进行分析记录和报警。当有危害的攻击行为或网络系统运行异常时，安全顾问将根据多种方式通知客户工程师，双方配合解决相应的问题。

6.5.7 安全通告

对于网络管理人员，特别是复杂网络的管理人员，由于时间和工作关系，通常会遇到无法收集并分类相关的安全报告，使得网络中总或多或少的存在被忽视的安全漏洞。

专业的网络安全服务供应商，非常注重对最新安全技术及安全信息的发现和追踪，并通过服务的平台与客户及时交流，帮助客户保持领先的安全理念和技术。将最新的安全资讯通过最有效的方式传递给客户，是安全通告服务的宗旨。安全通告服务不是单一的、随处可见的邮件列表，而是针对客户的实际情况，公司专业服务人员分类、整理、归纳的安全信息。

安全通告服务以邮件、电话、走访等方式，将安全技术和安全信息及时传递给客户。内容包括：紧急安全事件通告；业界最新动态；国际、国内以及行业安全政策及法律法规；公司最新技术发展；各种信息系统的漏洞信息；安全产品评测信息等。

通过安全通告服务，用户可以迅速、准确地了解安全业界的新方向，包括安全事件的新特点和技术产品新动态。此外，也会提供相应地统计数据和分析报告。安全通告服务的目的是使用户能够在细节上进行安全预警，在宏观上把握安全趋势，合理规划相应的安全工作，从而大大减轻网管人员做安全技术追踪和分析的压力。

6.5.8 应急响应

在客户运行维护系统过程中，作为客户方的技术人员由于时间和精力的问题，常常对于一些紧急事件缺乏有效地处理，这样往往会对系统正常运转造成重大影响。

应急事件响应，是当安全威胁事件发生后迅速采取的措施和行动，其目的是最快速恢复系统的保密性、完整性和可用性，阻止和降低安全威胁事件带来的严重性影响。

应急响应服务将对一般技术人员无法迅速解决的网络入侵、拒绝服务攻击、大规模病毒爆发、主机或网络异常事件等紧急安全问题提供技术支持，控制事态发展；保护或恢复客户主机、网络服务的正常工作；并且提供事后分析，找出客户系统的安全漏洞，根据出现的问题及时调整安全策略，根据现场保留情况尽可能对入侵者进行追查，帮助用户在以后的维护中正确解决问题。

紧急响应服务种类包括以下几个方面：

（1）入侵调查。

当入侵事件正在发生或已经发生，公司安全专家协助用户相关人员进行事件调查、保存证据、查找后门、追查来源等，同时提供事件处理报告以及后续的安全状况跟踪。

（2）主机、网络异常响应。

当主机或者网络异常事件正在发生或已经发生，公司安全专家协助客户进行事件调查、保存证据、查找问题的原因、追查来源等，同时提供事件处理报告以及后续的安全状况跟踪。

（3）其他紧急事件。

只有出现了上述严重影响网络、主机正常运行的安全事件才启用紧急响应服务，其他日常安全事件均属于日常安全事件处理服务范围。安全应急响应服务也可以帮助客户公司预防未来的攻击，高效地进行攻击发生时和事应急响应服务方式分为远程支持或现场支持。远程支持安全服务方式可以分为以下几种：电话在线支持服务、传真支持服务和 E-mail 支持服务。应急响应流程如图 6-3 所示。

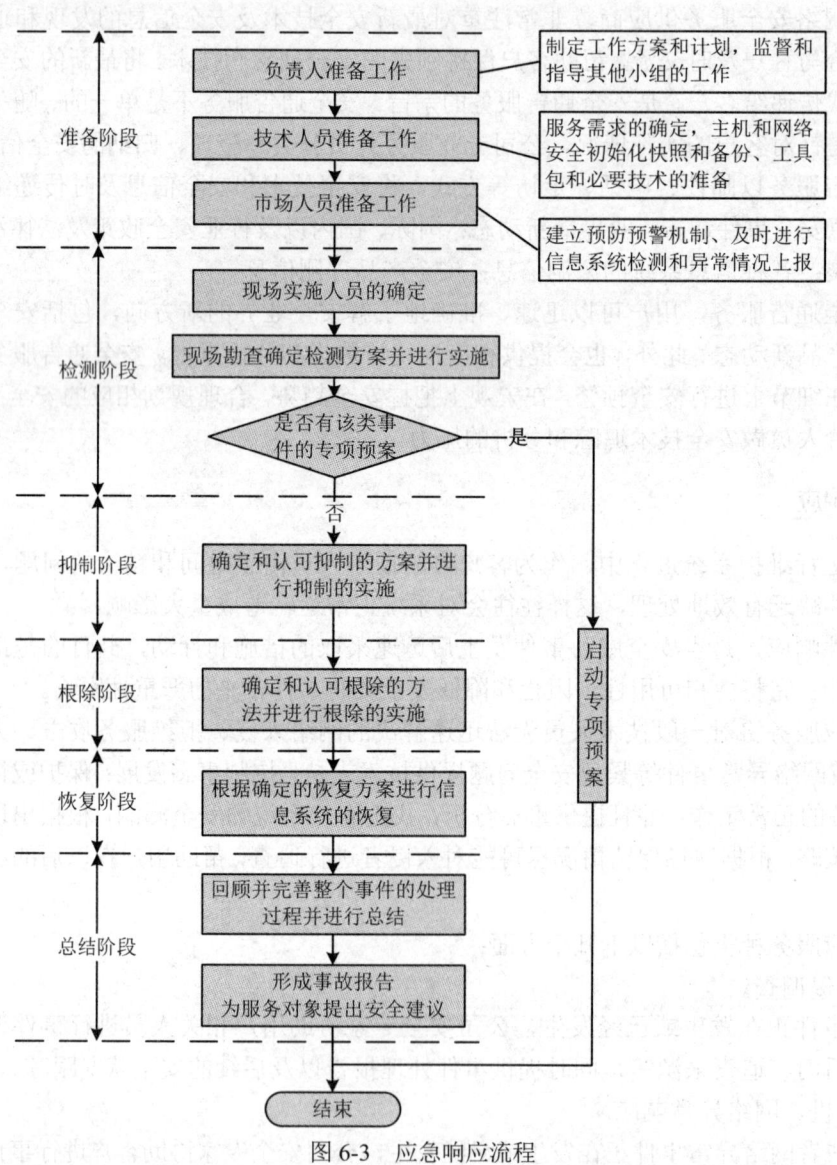

图 6-3 应急响应流程

6.6 方案合规性分析

根据整体安全建设配置方案,针对《信息安全技术 信息系统安全等级保护基本要求》,本方案采取了必要的安全技术措施用于满足基本要求。

6.6.1 技术部分

技术部分具体如表 6-4 所示,请读者注意比较哪些是三级系统比二级系统增加的基本技术要求。

表 6-4 技术三级基本要求与解决方案

要求类别		基本要求(三级)	解决方案
物理安全	物理位置的选择(G3)	a)机房和办公场地应选择在具有防震、防风和防雨等能力的建筑内;b)机房场地应避免设在建筑物的高层或地下室,以及用水设备的下层或隔壁	按照各自级别的基本要求进行物理位置选址。三级根据要求进行楼层的选择
	物理访问控制(G3)	a)机房出入口应安排专人值守,控制、鉴别和记录进入的人员;b)需进入机房的来访人员应经过申请和审批流程,并限制和监控其活动范围;c)应对机房划分区域进行管理,区域和区域之间设置物理隔离装置,在重要区域前设置交付或安装等过渡区域;d)重要区域应配置电子门禁系统,控制、鉴别和记录进入的人员	按照基本要求进行人员配备,制定管理制度;对进出人员采用陪同或监控设备进行限制和监控。三级根据要求加强对区域的管理和重要区域控制力度
	防盗窃和防破坏(G3)	a)应将主要设备放置在机房内;b)应将设备或主要部件进行固定,并设置明显的不易除去的标记;c)应将通信线缆铺设在隐蔽处,可铺设在地下或管道中;d)应对介质分类标识,存储在介质库或档案室中;e)应利用光、电等技术设置机房防盗报警系统;f)应对机房设置监控报警系统	按照基本要求进行建设。制定防盗窃防破坏相关管理制度。三级根据要求进行光、电技术防盗报警系统的配备
	防雷击(G3)	a)机房建筑应设置避雷装置;b)应设置防雷保安器,防止感应雷;c)机房应设置交流电源地线	按照基本要求进行建设。三级根据要求设置防雷保安器,防止感应雷
	防火(G3)	a)机房应设置火灾自动消防系统,能够自动检测火情、自动报警,并自动灭火;b)机房及相关的工作房间和辅助房应采用具有耐火等级的建筑材料;c)机房应采取区域隔离防火措施,将重要设备与其他设备隔离开	按照基本要求进行建设。三级根据要求进行消防、耐火、隔离等措施

续表

要求类别		基本要求（三级）	解决方案
物理安全	防水和防潮（G3）	a）水管安装，不得穿过机房屋顶和活动地板下；b）应采取措施防止雨水通过机房窗户、屋顶和墙壁渗透；c）应采取措施防止机房内水蒸气结露和地下积水的转移与渗透；d）应安装对水敏感的检测仪表或元件，对机房进行防水检测和报警	按照基本要求进行建设。三级根据要求进行防水检测仪表的安装使用
	防静电（G3）	a）主要设备应采用必要的接地防静电措施；b）机房应采用防静电地板	按照基本要求进行建设。三级根据要求安装防静电地板
	温湿度控制（G3）	机房应设置温、湿度自动调节设施，使机房温、湿度的变化在设备运行所允许的范围之内	配备空调系统
	电力供应(A3)	a）应在机房供电线路上配置稳压器和过电压防护设备；b）应提供短期的备用电力供应，至少满足主要设备在断电情况下的正常运行要求；c）应设置冗余或并行的电力电缆线路为计算机系统供电；d）应建立备用供电系统	配备稳压器和过电压防护设备；配备UPS系统。三级根据要求设置冗余或并行的电力电缆线路，建立备用供电系统
	电力供应(A2)	a）在机房供电线路上配置稳压器和过电压防护设备；b）提供短期的备用电力供应，至少满足主要设备在断电情况下的正常运行要求	配备稳压器和过电压防护设备；配备UPS系统
	电力供应(A1)	应在机房供电线路上配置稳压器和过电压防护设备	配备稳压器和过电压防护设备
	电磁防护(S3)	a）应采用接地方式防止外界电磁干扰和设备寄生耦合干扰；b）电源线和通信线缆应隔离铺设，避免互相干扰；c）应对关键设备和磁介质实施电磁屏蔽	按照基本要求进行建设。三级根据要求进行接地，关键设备和介质的电磁屏蔽。可采用电磁干扰器、电磁屏蔽机柜等手段
	电磁防护(S2) 无S1级要求	电源线和通信线缆隔离铺设，避免互相干扰	按照基本要求进行电源线和通信线缆隔离铺设
网络安全	结构安全（G3）	a）应保证主要网络设备的业务处理能力具备冗余空间，满足业务高峰期需要；b）应保证网络各个部分的带宽满足业务高峰期需要；c）应在业务终端与业务服务器之间进行路由控制建立安全的访问路径；d）应绘制与当前运行情况相符的网络拓扑结构图；e）应根据各部门的工作职能、重要性和所涉及信息的重要程度等因素，划分不同的子网或网段，并按照方便管理和控制的原则为各子网、网段分配地址段；f）应避免将重要网段部署在网络边界处且直接连接外部信息系统，重要网段与其他网段之间采取可靠的技术隔离手段；g）应按照对业务服务的重要次序来指定带宽分配优先级别，保证在网络发生拥堵的时候优先保护重要主机	根据高峰业务流量，关键设备选择高端设备，核心交换设备和接入设备带宽能够支撑业务高峰的数据量，并采用双机冗余配置方式。合理组网，绘制详细网络拓扑图，根据业务、部门、信息系统类别等合理划分子网、VLAN、安全域。三级根据要求在以下方面进行加强设计：主要网络设备的处理能力以及各部分带宽均需满足业务高峰需要；合理规划路由，在业务终端与业务服务器之间建立安全路径；规划重要网段，在路由交换设备上配置ACL策略进行隔离；网络设备规划带宽优先级，保证在网络发生拥堵的时候优先保护重要主机

续表

要求类别		基本要求（三级）	解决方案
网络安全	访问控制（G3）	a）应在网络边界部署访问控制设备，启用访问控制功能；网络边界部署，如防火墙等隔离设备；b）应能根据会话状态信息为数据流提供明确的允许/拒绝访问的能力，控制粒度为端口级；c）应对进出网络的信息内容进行过滤，实现对应用层 HTTP、FTP、Telnet、SMTP、POP3 等协议命令级的控制；d）应在会话处于非活跃一定时间或会话结束后终止网络连接；e）应限制网络最大流量数及网络连接数；f）重要网段应采取技术手段防止地址欺骗；g）应按用户和系统之间的允许访问规则，决定允许或拒绝用户对受控系统进行资源访问，控制粒度为单个用户；h）应限制具有拨号访问权限的用户数量	根据基本要求对隔离设备以及网络设备等制定相应的 ACL 策略。包括：访问控制粒度、用户数量等。三级根据要求在配置防火墙等隔离设备的策略时要满足相应要求，包括：端口级的控制粒度；常见应用层协议命令过滤；会话控制；流量控制；连接数控制；防地址欺骗等
	安全审计（G3）	a）应对网络系统中的网络设备运行状况、网络流量、用户行为等进行日志记录；b）审计记录应包括：事件的日期和时间、用户、事件类型、事件是否成功及其他与审计相关的信息；c）应能够根据记录数据进行分析，并生成审计报表；d）应对审计记录进行保护，避免受到未预期的删除、修改或覆盖等	部署网络安全审计系统，记录用户网络行为、网络设备运行状况、网络流量等，审计记录包括事件的日期和时间、用户、事件类型、事件是否成功及其他与审计相关的信息。三级根据要求加强审计功能，具备报表生成功能，同时采用日志服务器进行审计记录的保存，避免非正常删除、修改或覆盖
	边界完整性检查（S3）	a）应能够对非授权设备私自连到内部网络的行为进行检查，准确定出位置，并对其进行有效阻断；b）应能够对内部网络用户私自连到外部网络的行为进行检查，准确定出位置，并对其进行有效阻断	部署终端安全管理系统，启用非法外联监控以及安全准入功能进行边界完整性检查。三级根据要求在检测的同时要进行有效阻断
	边界完整性检查（S2）无 S1 级别要求	应能够对内部网络中出现的内部用户未通过准许，私自连到外部网络的行为进行检查	部署终端安全管理系统，启用非法外联监控以及安全准入功能进行边界完整性检查与控制
	入侵防范（G3）	a）应在网络边界处监视以下攻击行为：端口扫描、强力攻击、木马后门攻击、拒绝服务攻击、缓冲区溢出攻击、IP 碎片攻击和网络蠕虫攻击等；b）当检测到攻击行为时，记录攻击源 IP、攻击类型、攻击目的、攻击时间，在发生严重入侵事件时应提供报警	部署入侵检测系统对入侵行为进行检测。包括：端口扫描、强力攻击、木马后门攻击等各类攻击行为。三级根据要求配置入侵检测系统的日志模块，记录攻击源 IP、攻击类型、攻击目的、攻击时间等相关信息，并通过一定的方式进行告警

续表

要求类别		基本要求（三级）	解决方案
网络安全	恶意代码防范（G3）	a）应在网络边界处对恶意代码进行检测和清除；b）应维护恶意代码库的升级和检测系统的更新	三级系统在网络边界处部署 UTM 或 AV、IPS 网关进行恶意代码的检测与清除，并定期升级恶意代码库。升级方式根据与互联网的连接状态采取在线或离线方式
	网络设备防护（G3）	a）应对登陆网络设备的用户进行身份鉴别；b）应对网络设备的管理员登陆地址进行限制；c）网络设备用户的标识应唯一；d）主要网络设备应对同一用户选择两种或两种以上组合的鉴别技术来进行身份鉴别；e）身份鉴别信息应具有不易被冒用的特点，口令应有复杂度要求并定期更换；f）应具有登陆失败处理功能，可采取结束会话、限制非法登陆次数和当网络登陆连接超时自动退出等措施；g）当对网络设备进行远程管理时，应采取必要措施防止鉴别信息在网络传输过程中被窃听；h）应实现设备特权用户的权限分离	根据基本要求配置网络设备自身的身份鉴别与权限控制；包括：登陆地址、标识符、口令的复杂度（3种以上字符、长度不少于 8 位）、失败处理、传输加密等方面。对网络设备进行安全加固。三级根据要求对主要网络设备，实施双因素认证手段进行身份鉴别；对设备的管理员等特权用户进行不同权限等级的配置，实现权限分离
主机安全	身份鉴别（S3）	a）应对登陆操作系统和数据库系统的用户进行身份标识和鉴别；b）操作系统和数据库系统管理用户身份标识应具有不易被冒用的特点，口令应有复杂度要求并定期更换；c）应启用登陆失败处理功能，可采取结束会话、限制非法登陆次数和自动退出等措施；d）当对服务器进行远程管理时，应采取必要措施，防止鉴别信息在网络传输过程中被窃听；e）应为操作系统和数据库系统的不同用户分配不同的用户名，确保用户名具有唯一性；f）应采用两种或两种以上组合的鉴别技术对管理用户进行身份鉴别	根据基本要求配置用户名/口令；采用 3 种以上字符、长度不少于 8 位的口令；启用登陆失败处理、传输加密等措施；保证用户名的唯一性。三级根据要求对主机管理员登陆时进行双因素身份鉴别（USBkey+密码）
	身份鉴别（S2）	a）应对登陆操作系统和数据库系统的用户进行身份标识和鉴别；b）操作系统和数据库系统管理用户身份标识应具有不易被冒用的特点，口令应有复杂度要求并定期更换；c）应启用登陆失败处理功能，可采取结束会话、限制非法登陆次数和自动退出等措施；d）当对服务器进行远程管理时，应采取必要措施，防止鉴别信息在网络传输过程中被窃听；e）应为操作系统和数据库系统的不同用户分配不同的用户名，确保用户名具有唯一性	根据基本要求对操作系统和数据库系统配置用户名/口令；采用 3 种以上字符、长度不少于 8 位的口令；启用登陆失败处理、传输加密等措施；保证用户名的唯一性

续表

要求类别		基本要求（三级）	解决方案
主机安全	身份鉴别（S1）	应对登陆操作系统和数据库系统的用户进行身份标识和鉴别	根据基本要求对操作系统和数据库系统配置用户名/口令
	访问控制（S3）	a）应启用访问控制功能，依据安全策略控制用户对资源的访问；b）应根据管理用户的角色分配权限，实现管理用户的权限分离，仅授予管理用户所需的最小权限；c）应实现操作系统和数据库系统特权用户的权限分离；d）应严格限制默认账户的访问权限，重命名系统默认账户，修改这些账户的默认口令；e）应及时删除多余的、过期的账户，避免共享账户的存在；f）应对重要信息资源设置敏感标记；g）应依据安全策略严格控制用户对有敏感标记重要信息资源的操作	根据基本要求进行主机访问控制的配置，包括：功能启用、特权用户权限分离、默认账号和口令的修改，无用账号的清除等；通过安全加固措施制定严格用户权限策略，保证账号、口令等符合安全策略。三级根据要求对管理员进行分级权限控制，并根据最小权限原则仅授予管理用户所需的最小权限。对重要信息（文件、数据库等）进行标记，并设定访问控制策略进行访问控制，实现强制访问控制
	访问控制（S2）	a）应启用访问控制功能，依据安全策略控制用户对资源的访问；b）应实现操作系统和数据库系统特权用户的权限分离；c）应限制默认账户的访问权限，重命名系统默认账户，修改这些账户的默认口令；d）应及时删除多余的、过期的账户，避免共享账户的存在	根据基本要求进行主机访问控制的配置，包括：功能启用、特权用户权限分离、默认账号和口令的修改，无用账号的清除等；通过安全加固措施制定严格用户权限策略，保证账号、口令等符合安全策略
	访问控制（S1）	a）应启用访问控制功能，依据安全策略控制用户对资源的访问；b）应限制默认账户的访问权限，重命名系统默认账户，修改这些账户的默认口令；c）应及时删除多余的、过期的账户，避免共享账户的存在	根据基本要求进行主机访问控制的配置，包括：功能启用、默认账号和口令的修改，无用账号的清除等；通过安全加固措施制定严格用户权限策略，保证账号、口令等符合安全策略
	安全审计（G3）	a）审计范围应覆盖到服务器和重要客户端上的每个操作系统用户和数据库用户；b）审计内容应包括重要用户行为、系统资源的异常使用和重要系统命令的使用等系统内重要的安全相关事件；c）审计记录应包括事件的日期、时间、类型、主体标识、客体标识和结果等；d）应能够根据记录数据进行分析，并生成审计报表；e）应保护审计进程，避免受到未预期的中断；f）应保护审计记录，避免受到未预期的删除、修改或覆盖等	部署主机审计系统进行文件操作审计、外挂设备操作审计、非法外联审计、IP地址更改审计、服务与进程审计等；根据基本要求记录用户行为，资源状况等，审计记录包括事件的日期、时间、类型、主体标识、客体标识和结果，并保护好审计结果。三级根据要求将审计范围扩大到重要客户端；同时能够生成审计报表

续表

要求类别		基本要求（三级）	解决方案
主机安全	剩余信息保护（S3）	a）应保证操作系统和数据库系统用户的鉴别信息所在的存储空间，被释放或再分配给其他用户前得到完全清除，无论这些信息是存放在硬盘上还是在内存中； b）应确保系统内的文件、目录和数据库记录等资源所在的存储空间，被释放或重新分配给其他用户前得到完全清除	通过对操作系统及数据库系统进行安全加固配置，及时清除剩余信息的存储空间
	入侵防范（G3）	a）应能够检测到对重要服务器进行入侵的行为，能够记录入侵的源IP、攻击的类型、攻击的目的、攻击的时间，并在发生严重入侵事件时提供报警； b）应能够对重要程序的完整性进行检测，并在检测到完整性受到破坏后具有恢复的措施； c）操作系统应遵循最小安装的原则，仅安装需要的组件和应用程序，并通过设置升级服务器等方式保持系统补丁及时得到更新	部署网络入侵检测系统和主机入侵检测系统，记录入侵行为并告警；根据基本要求通过安全加固措施加固系统；部署终端安全管理系统进行补丁及时分发。三级根据要求配置IDS，检测到对重要服务器进行入侵的行为，能够记录入侵的源IP、攻击的类型、攻击的目的、攻击的时间，并在发生严重入侵事件时提供报警。对重要程序进行代码审查，去除漏洞，配置主机入侵检测以及终端管理软件进行完整性检测
	恶意代码防范（G3）	a）应安装防恶意代码软件，并及时更新防恶意代码软件版本和恶意代码库；b）主机防恶意代码产品应具有与网络防恶意代码产品不同的恶意代码库； c）应支持防恶意代码的统一管理	部署终端防恶意代码软件，及时进行升级更新；进行漏洞扫描，及时进行系统补丁更新。三级根据要求将终端防恶意代码软件与边界处的网关设备进行异构部署
	资源控制（A3）	a）应通过设定终端接入方式、网络地址范围等条件限制终端登陆；b）应根据安全策略设置登陆终端的操作超时锁定；c）应对重要服务器进行监视，包括监视服务器的CPU、硬盘、内存、网络等资源的使用情况； d）应限制单个用户对系统资源的最大或最小使用限度；e）应能够对系统的服务水平降低到预先规定的最小值进行检测和报警	根据基本要求通过安全加固措施制进行限定；部署应用安全管理系统（APM）进行资源监控。三级根据要求通过安全加固，对重要服务器进行监视，包括监视服务器的CPU、硬盘、内存、网络等资源的使用情况，对系统服务相关阈值进行检测告警
应用安全	资源控制（A2）无A1级别要求	a）应通过设定终端接入方式、网络地址范围等条件限制终端登陆；b）应根据安全策略设置登陆终端的操作超时锁定；c）应限制单个用户对系统资源的最大或最小使用限度	根据基本要求通过安全加固措施进行限定；部署应用监控管理系统进行资源监控

续表

要求类别		基本要求（三级）	解决方案
应用安全	身份鉴别（S3）	a）应提供专用的登陆控制模块对登陆用户进行身份标识和鉴别；b）应对同一用户采用两种或两种以上组合的鉴别技术实现用户身份鉴别；c）应提供用户身份标识唯一和鉴别信息复杂度检查功能，保证应用系统中不存在重复用户身份标识，身份鉴别信息不易被冒用；d）应提供登陆失败处理功能，可采取结束会话、限制非法登陆次数和自动退出等措施；e）应启用身份鉴别、用户身份标识唯一性检查、用户身份鉴别信息复杂度检查以及登陆失败处理功能，并根据安全策略配置相关参数	根据基本要求配置用户名/口令；采用3种以上字符、长度不少于8位的口令；设计登陆失败处理措施，采取结束会话、限制非法登陆次数和自动退出等措施；保证系统用户名的唯一性。三级根据要求进行双因素认证或采用CA系统进行身份鉴别
	身份鉴别（S2）	a）应提供专用的登陆控制模块对登陆用户进行身份标识和鉴别；b）应提供用户身份标识唯一和鉴别信息复杂度检查功能，保证应用系统中不存在重复用户身份标识，身份鉴别信息不易被冒用；c）应提供登陆失败处理功能，可采取结束会话、限制非法登陆次数和自动退出等措施；d）应启用身份鉴别、用户身份标识唯一性检查、用户身份鉴别信息复杂度检查以及登陆失败处理功能，并根据安全策略配置相关参数	根据基本要求配置用户名/口令；采用3种以上字符、长度不少于8位的口令；设计登陆失败处理措施，采取结束会话、限制非法登陆次数和自动退出等措施；保证系统用户名的唯一性
	身份鉴别（S1）	a）应提供专用的登陆控制模块对登陆用户进行身份标识和鉴别；b）应提供登陆失败处理功能，可采取结束会话、限制非法登陆次数和自动退出等措施；c）应启用身份鉴别和登陆失败处理功能，并根据安全策略配置相关参数	根据基本要求配置用户名/口令；设计登陆失败处理措施，采取结束会话、限制非法登陆次数和自动退出等措施
	访问控制（S3）	a）应提供访问控制功能，依据安全策略控制用户对文件、数据库表等客体的访问；b）访问控制的覆盖范围应包括与资源访问相关的主体、客体及它们之间的操作；c）应由授权主体配置访问控制策略，并严格限制默认账户的访问权限；d）应授予不同账户为完成各自承担任务所需的最小权限，并在它们之间形成相互制约的关系；e）应具有对重要信息资源设置敏感标记的功能；f）应依据安全策略严格控制用户对有敏感标记重要信息资源的操作	根据基本要求进行访问控制的配置，包括：权限定义、默认账号的权限管理、控制粒度的确定等；通过安全加固措施制定严格用户权限策略，保证账号、口令等符合安全策略；通过防火墙制定符合基本要求的ACL策略。三级根据要求及系统重要资源的标记以及定义的安全策略进行严格的访问控制

续表

要求类别		基本要求（三级）	解决方案
应用安全	访问控制（S2）	a）应提供访问控制功能，依据安全策略控制用户对文件、数据库表等客体的访问；b）访问控制的覆盖范围应包括与资源访问相关的主体、客体及它们之间的操作；c）应由授权主体配置访问控制策略，并严格限制默认账户的访问权限；d）应授予不同账户为完成各自承担任务所需的最小权限，并在它们之间形成相互制约的关系	根据基本要求进行访问控制的配置，包括：权限定义、默认账号的权限管理、控制粒度的确定等；通过安全加固措施制定严格用户权限策略，保证账号、口令等符合安全策略；通过防火墙制定符合基本要求的 ACL 策略
	访问控制（S1）	a）应提供访问控制功能控制用户组/用户对系统功能和用户数据的访问；b）应由授权主体配置访问控制策略，并严格限制默认用户的访问权限	根据基本要求进行访问控制的配置，包括：权限定义、默认账号的权限管理、控制粒度的确定等
	安全审计（G3）	a）应提供覆盖到每个用户的安全审计功能，对应用系统重要安全事件进行审计；b）应保证无法单独中断审计进程，无法删除、修改或覆盖审计记录；c）审计记录的内容至少应包括事件的日期、时间、发起者信息、类型、描述和结果等；d）应提供对审计记录数据进行统计、查询、分析及生成审计报表的功能	应用系统开发应用审计功能，根据基本要求记录系统重要安全事件的日期、时间、发起者信息、类型、描述和结果等，并保护好审计结果。部署数据库审计系统对用户行为、用户事件及系统状态加以审计，从而把握数据库系统的整体安全。三级根据要求不仅生成审计记录，还要对审计记录数据进行统计、查询、分析及生成审计报表
	剩余信息保护（S3）	a）应保证用户鉴别信息所在的存储空间被释放或再分配给其他用户前得到完全清除，无论这些信息是存放在硬盘上还是在内存中；b）应保证系统内的文件、目录和数据库记录等资源所在的存储空间被释放或重新分配给其他用户前得到完全清除	通过对操作系统及数据库系统进行安全加固配置，及时清除剩余信息的存储空间
	通信完整性（S3）	应采用密码技术保证通信过程中数据的完整性	应用系统开发数据完整性校验功能，采用消息摘要机制确保完整性校验；采用密码机或 PKI 体系中的完整性校验功能进行完整性检查，保障通信完整性
	通信完整性（S2）	应采用校验码技术保证通信过程中数据的完整性	应用系统开发数据完整性校验功能，采用消息摘要机制确保完整性校验；采用密码机或 PKI 体系中的完整性校验功能进行完整性检查，保障通信完整性

续表

要求类别		基本要求（三级）	解决方案
应用安全	通信完整性（S1）	应采用约定通信会话方式的方法保证通信过程中数据的完整性	应用系统开发约定通信会话方式的方法保证通信过程中数据的完整性
	通信保密性（S3）	a) 在通信双方建立连接之前，应用系统应利用密码技术进行会话初始化验证；b) 应对通信过程中的整个报文或会话过程进行加密	应用系统自身开发数据加密功能；采用密码机或PKI体系的加密功能保障通信保密性。三级根据要求需要整个报文或会话过程进行加密
	通信保密性（S2）无S1级别要求	a) 在通信双方建立连接之前，应用系统应利用密码技术进行会话初始化验证；b) 应对通信过程中的敏感信息字段进行加密	应用系统自身开发数据加密功能；采用密码机或PKI体系的加密功能保障通信保密性
	抗抵赖（G3）	a) 应具有在请求的情况下为数据原发者或接收者提供数据原发证据的功能；b) 应具有在请求的情况下为数据原发者或接收者提供数据接收证据的功能	应用PKI体系数字签名功能提供抗抵赖功能
	软件容错（A3）	a) 应提供数据有效性检验功能，保证通过人机接口输入或通过通信接口输入的数据格式或长度符合系统设定要求；b) 应提供自动保护功能，当故障发生时自动保护当前所有状态，保证系统能够进行恢复	进行代码审核，对输入数据进行检查，保证符合规定；三级根据要求系统具备自动保护功能设计，故障后可以恢复
	软件容错（A2）	a) 应提供数据有效性检验功能，保证通过人机接口输入或通过通信接口输入的数据格式或长度符合系统设定要求；b) 在故障发生时，应用系统应能够继续提供一部分功能，确保能够实施必要的措施	进行代码审核，对输入数据进行检查，保证符合规定；具备自动保护功能设计，故障后可以恢复
	软件容错（A1）	应提供数据有效性检验功能，保证通过人机接口输入或通过通信接口输入的数据格式或长度符合系统设定要求	进行代码审核，对输入数据进行检查，保证符合规定
	资源控制（A3）	a) 当应用系统的通信双方中的一方在一段时间内未作任何响应，另一方应能够自动结束会话；b) 应能够对系统的最大并发会话连接数进行限制；c) 应能够对单个账户的多重并发会话进行限制；d) 应能够对一个时间段内可能的并发会话连接数进行限制；e) 应能够对一个访问账户或一个请求进程占用的资源分配最大限额和最小限额；f) 应能够对系统服务水平降低到预先规定的最小值进行检测和报警；g) 应提供服务优先级设定功能，并在安装后根据安全策略设定访问账户或请求进程的优先级，根据优先级分配系统资源	通过安全加固措施进行系统资源限定（并发、会话、存储空间等）；部署应用安全管理系统进行资源监控。三级根据要求细化加固措施，对并发连接、资源配额、系统服务相关阈值、系统服务优先级等进行限制和管理

续表

要求类别		基本要求（三级）	解决方案
应用安全	资源控制（A2）无 A1 级别要求	a）当应用系统的通信双方中的一方在一段时间内未作任何响应，另一方应能够自动结束会话；b）应能够对应用系统的最大并发会话连接数进行限制；c）应能够对单个账户的多重并发会话进行限制	通过安全加固措施制进行系统资源限定（并发、会话、存储空间等）；部署应用监控管理系统进行资源监控
数据安全与备份恢复	数据完整性（S3）	a）应能够检测到系统管理数据、鉴别信息和重要业务数据在传输过程中完整性受到破坏，并在检测到完整性错误时采取必要的恢复措施；b）应能够检测到系统管理数据、鉴别信息和重要业务数据在存储过程中完整性受到破坏，并在检测到完整性错误时采取必要的恢复措施	应用系统采用数据校验技术对数据进行完整性检查；数据受到破坏后通过备份策略进行数据恢复；利用密码机保障数据传输过程中的数据完整性。三级根据要求在传输过程增加对系统管理数据的检测与恢复，配置存储系统对系统管理数据、鉴别信息和重要业务数据存储过程中的完整性进行检测与恢复
	数据完整性（S2）	应能够检测到鉴别信息和重要业务数据在传输过程中完整性受到破坏	应用系统采用数据校验技术对数据进行完整性检查；数据受到破坏后通过备份策略进行数据恢复；利用密码机保障数据传输过程中的数据完整性
	数据完整性（S1）	应能够检测到重要用户数据在传输过程中完整性受到破坏	应用系统采用数据校验技术对数据进行完整性检查，能够检查出重要用户数据的完整性是否被破坏
	数据保密性（S3）	a）应采用加密或其他有效措施实现系统管理数据、鉴别信息和重要业务数据传输保密性；b）应采用加密或其他保护措施实现系统管理数据、鉴别信息和重要业务数据存储保密性	应用系统针对鉴别信息的存储开发加密功能。利用加密机实现系统管理数据、鉴别信息和重要业务数据传输过程的保密性
	数据保密性（S2）、无 S1 级别要求	应采用加密或其他保护措施实现鉴别信息的存储保密性	应用系统针对鉴别信息的存储开发加密功能
	备份与恢复（A3）	a）应提供本地数据备份与恢复功能，完全数据备份至少每天一次，备份介质场外存放；b）应提供异地数据备份功能，利用通信网络将关键数据定时批量传送至备用场地；c）应采用冗余技术设计网络拓扑结构，避免关键节点存在单点故障；d）应提供主要网络设备、通信线路和数据处理系统的硬件冗余，保证系统的高可用性	根据基本要求对重要数据进行定期备份；对核心交换设备、线路、主要设备进行冗余设计。三级根据要求进行每天数据备份且介质存放与场外；构建网络实现异地备份；网络结构、主要网络设备、出口线路及主机服务器等进行高可靠冗余设计
	备份与恢复（A2）	a）应能够对重要信息进行备份和恢复；b）应提供关键网络设备、通信线路和数据处理系统的硬件冗余，保证系统的可用性	根据基本要求对重要信息进行定期备份；对核心交换设备、线路、主要设备进行冗余设计
	备份与恢复（A1）	应能够对重要信息进行备份和恢复	根据基本要求对重要信息进行定期备份

6.6.2 管理部分

管理部分具体如表 6-5 所示,均为 G3 类要求。

表 6-5 管理三级基本要求与解决方案

要求类别		基本要求(三级)	解决方案
安全管理制度	管理制度	a) 应制定信息安全工作的总体方针和安全策略,说明机构安全工作的总体目标、范围、原则和安全框架等;b) 应对安全管理活动中的各类管理内容建立安全管理制度;c) 应对要求管理人员或操作人员执行的日常管理操作建立操作规程;d) 应形成由安全策略、管理制度、操作规程等构成的全面的信息安全管理制度体系	根据安全管理制度的基本要求制定各类管理规定、管理办法和暂行规定。从安全策略主文档中规定的安全各个方面所应遵守的原则方法和指导性策略引出的具体管理规定、管理办法和实施办法,是具有可操作性,且必须得到有效推行和实施的制度。制定严格的制度制定与发布流程、方式、范围等;定期对安全管理制度进行评审和修订,修订不足及进行改进
	制定与发布	a) 应指定或授权专门的部门或人员负责安全管理制度的制定;b) 安全管理制度应具有统一的格式,并进行版本控制;c) 应组织相关人员对制定的安全管理制度进行论证和审定;d) 安全管理制度应通过正式、有效的方式发布;e) 安全管理制度应注明发布范围,并对收发文进行登记	
	评审与修订	a) 信息安全领导小组应负责定期组织相关部门和相关人员对安全管理制度体系的合理性和适用性进行审定;b) 应定期或不定期对安全管理制度进行检查和审定,对存在不足或需要改进的安全管理制度进行修订	
安全管理机构	岗位设置	a) 应设立信息安全管理工作的职能部门,设立安全主管、安全管理各个方面的负责人岗位,并定义各负责人的职责;b) 应设立系统管理员、网络管理员、安全管理员等岗位,并定义各个工作岗位的职责;c) 应成立指导和管理信息安全工作的委员会或领导小组,其最高领导由单位主管领导委任或授权;d) 应制定文件明确安全管理机构各个部门和岗位的职责、分工和技能要求	根据基本要求设置安全管理机构的组织形式和运作方式,明确岗位职责;设置安全管理岗位,设立系统管理员、网络管理员、安全管理员等岗位,根据要求进行人员配备,配备专职安全员;建立授权与审批制度;建立内外部沟通合作渠道;定期进行全面安全检查,特别是系统日常运行、系统漏洞和数据备份等
	人员配备	a) 应配备一定数量的系统管理员、网络管理员、安全管理员等;b) 应配备专职安全管理员,不可兼任;c) 关键事务岗位应配备多人共同管理	
	授权与审批	a) 应根据各个部门和岗位的职责明确授权审批事项、审批部门和批准人等;b) 应针对系统变更、重要操作、物理访问和系统接入等事项建立审批程序,按照审批程序执行审批过程,对重要活动建立逐级审批制度;c) 应定期审查审批事项,及时更新需授权和审批的项目、审批部门和审批人等信息;d) 应记录审批过程并保存审批文档	

续表

要求类别		基本要求（三级）	解决方案
安全管理机构	沟通与合作	a）应加强各类管理人员之间、组织内部机构之间以及信息安全职能部门内部的合作与沟通，定期或不定期召开协调会议，共同协作处理信息安全问题；b）应加强与兄弟单位、公安机关、电信公司的合作与沟通；c）应加强与供应商、业界专家、专业的安全公司、安全组织的合作与沟通；d）应建立外联单位联系列表，包括外联单位名称、合作内容、联系人和联系方式等信息；e）应聘请信息安全专家作为常年的安全顾问，指导信息安全建设，参与安全规划和安全评审等	
	审核与检查	a）安全管理员应负责定期进行安全检查，检查内容包括系统日常运行、系统漏洞和数据备份等情况；b）应由内部人员或上级单位定期进行全面安全检查，检查内容包括现有安全技术措施的有效性、安全配置与安全策略的一致性、安全管理制度的执行情况等；c）应制定安全检查表格实施安全检查，汇总安全检查数据，形成安全检查报告，并对安全检查结果进行通报；d）应制定安全审核和安全检查制度，规范安全审核和安全检查工作，定期按照程序进行安全审核和安全检查活动	
人员安全管理	人员录用	a）应指定或授权专门的部门或人员负责人员录用；b）应严格规范人员录用过程，对被录用人的身份、背景、专业资格和资质等进行审查，对其所具有的技术技能进行考核；c）应签署保密协议；d）应从内部人员中选拔从事关键岗位的人员，并签署岗位安全协议	根据基本要求制定人员录用、离岗、考核、培训几个方面的规定，并严格执行；规定外部人员访问流程，并严格执行
	人员离岗	a）应严格规范人员离岗过程，及时终止离岗员工的所有访问权限；b）应取回各种身份证件、钥匙、徽章等以及机构提供的软硬件设备；c）应办理严格的调离手续，关键岗位人员离岗须承诺调离后的保密义务后方可离开	
	人员考核	a）应定期对各个岗位的人员进行安全技能及安全认知的考核；b）应对关键岗位的人员进行全面、严格的安全审查和技能考核；c）应对考核结果进行记录并保存	
	安全意识教育和培训	a）应对各类人员进行安全意识教育、岗位技能培训和相关安全技术培训；b）应对安全责任和惩戒措施进行书面规定并告知相关人员，对违反违背安全策略和规定的人员进行惩戒；c）应对定期安全教育和培训进行书面规定，针对不同岗位制定不同的培训计划，对信息安全基础知识、岗位操作规程等进行培训；d）应对安全教育和培训的情况和结果进行记录并归档保存	

续表

要求类别		基本要求（三级）	解决方案
人员安全管理	外部人员访问管理	a）应确保在外部人员访问受控区域前先提出书面申请，批准后由专人全程陪同或监督，并登记备案；b）对外部人员允许访问的区域、系统、设备、信息等内容应进行书面的规定，并按照规定执行	
系统建设管理	系统定级	a）应明确信息系统的边界和安全保护等级；b）应以书面的形式说明确定信息系统为某个安全保护等级的方法和理由；c）应组织相关部门和有关安全技术专家对信息系统定级结果的合理性和正确性进行论证和审定；d）应确保信息系统的定级结果经过相关部门的批准	根据基本要求制定系统建设管理制度，包括：系统定级、安全方案设计、产品采购和使用、自行软件开发、外包软件开发、工程实施、测试验收、系统交付、系统备案、等级评测、安全服务商选择等方面。从工程实施的前、中、后三个方面，从初始定级设计到验收评测完整的工程周期角度进行系统建设管理
	安全方案设计	a）应根据系统的安全保护等级选择基本安全措施，并依据风险分析的结果补充和调整安全措施；b）应指定和授权专门的部门对信息系统的安全建设进行总体规划，制定近期和远期的安全建设工作计划；c）应根据信息系统的等级划分情况，统一考虑安全保障体系的总体安全策略、安全技术框架、安全管理策略、总体建设规划和详细设计方案，并形成配套文件；d）应组织相关部门和有关安全技术专家对总体安全策略、安全技术框架、安全管理策略、总体建设规划、详细设计方案等相关配套文件的合理性和正确性进行论证和审定，并且经过批准后，才能正式实施；e）应根据等级测评、安全评估的结果定期调整和修订总体安全策略、安全技术框架、安全管理策略、总体建设规划、详细设计方案等相关配套文件	
	产品采购和使用	a）应确保安全产品采购和使用符合国家的有关规定；b）应确保密码产品采购和使用符合国家密码主管部门的要求；c）应指定或授权专门的部门负责产品的采购；d）应预先对产品进行选型测试，确定产品的候选范围，并定期审定和更新候选产品名单	
	自行软件开发	a）应确保开发环境与实际运行环境物理分开，开发人员和测试人员分离，测试数据和测试结果受到控制；b）应制定软件开发管理制度，明确说明开发过程的控制方法和人员行为准则；c）应制定代码编写安全规范，要求开发人员参照规范编写代码；d）应确保提供软件设计的相关文档和使用指南，并由专人负责保管；e）应确保对程序资源库的修改、更新、发布进行授权和批准	
	外包软件开发	a）应根据开发需求检测软件质量；b）应在软件安装之前检测软件包中可能存在的恶意代码；c）应要求开发单位提供软件设计的相关文档和使用指南；d）应要求开发单位提供软件源代码，并审查软件中可能存在的后门	

续表

要求类别		基本要求（三级）	解决方案
系统建设管理	工程实施	a）应指定或授权专门的部门或人员负责工程实施过程的管理；b）应制定详细的工程实施方案控制实施过程，并要求工程实施单位能正式地执行安全工程过程；c）应制定工程实施方面的管理制度，明确说明实施过程的控制方法和人员行为准则	
	测试验收	a）应委托公正的第三方测试单位对系统进行安全性测试，并出具安全性测试报告；b）在测试验收前应根据设计方案或合同要求等制定测试验收方案，在测试验收过程中应详细记录测试验收结果，并形成测试验收报告；c）应对系统测试验收的控制方法和人员行为准则进行书面规定；d）应指定或授权专门的部门负责系统测试验收的管理，并按照管理规定的要求完成系统测试验收工作；e）应组织相关部门和相关人员对系统测试验收报告进行审定，并签字确认	
	系统交付	a）应制定详细的系统交付清单，并根据交付清单对所交接的设备、软件和文档等进行清点；b）应对负责系统运行维护的技术人员进行相应的技能培训；c）应确保提供系统建设过程中的文档和指导用户进行系统运行维护的文档；d）应对系统交付的控制方法和人员行为准则进行书面规定；e）应指定或授权专门的部门负责系统交付的管理工作，并按照管理规定的要求完成系统交付工作	
	系统备案	a）应指定专门的部门或人员负责管理系统定级的相关材料，并控制这些材料的使用；b）应将系统等级及相关材料报系统主管部门备案；c）应将系统等级及其他要求的备案材料报相应公安机关备案	
	等级测评	a）在系统运行过程中，应至少每年对系统进行一次等级测评，发现不符合相应等级保护标准要求的及时整改；b）应在系统发生变更时及时对系统进行等级测评，发现级别发生变化的及时调整级别并进行安全改造，发现不符合相应等级保护标准要求的及时整改；c）应选择具有国家相关技术资质和安全资质的测评单位进行等级测评；d）应指定或授权专门的部门或人员负责等级测评的管理	
	安全服务商选择	a）应确保安全服务商的选择符合国家的有关规定；b）应与选定的安全服务商签订与安全相关的协议，明确约定相关责任；c）应确保选定的安全服务商提供技术培训和服务承诺，必要的与其签订服务合同	

续表

要求类别		基本要求（三级）	解决方案
系统运维管理	环境管理	a）应指定专门的部门或人员定期对机房供配电、空调、温湿度控制等设施进行维护管理；b）应指定部门负责机房安全，并配备机房安全管理人员，对机房的出入、服务器的开机或关机等工作进行管理；c）应建立机房安全管理制度，对有关机房物理访问，物品带进、带出机房和机房环境安全等方面的管理作出规定；d）应加强对办公环境的保密性管理，规范办公环境人员行为，包括工作人员调离办公室应立即交还该办公室钥匙，不在办公区接待来访人员、工作人员离开座位应确保终端计算机退出登陆状态和桌面上没有包含敏感信息的纸档文件等	根据基本要求进行信息系统日常运行维护管理，利用管理制度以及安全管理中心进行，包括：环境管理、资产管理、介质管理、设备管理、监控管理和安全管理中心、网络安全管理、系统安全管理、恶意代码防范管理、密码管理、变更管理、备份与恢复管理、安全事件处置、应急预案管理等，使系统始终处于相应等级安全状态中
	资产管理	a）应编制并保存与信息系统相关的资产清单，包括资产责任部门、重要程度和所处位置等内容；b）应建立资产安全管理制度，规定信息系统资产管理的责任人员或责任部门，并规范资产管理和使用的行为；c）应根据资产的重要程度对资产进行标识管理，根据资产的价值选择相应的管理措施；d）应对信息分类与标识方法作出规定，并对信息的使用、传输和存储等进行规范化管理	
	介质管理	a）应建立介质安全管理制度，对介质的存放环境、使用、维护和销毁等方面作出规定； b）应确保介质存放在安全的环境中，对各类介质进行控制和保护，并实行存储环境专人管理；c）应对介质在物理传输过程中的人员选择、打包、交付等情况进行控制，对介质归档和查询等进行登记记录，并根据存档介质的目录清单定期盘点； d）应对存储介质的使用过程、送出维修以及销毁等进行严格的管理，对带出工作环境的存储介质进行内容加密和监控管理，对送出维修或销毁的介质应首先清除介质中的敏感数据，对保密性较高的存储介质未经批准不得自行销毁； e）应根据数据备份的需要对某些介质实行异地存储，存储地的环境要求和管理方法应与本地相同；f）应对重要介质中的数据和软件采取加密存储，并根据所承载数据和软件的重要程度对介质进行分类和标识管理	

续表

要求类别		基本要求（三级）	解决方案
系统运维管理	设备管理	a）应对信息系统相关的各种设备（包括备份和冗余设备）、线路等指定专门的部门或人员定期进行维护管理；b）应建立基于申报、审批和专人负责的设备安全管理制度，对信息系统的各种软硬件设备的选型、采购、发放和领用等过程进行规范化管理；c）应建立配套设施、软硬件维护方面的管理制度，对其维护进行有效的管理，包括明确维护人员的责任、涉外维修和服务的审批、维修过程的监督控制等；d）应对终端计算机、工作站、便携机、系统和网络等设备的操作和使用进行规范化管理，按操作规程实现主要设备（包括备份和冗余设备）的启动/停止、加电/断电等操作；e）应确保信息处理设备必须经过审批才能带离机房或办公地点	
	监控管理和安全管理中心	a）应对通信线路、主机、网络设备和应用软件的运行状况、网络流量、用户行为等进行监测和报警，形成记录并妥善保存；b）应组织相关人员定期对监测和报警记录进行分析、评审，发现可疑行为，形成分析报告，并采取必要的应对措施；c）应建立安全管理中心，对设备状态、恶意代码、补丁升级、安全审计等安全相关事项进行集中管理	
	网络安全管理	a）应指定专人对网络进行管理，负责运行日志、网络监控记录的日常维护和报警信息分析和处理工作；b）应建立网络安全管理制度，对网络安全配置、日志保存时间、安全策略、升级与打补丁、口令更新周期等方面作出规定；c）应根据厂家提供的软件升级版本对网络设备进行更新，并在更新前对现有的重要文件进行备份；d）应定期对网络系统进行漏洞扫描，对发现的网络系统安全漏洞进行及时的修补；e）应实现设备的最小服务配置，并对配置文件进行定期离线备份；f）应保证所有与外部系统的连接均得到授权和批准；g）应依据安全策略允许或者拒绝便携式和移动式设备的网络接入；h）应定期检查违反规定拨号上网或其他违反网络安全策略的行为	

续表

要求类别		基本要求（三级）	解决方案
系统运维管理	系统安全管理	a）应根据业务需求和系统安全分析确定系统的访问控制策略；b）应定期进行漏洞扫描，对发现的系统安全漏洞及时进行修补；c）应安装系统的最新补丁程序，在安装系统补丁前，首先在测试环境中测试通过，并对重要文件进行备份后，方可实施系统补丁程序的安装；d）应建立系统安全管理制度，对系统安全策略、安全配置、日志管理和日常操作流程等方面作出具体规定；e）应指定专人对系统进行管理，划分系统管理员角色，明确各个角色的权限、责任和风险，权限设定应当遵循最小授权原则；f）应依据操作手册对系统进行维护，详细记录操作日志，包括重要的日常操作、运行维护记录、参数的设置和修改等内容，严禁进行未经授权的操作；g）应定期对运行日志和审计数据进行分析，以便及时发现异常行为	
	恶意代码防范管理	a）应提高所有用户的防病毒意识，及时告知防病毒软件版本，在读取移动存储设备上的数据以及网络上接收文件或邮件之前，先进行病毒检查，对外来计算机或存储设备接入网络系统之前也应进行病毒检查；b）应指定专人对网络和主机进行恶意代码检测并保存检测记录；c）应对防恶意代码软件的授权使用、恶意代码库升级、定期汇报等作出明确规定；d）应定期检查信息系统内各种产品的恶意代码库的升级情况并进行记录，对主机防病毒产品、防病毒网关和邮件防病毒网关上截获的危险病毒或恶意代码进行及时分析处理，并形成书面的报表和总结汇报	
	密码管理	应建立密码使用管理制度，使用符合国家密码管理规定的密码技术和产品	
	变更管理	a）应确认系统中要发生的变更，并制定变更方案；b）应建立变更管理制度，系统发生变更前，向主管领导申请，变更和变更方案经过评审、审批后方可实施变更，并在实施后将变更情况向相关人员通告；c）应建立变更控制的申报和审批文件化程序，对变更影响进行分析并文档化，记录变更实施过程，并妥善保存所有文档和记录；d）应建立中止变更并从失败变更中恢复的文件化程序，明确过程控制方法和人员职责，必要时对恢复过程进行演练	

续表

要求类别		基本要求（三级）	解决方案
系统运维管理	备份与恢复管理	a）应识别需要定期备份的重要业务信息、系统数据及软件系统等；b）应建立备份与恢复管理相关的安全管理制度，对备份信息的备份方式、备份频度、存储介质和保存期等进行规范；c）应根据数据的重要性和数据对系统运行的影响，制定数据的备份策略和恢复策略，备份策略须指明备份数据的放置场所、文件命名规则、介质替换频率和将数据离站运输的方法；d）应建立控制数据备份和恢复过程的程序，对备份过程进行记录，所有文件和记录应妥善保存；e）应定期执行恢复程序，检查和测试备份介质的有效性，确保可以在恢复程序规定的时间内完成备份的恢复	
	安全事件处置	a）应报告所发现的安全弱点和可疑事件，但任何情况下用户均不应尝试验证弱点；b）应制定安全事件报告和处置管理制度，明确安全事件的类型，规定安全事件的现场处理、事件报告和后期恢复的管理职责；c）应根据国家相关管理部门对计算机安全事件等级划分方法和安全事件对本系统产生的影响，对本系统计算机安全事件进行等级划分；d）应制定安全事件报告和响应处理程序，确定事件的报告流程，响应和处置的范围、程度，以及处理方法等；e）应在安全事件报告和响应处理过程中，分析和鉴定事件产生的原因，收集证据，记录处理过程，总结经验教训，制定防止再次发生的补救措施，过程形成的所有文件和记录均应妥善保存；f）对造成系统中断和造成信息泄密的安全事件应采用不同的处理程序和报告程序	
	应急预案管理	a）应在统一的应急预案框架下制定不同事件的应急预案，应急预案框架应包括启动应急预案的条件、应急处理流程、系统恢复流程、事后教育和培训等内容；b）应从人力、设备、技术和财务等方面确保应急预案的执行有足够的资源保障；c）应对系统相关的人员进行应急预案培训，应急预案的培训应至少每年举办一次；d）应定期对应急预案进行演练，根据不同的应急恢复内容，确定演练的周期；e）应规定应急预案需要定期审查和根据实际情况更新的内容，并按照执行	

思考与练习

1. 什么是数字海洋，我国数字海洋建设的目标是什么？
2. 根据等级化安全保障体系的设计思路，等级保护的设计与实施一般通过哪些步骤进行？
3. 列举等级保护方案设计可能参照的国家或行业标准？
4. 什么是安全加固？列举常见的安全加固服务手段？
5. 采取什么措施可以帮助检测到入侵行为？

7 信息安全风险评估与实施

任务描述

本章介绍了信息安全风险评估的基本概念、原则和要求,提出了信息安全风险评估的一般方法和流程。涵盖以下主题:
- 风险评估对等级保护的重要性
- 风险评估的依据、要素和内容
- 风险评估的实施过程和方法
- 风险的计算机方法
- 风险评估的角色和工具
- 信息系统生命周期不同阶段的评估要求

7.1 等级保护中的风险评估

7.1.1 风险评估对等级保护的意义

1. 安全设计首先应以风险评估的结果为依据

信息系统安全等级保护是建立在风险评估的基础之上的。风险评估是信息安全等级保护的基础,是科学的方法手段。从风险评估的思想出发,对深刻理解等级保护原理与实质非常有意义。

在确定信息系统的安全等级和进行风险评估后,应该根据安全等级的要求和风险评估的结果进行安全方案的设计。在安全设计中，首先的依据是风险评估的结果，特别是对威胁的识别，在一些不存在威胁的情况下，对其相应的脆弱性应该不予考虑，只作为残余风险进行监控，不应该理会安全等级的要求是如何规定的。

2. 信息系统等级划分与资产识别

在公通字[2004]66号关于印发《关于信息安全等级保护工作的实施意见》的通知中，根据信息和信息系统的重要程度，将信息和信息系统划分为五个等级：自主保护级、指导保护级、监督保护级、强制保护级和专控保护级。实际上，对信息系统的定级过程，也就是对信息资产的识别及赋值过程。

在国家的《信息安全技术　信息系统安全等级保护定级指南》中，提出了对信息系统的定级依据，而这些依据基本的思想是根据信息资产的机密性、完整性和可用性的重要程度来确定信息系统的安全等级。这正是风险评估中对信息资产进行识别和赋值的过程：对信息资产的机密性进行识别并赋值；对信息资产的完整性进行识别并赋值；对信息资产的可用性进行识别并赋值。风险评估中，进行了五级的划分，以体现等级的思想。

从某种意义上来说，信息系统的安全等级划分，实际上也是对残余风险的接受和认可。信息系统的风险是普遍存在的，可通过技术的、管理的手段对风险加以控制、转移、部分清除。但是，不可能也没有必要完全消除风险，零风险是不存在也是不必要去追求的。不同安全等级的信息系统，可接受的残余风险是不同的，程度也是不一样的。在信息系统的生命周期内，对残余风险应该实时进行监控和评估，以防止可能导致的安全事件的发生。

7.1.2　风险评估的主要依据

1. 政策法规

《国家信息化领导小组关于加强信息安全保障工作的意见》（中办发[2003]27号）

2. 国际标准

ISO/IEC 27001:2005　信息安全管理体系要求

ISO/IEC 27002:2005　信息安全管理实用规则

SSE-CMM　系统安全工程能力成熟度模型

3. 国家标准

GB/T 20984-2007　信息安全技术　信息安全风险评估规范

GB/T 17859-1999　计算机信息系统安全保护等级划分准则

GB/T 18336.1~18336.3-2001　信息技术　安全技术　信息技术安全性评估准则

GB/Z 24364-2009　信息安全技术　信息安全风险管理指南

4. 其他依据

CVE公共漏洞数据库

信息安全应急响应机构公布的漏洞

国家信息安全主管部门公布的漏洞

7.2 风险评估框架及流程

7.2.1 风险要素与属性关系

信息是一种资产，资产所有者应对信息资产进行保护，通过分析信息资产的脆弱性来确定，威胁可能利用哪些弱点来破坏其安全性。风险评估要识别资产相关要素的关系，从而判断资产面临的风险大小。

风险评估中各要素的关系如图 7-1 所示，方框部分的内容为风险评估的基本要素，椭圆部分的内容是与这些要素相关的属性。风险评估围绕其基本要素展开，在对这些要素的评估过程中需要充分考虑业务战略、资产价值、安全需求、安全事件、残余风险等与这些基本要素相关的各类属性。

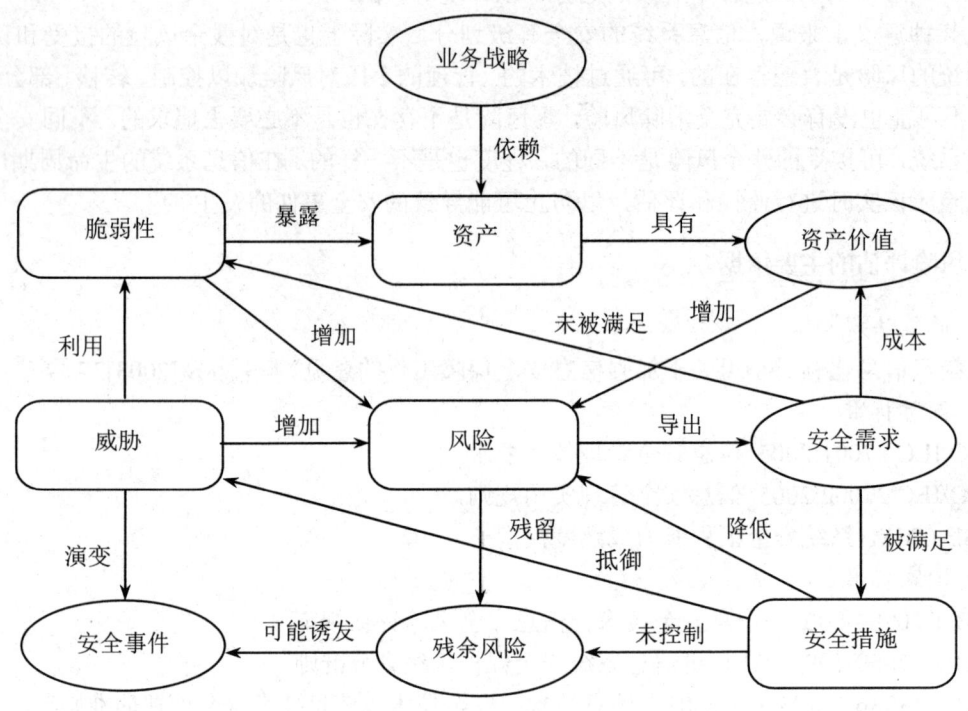

图 7-1　风险要素关系图

图 7-1 中的风险要素及属性之间存在着以下关系：
（1）业务战略依赖资产去实现。
（2）资产是有价值的，组织的业务战略对资产的依赖度越高，资产价值就越大。
（3）资产价值越大则其面临的风险越大。

（4）风险是由威胁引发的，资产面临的威胁越多则风险越大，并可能演变成安全事件。

（5）弱点越多，威胁利用脆弱性导致安全事件的可能性越大。

（6）脆弱性是未被满足的安全需求，威胁要通过利用脆弱性来危害资产，从而形成风险。

（7）风险的存在及对风险的认识导出安全需求。

（8）安全需求可通过安全措施得以满足，需要结合资产价值考虑实施成本。

（9）安全措施可抵御威胁，降低安全事件的发生的可能性，并减少影响。

（10）风险不可能也没有必要降为零，在实施了安全措施后还会有残留下来的风险。有些残余风险来自于安全措施可能不当或无效，在以后需要继续控制，而有些残余风险则是在综合考虑了安全成本与效益后未控制的风险，是可以被接受的。

（11）残余风险应受到密切监视，它可能会在将来诱发新的安全事件。

7.2.2 风险分析主要内容

风险分析涉及资产、威胁、脆弱性等基本要素，如图 7-2 所示。每个要素有各自的属性，资产的属性是资产价值；威胁的属性是威胁出现的频率；脆弱性的属性是资产弱点的严重程度。风险分析主要内容为：

（1）对资产进行识别，并对资产的重要性进行赋值。

（2）对威胁进行识别，描述威胁的属性，并对威胁出现的频率赋值。

（3）对资产的脆弱性进行识别，并对具体资产的脆弱性的严重程度赋值。

（4）根据威胁和脆弱性的识别结果判断安全事件发生的可能性。

（5）根据脆弱性的严重程度及安全事件所作用资产的重要性计算安全事件的损失。

（6）根据安全事件发生的可能性以及安全事件的损失，计算安全事件一旦发生对组织的影响，即风险值。

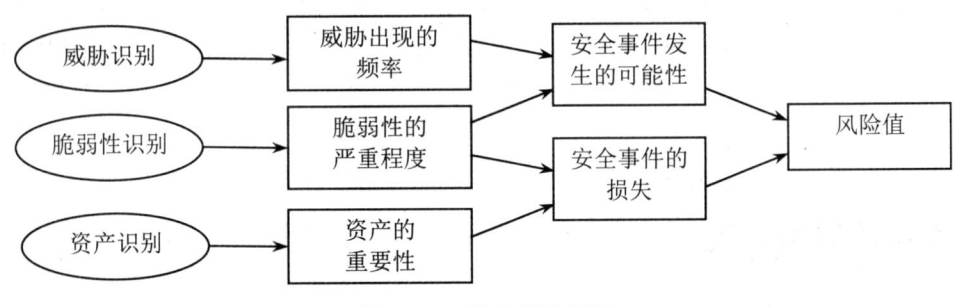

图 7-2 风险分析示意图

7.2.3 风险评估一般流程

图 7-3 给出风险评估的实施流程，第 7.3 节将围绕风险评估流程阐述风险评估各具体实施步骤。

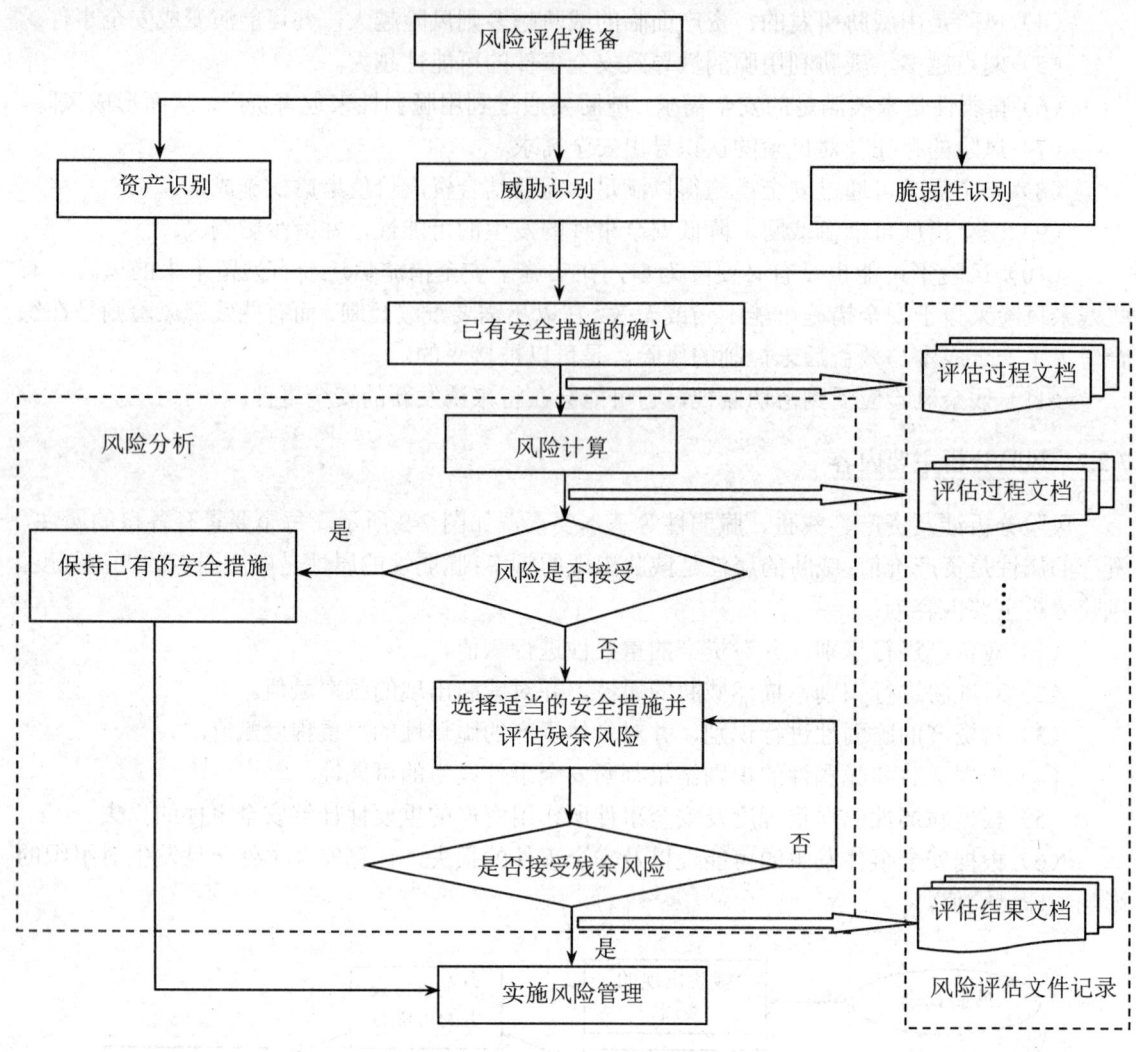

图 7-3 风险评估实施流程

7.3 风险评估实施过程

7.3.1 风险评估的准备

  风险评估的准备是整个风险评估过程有效性的保证。组织实施风险评估是一种战略性的考虑，其结果将受到组织业务战略、业务流程、安全需求、系统规模和结构等方面的影响。因此，在风险评估实施前，要完成以下准备工作：

1. 确定风险评估的目标

风险评估的准备阶段应明确风险评估的目标,为风险评估的过程提供导向。信息系统是重要的资产,其机密性、完整性和可用性对于维持竞争优势、获利能力、法规要求和组织形象是必要的。组织要面对来自内、外部日益增长的安全威胁,信息系统是威胁的主要目标。由于业务信息化程度不断提高,对信息技术的依赖日益增加,一个组织可能出现更多的脆弱性。风险评估的目标是满足组织业务持续发展在安全方面的需要,或符合相关方的要求,或遵守法律法规的规定等。

2. 确定风险评估的范围

基于风险评估目标确定风险评估范围是完成风险评估的前提。风险评估范围可能是组织全部的信息及与信息处理相关的各类资产、管理机构,也可能是某个独立的系统、关键业务流程、与客户知识产权相关的系统或部门等。

3. 组建适当的团队

组建适当的风险评估管理与实施团队,以支持整个过程的推进,如成立由管理层、相关业务骨干、IT 技术人员等组成的风险评估小组。评估团队应能够保证风险评估工作的有效开展。

4. 选择合适的方法

应考虑评估的目的、范围、时间、效果、人员素质等因素来选择具体的风险判断方法,使之能够与组织环境和安全要求相适应。

5. 获得管理者的支持

上述所有内容确定后应得到组织的最高管理者的支持、批准,并对管理层和技术人员进行传达,应在组织范围就风险评估相关内容进行培训,以明确各有关人员在风险评估中的任务。

7.3.2 资产识别

资产是具有价值的信息或资源,是安全策略保护的对象。它能够以多种形式存在,有无形的、有形的,有硬件、软件,有文档、代码,也有服务、形象等。机密性、完整性和可用性是评价资产的三个安全属性。信息安全风险评估中资产的价值不仅仅以资产的账面价格来衡量,而是由资产在这三个安全属性上的达成程度或者其安全属性未达成时所造成的影响程度来决定的。安全属性达成程度的不同将使资产具有不同的价值,而资产面临的威胁、存在的脆弱性、以及已采取的安全措施都将对资产安全属性的达成程度产生影响。为此,有必要对组织中的资产进行识别。

1. 资产分类

风险评估中,资产大多属于不同的信息系统,如 OA 系统、网管系统、业务生产系统等,而且对于提供多种业务的组织,其支持业务持续运行的系统数量可能更多。这时首先需要将信息系统及相关的资产进行恰当的分类,以此为基础进行下一步的风险评估。

根据资产的表现形式,可将资产分为数据、软件、硬件、文档、服务、人员等类。在实际工作中,具体的资产分类方法可以根据具体的评估对象和要求,由评估者来灵活把握。表 7-1 列出了一种资产分类方法。

表 7-1 一种基于表现形式的资产分类方法

分类	示例
数据	存在信息媒介上的各种数据资料,包括源代码、数据库数据、系统文档、运行管理规程、计划、报告、用户手册等
软件	系统软件:操作系统、语言包、工具软件、各种库等 应用软件:外部购买的应用软件,外包开发的应用软件等 源程序:各种共享源代码、可执行程序、自行或合作开发的各种程序等
硬件	网络设备:路由器、网关、交换机等 计算机设备:大型机、服务器、工作站、台式计算机、移动计算机等 存储设备:磁带机、磁盘阵列等 移动存储设备:磁带、光盘、软盘、U 盘、移动硬盘等 传输线路:光纤、双绞线等 保障设备:动力保障设备(UPS、变电设备等)、空调、保险柜、文件柜、门禁、消防设施等 安全保障设备:防火墙、入侵检测系统、身份验证等 其他电子设备:打印机、复印机、扫描仪、传真机等
服务	办公服务:为提高效率而开发的管理信息系统(MIS),它包括各种内部配置管理、文件流转管理等服务 网络服务:各种网络设备、设施提供的网络连接服务 信息服务:对外依赖该系统开展服务而取得业务收入的服务
文档	纸质的各种文件、传真、电报、财务报告、发展计划等
人员	掌握重要信息和核心业务的人员,如主机维护主管、网络维护主管及应用项目经理及网络研发人员等
其他	企业形象,客户关系等

2. 资产赋值

对资产的赋值不仅要考虑资产本身的价值,更重要的是要考虑资产的安全状况对于组织的重要性,即由资产在其三个安全属性上的达成程度决定。为确保资产赋值时的一致性和准确性,组织应建立一个资产价值评价尺度,以指导资产赋值。

资产赋值的过程也就是对资产在机密性、完整性和可用性上的达成程度进行分析,并在此基础上得出一个综合结果的过程。达成程度可由安全属性缺失时造成的影响来表示,这种影响可能造成某些资产的损害以至危及信息系统,还可能导致经济效益、市场份额或组织形象的损失。

（1）机密性赋值。

根据资产在机密性上的不同要求,将其分为五个不同的等级,分别对应资产在机密性上的应达成的不同程度或者机密性缺失时对整个组织的影响。表 7-2 提供了一种机密性赋值的参考。

表 7-2 资产机密性赋值表

赋值	标识	定义
5	极高	包含组织最重要的秘密,关系未来发展的前途命运,对组织根本利益有着决定性影响,如果泄漏会造成灾难性的损害
4	高	包含组织的重要秘密,其泄露会使组织的安全和利益遭受严重损害
3	中等	包含组织的一般性秘密,其泄露会使组织的安全和利益受到损害
2	低	包含仅能在组织内部或在组织某一部门内部公开的信息,向外扩散有可能对组织的利益造成损害
1	可忽略	包含可对社会公开的信息,公用的信息处理设备和系统资源等

（2）完整性赋值。

根据资产在完整性上的不同要求,将其分为五个不同的等级,分别对应资产在完整性上应达成的不同程度或者完整性缺失时对整个组织的影响。表 7-3 提供了一种完整性赋值的参考。

表 7-3 资产完整性赋值表

赋值	标识	定义
5	极高	完整性价值非常关键,未经授权的修改或破坏会对组织造成重大的或无法接受的影响,对业务冲击重大,并可能造成严重的业务中断,难以弥补
4	高	完整性价值较高,未经授权的修改或破坏会对组织造成重大影响,对业务冲击严重,比较难以弥补
3	中等	完整性价值中等,未经授权的修改或破坏会对组织造成影响,对业务冲击明显,但可以弥补
2	低	完整性价值较低,未经授权的修改或破坏会对组织造成轻微影响,可以忍受,对业务冲击轻微,容易弥补
1	可忽略	完整性价值非常低,未经授权的修改或破坏对组织造成的影响可以忽略,对业务冲击可以忽略

(3) 可用性赋值。表 7-4 提供了一种可用性赋值的参考。

表 7-4 资产可用性赋值表

赋值	标识	定义
5	极高	可用性价值非常高，合法使用者对信息及信息系统的可用度达到年度 99.9% 以上
4	高	可用性价值较高，合法使用者对信息及信息系统的可用度达到每天 90% 以上
3	中等	可用性价值中等，合法使用者对信息及信息系统的可用度在正常工作时间达到 70% 以上
2	低	可用性价值较低，合法使用者对信息及信息系统的可用度在正常工作时间达到 25% 以上
1	可忽略	可用性价值可以忽略，合法使用者对信息及信息系统的可用度在正常工作时间低于 25%

3. 资产重要性等级

资产价值应依据资产在机密性、完整性和可用性上的赋值等级，经过综合评定得出。综合评定方法可以根据组织自身的特点，选择对资产机密性、完整性和可用性最为重要的一个属性的赋值等级作为资产的最终赋值结果，也可以根据资产机密性、完整性和可用性的不同重要程度对其赋值进行加权计算而得到资产的最终赋值。加权方法可根据组织的业务特点确定。

本标准中，为与上述安全属性的赋值相对应，将资产重要性划分为五级，级别越高表示资产重要性程度越高。也可以根据组织的实际情况确定资产识别中的赋值依据和等级。表 7-5 提供了一种资产重要性等级划分的参考。

表 7-5 资产重要性等级划分表

等级	标识	定义
5	很高	非常重要，其安全属性破坏后可能对组织造成非常严重的损失
4	高	重要，其安全属性破坏后可能对组织造成比较严重的损失
3	中	比较重要，其安全属性破坏后可能对组织造成中等程度的损失
2	低	不太重要，其安全属性破坏后可能对组织造成较低的损失
1	很低	不重要，其安全属性破坏后对组织造成很小的损失，甚至忽略不计

评估者可根据资产赋值结果，确定重要资产的范围，并主要围绕重要资产展开以下实施步骤。

7.3.3 威胁识别

威胁是一种对组织及其资产构成潜在破坏的可能性因素，是客观存在的。造成威胁的因素可分为人为因素和环境因素。根据威胁的动机，人为因素又可分为恶意和无意两种。环境因素包括自然界不可抗的因素和其他物理因素。威胁作用形式可以是对信息系统直接或间接的攻击,如非授权的泄露、篡改、删除等,在机密性、完整性或可用性等方面造成损害;也可能是偶发的、或蓄意的事件。

1. 威胁分类

在对威胁进行分类前,首先要考虑威胁的来源。表 7-6 提供了一种威胁来源的分类方法。

表 7-6 威胁来源列表

来源		描述
环境因素		由于断电、静电、灰尘、潮湿、温度、鼠蚁虫害、电磁干扰、洪灾、火灾、地震等环境条件和自然灾害;意外事故或由于软件、硬件、数据、通讯线路方面的故障
人为因素	恶意人员	内部人员对信息系统进行恶意破坏;采用自主的或内外勾结的方式盗窃机密信息或进行篡改,获取利益 外部人员利用信息系统的脆弱性,对网络和系统的机密性、完整性和可用性进行破坏,以获取利益或炫耀能力
	无恶意人员	内部人员由于缺乏责任心,或者由于不关心和不专注,或者没有遵循规章制度和操作流程而导致故障或被攻击;内部人员由于缺乏培训,专业技能不足,不具备岗位技能要求而导致信息系统故障或被攻击

对威胁进行分类的方式多种多样,针对上表威胁来源,可以根据其表现形式将威胁分为以下种类。表 7-7 提供了一种基于表现形式的威胁分类方法。

表 7-7 一种基于表现形式的威胁分类表

种类	描述
软硬件故障	由于设备硬件故障、通讯链路中断、系统本身或软件 BUG 导致对业务高效稳定运行的影响
物理环境威胁	断电、静电、灰尘、潮湿、温度、鼠蚁虫害、电磁干扰、洪灾、火灾、地震等环境问题和自然灾害
无作为或操作失误	由于应该执行而没有执行相应的操作,或无意地执行了错误的操作,对系统造成影响
管理不到位	安全管理无法落实,或落实不到位,造成安全管理不规范,或者管理混乱,从而破坏信息系统正常有序运行
恶意代码和病毒	具有自我复制、自我传播能力,对信息系统构成破坏的程序代码
越权或滥用	通过采用一些措施,超越自己的权限访问了本来无权访问的资源;或者滥用自己的职权,做出破坏信息系统的行为
黑客攻击技术	利用黑客工具和技术,如侦察、密码猜测攻击、缓冲区溢出攻击、安装后门、嗅探、伪造和欺骗、拒绝服务攻击等手段对信息系统进行攻击和入侵
物理攻击	物理接触、物理破坏、盗窃
泄密	机密泄漏,机密信息泄漏给他人
篡改	非法修改信息,破坏信息的完整性
抵赖	不承认收到的信息和所作的操作和交易

2. 威胁赋值

判断威胁出现的频率是威胁识别的重要工作,评估者应根据经验和(或)有关的统计数据来进行判断评估环境中各种威胁出现的频率:

(1)以往安全事件报告中出现过的威胁及其频率的统计。

(2)实际环境中通过检测工具以及各种日志发现的威胁及其频率的统计。

(3)近一两年来国际组织发布的对于整个社会或特定行业的威胁及其频率统计,以及发布的威胁预警。

威胁频率等级划分为五级,分别代表威胁出现的频率的高低。等级数值越大,威胁出现的频率越高。表 7-8 提供了威胁出现频率的一种赋值方法。

表 7-8 威胁赋值表

等级	标识	定义
5	很高	威胁出现的频率很高,在大多数情况下几乎不可避免或者可以证实经常发生过
4	高	威胁出现的频率较高,在大多数情况下很有可能会发生或者可以证实多次发生过
3	中	威胁出现的频率中等,在某种情况下可能会发生或被证实曾经发生过
2	低	威胁出现的频率较小,一般不太可能发生,也没有被证实发生过
1	很低	威胁几乎不可能发生,仅可能在非常罕见和例外的情况下发生

7.3.4 脆弱性识别

脆弱性是对一个或多个资产弱点的总称。脆弱性识别也称为弱点识别,弱点是资产本身存在的,如果没有相应的威胁发生,单纯的弱点本身不会对资产造成损害。而且如果系统足够强健,再严重的威胁也不会导致安全事件,并造成损失。即,威胁总是要利用资产的弱点才可能造成危害。

资产的脆弱性具有隐蔽性,有些弱点只有在一定条件和环境下才能显现,这是脆弱性识别中最为困难的部分。需要注意的是,不正确的、起不到应有作用的或没有正确实施的安全措施本身就可能是一个弱点。

脆弱性识别将针对每一项需要保护的资产,找出可能被威胁利用的弱点,并对脆弱性的严重程度进行评估。脆弱性识别时的数据应来自于资产的所有者、使用者,以及相关业务领域的专家和软硬件方面的专业人员等。

脆弱性识别所采用的方法主要有:问卷调查、工具检测、人工核查、文档查阅、渗透性测试等。

1. 脆弱性识别内容

脆弱性的识别可以以资产为核心,即根据每个资产分别识别其存在的弱点,然后综合评价该资产的脆弱性;也可以分物理、网络、系统、应用等层次进行识别,然后与资产、威胁结合起来。

脆弱性识别主要从技术和管理两个方面进行，技术脆弱性涉及物理层、网络层、系统层、应用层等各个层面的安全问题。管理脆弱性又可分为技术管理和组织管理两方面，前者与具体技术活动相关，后者与管理环境相关。

对不同的识别对象，其脆弱性识别的具体要求应参照相应的技术或管理标准实施。例如，对物理环境的脆弱性识别可以参照《计算机场地安全要求》中的技术指标实施；对操作系统、数据库可以参照《计算机信息系统安全保护等级划分准则》中的技术指标实施。管理脆弱性识别方面可以参照《ISO/IEC 17799-2000 Information security management －Part 1: Code of practice for information security management》的要求对安全管理制度及其执行情况进行检查，发现管理漏洞和不足。表 7-9 提供了一种脆弱性识别内容的参考。

表 7-9 脆弱性识别内容表

类型	识别对象	识别内容
技术脆弱性	物理环境	从机房场地、机房防火、机房供配电、机房防静电、机房接地与防雷、电磁防护、通信线路的保护、机房区域防护、机房设备管理等方面进行识别
	服务器（含操作系统）	从物理保护、用户账号、口令策略、资源共享、事件审计、访问控制、新系统配置（初始化）、注册表加固、网络安全、系统管理等方面进行识别
	网络结构	从网络结构设计、边界保护、外部访问控制策略、内部访问控制策略、网络设备安全配置等方面进行识别
	数据库	从补丁安装、鉴别机制、口令机制、访问控制、网络和服务设置、备份恢复机制、审计机制等方面进行识别
	应用系统	从审计机制、审计存储、访问控制策略、数据完整性、通信、鉴别机制、密码保护等方面进行识别
管理脆弱性	技术管理	物理和环境安全、通信与操作管理、访问控制、系统开发与维护、业务连续性
	组织管理	安全策略、组织安全、资产分类与控制、人员安全、符合性

2. 脆弱性赋值

可以根据对资产损害程度、技术实现的难易程度、弱点流行程度，采用等级方式对已识别的脆弱性的严重程度进行赋值。脆弱性由于很多弱点反映的是同一方面的问题，应综合考虑这些弱点，最终确定这一方面的脆弱性严重程度。

对某个资产，其技术脆弱性的严重程度受到组织的管理脆弱性的影响。因此，资产的脆弱性赋值还应参考技术管理和组织管理脆弱性的严重程度。

脆弱性严重程度的等级划分为五级，分别代表资产脆弱性严重程度的高低。等级数值越大，脆弱性严重程度越高。表 7-10 提供了脆弱性严重程度的一种赋值方法。

表 7-10　脆弱性严重程度赋值表

等级	标识	定义
5	很高	如果被威胁利用，将对资产造成完全损害
4	高	如果被威胁利用，将对资产造成重大损害
3	中	如果被威胁利用，将对资产造成一般损害
2	低	如果被威胁利用，将对资产造成较小损害
1	很低	如果被威胁利用，将对资产造成的损害可以忽略

7.3.5　已有安全措施的确认

组织应对已采取的安全措施的有效性进行确认，对有效的安全措施继续保持，以避免不必要的工作和费用，防止安全措施的重复实施。对于确认为不适当的安全措施应核实是否应被取消，或者用更合适的安全措施替代。

安全措施可以分为预防性安全措施和保护性安全措施两种。预防性安全措施可以降低威胁利用脆弱性导致安全事件发生的可能性，如入侵检测系统；保护性安全措施可以减少因安全事件发生对信息系统造成的影响，如业务持续性计划。

已有安全措施的确认与脆弱性识别存在一定的联系。一般来说，安全措施的使用将减少脆弱性，但安全措施的确认并不需要与脆弱性识别过程那样具体到每个资产、组件的弱点，而是一类具体措施的集合。比较明显的例子是防火墙的访问控制策略，不必要描述具体的端口控制策略、用户控制策略，只需要表明采用的访问控制措施。

7.3.6　风险分析

1. 风险计算原理

在完成了资产识别、威胁识别、脆弱性识别，以及对已有安全措施确认后，将采用适当的方法与工具确定威胁利用脆弱性导致安全事件发生的可能性，考虑安全事件一旦发生其所作用的资产的重要性及脆弱性的严重程度,判断安全事件造成的损失对组织的影响，即安全风险。《信息安全风险评估指南》给出了风险计算原理，以下面的范式形式化加以说明：

$$风险值 = R(A,T,V) = R(L(T,V), F(I_a, V_a))$$

其中，R 表示安全风险计算函数；A 表示资产；T 表示威胁；V 表示脆弱性；I_a 表示安全事件所作用的资产重要程度；V_a 表示脆弱性严重程度；L 表示威胁利用资产的脆弱性导致安全事件发生的可能性；F 表示安全事件发生后产生的损失。有以下三个关键计算环节：

（1）计算安全事件发生的可能性。

根据威胁出现频率及脆弱性状况，计算威胁利用脆弱性导致安全事件发生的可能性，即：

$$安全事件发生的可能性 = L(威胁出现频率, 脆弱性) = L(T,V)$$

在具体评估中，应综合攻击者技术能力（专业技术程度、攻击设备等）、脆弱性被利用的难易程度（可访问时间、设计和操作知识公开程度等）以及资产吸引力等因素来判断安全事件发生的可能性。

（2）计算安全事件发生后的损失。

根据资产重要程度及脆弱性严重程度，计算安全事件一旦发生后的损失，即：

$$安全事件的影响 = F(资产重要程度,脆弱性严重程度) = F(Ia, Va)$$

部分安全事件的发生造成的影响不仅仅是针对该资产本身，还可能影响业务的连续性；不同安全事件的发生对组织造成的影响也是不一样的。在计算某个安全事件的损失时，应将对组织的影响也考虑在内。

（3）计算风险值。

根据计算出的安全事件发生的可能性以及安全事件的损失，计算风险值，即：

$$风险值 = R(安全事件发生的可能性,安全事件的损失) = R(L(T,V), F(Ia, Va))$$

评估者可根据自身情况选择相应的风险计算方法计算风险值。如矩阵法或相乘法，通过构造经验函数，矩阵法可形成安全事件发生的可能性与安全事件的损失之间的二维关系；运用相乘法可以将安全事件发生的可能性与安全事件的损失相乘得到风险值。

2. 风险结果判定

风险等级划分为五级，等级越高，风险越高。评估者应根据所采用的风险计算方法为每个等级设定风险值范围，并对所有风险计算结果进行等级处理。每个等级代表了相应风险的严重程度。表 7-11 提供了一种风险等级划分方法。

表 7-11 风险等级划分表

等级	标识	描述
5	很高	一旦发生将使系统遭受非常严重破坏，组织利益受到非常严重损失
4	高	如果发生将使系统遭受严重破坏，组织利益受到严重损失
3	中	发生后将使系统受到较重的破坏，组织利益受到损失
2	低	发生后将使系统受到的破坏程度和利益损失一般
1	很低	即使发生只会使系统受到较小的破坏

组织应当综合考虑风险控制成本与风险造成的影响，提出一个可接受风险阈值。对某些风险，如果评估值小于或等于可接受风险阈值，是可接受风险，可保持已有的安全措施；如果评估值大于可接受风险阈值，是不可接受风险，则需要采取安全措施以降低、控制风险。安全措施的选择应兼顾管理与技术两个方面，可以参照信息安全的相关标准实施。

在对于不可接受风险选择适当的安全措施后，为确保安全措施的有效性，可进行再评估，以判断实施安全措施后的残余风险是否已经降低到可接受的水平。残余风险的再评估可以依据本标准提出的风险评估流程进行，也可做适当裁减。某些风险可能在选择了适当的安全措施后仍处于不可接受的风险范围内，应考虑是否接受此风险或进一步增加相应的安全措施。

7.3.7 风险评估文件记录

1. 风险评估文件记录的要求

记录风险评估过程的相关文件,应该符合以下要求但不仅限于此:

(1) 确保文件发布前是得到批准的。

(2) 确保文件的更改和现行修订状态是可识别的。

(3) 确保在使用时可获得有关版本的适用文件。

(4) 确保文件的分发得到适当的控制。

(5) 防止作废文件的非预期使用,若因任何目的需保留作废文件时,应对这些文件进行适当的标识。

对于风险评估过程中形成的相关文件,还应规定其标识、储存、保护、检索、保存期限以及处置所需的控制。相关文件是否需要以及详略程度由管理过程来决定。

2. 风险评估文件

风险评估文件包括在整个风险评估过程中产生的评估过程文档和评估结果文档,包括但不仅限于此:

(1) 风险评估计划:阐述风险评估的目标、范围、团队、评估方法、评估结果的形式和实施进度等。

(2) 风险评估程序:明确评估的目的、职责、过程、相关的文件要求,并且准备实施评估需要的文档。

(3) 资产识别清单:根据组织在风险评估程序文件中所确定的资产分类方法进行资产识别,形成资产识别清单,清单中应明确各资产的责任人/部门。

(4) 重要资产清单:根据资产识别和赋值的结果,形成重要资产列表,包括重要资产名称、描述、类型、重要程度、责任人/部门等。

(5) 威胁列表:根据威胁识别和赋值的结果,形成威胁列表,包括威胁名称、种类、来源、动机及出现的频率等。

(6) 脆弱性列表:根据脆弱性识别和赋值的结果,形成脆弱性列表,包括脆弱性名称、描述、类型及严重程度等。

(7) 已有安全措施确认表:根据已采取的安全措施确认的结果,形成已有安全措施确认表,包括已有安全措施名称、类型、功能描述及实施效果等。

(8) 风险评估报告:对整个风险评估过程和结果进行总结,详细说明被评估对象,风险评估方法,资产、威胁、脆弱性的识别结果,风险分析、风险统计和结论等内容。

(9) 风险处理计划:对评估结果中不可接受的风险制定风险处理计划,选择适当的控制目标及安全措施,明确责任、进度、资源,并通过对残余风险的评价确保所选择安全措施的有效性。

(10) 风险评估记录:根据组织的风险评估程序文件,记录对重要资产的风险评估过程。

7.4 风险的计算方法

在《信息安全技术 信息安全风险评估规范》附录 A 中有矩阵法和相乘法的风险计算示例。在实际应用中,也可以将矩阵法和相乘法结合使用。

7.4.1 使用矩阵法计算风险

1. 矩阵法原理

矩阵法主要适用于由两个要素值确定一个要素值的情形。首先需要确定二维计算矩阵,矩阵内各个要素的值根据具体情况和函数递增情况采用数学方法确定,然后将两个元素的值在矩阵中进行比对,行列交叉处即为所确定的计算结果。

即 $z = f(x, y)$,函数 f 可以采用矩阵法。

矩阵法的原理是:

$x = \{x_1, x_2, \cdots, x_i, \cdots, x_m\}$,$1 \leqslant i \leqslant m$, x_i 为正整数,

$y = \{y_1, y_2, \cdots, y_j, \cdots, y_n\}$,$1 \leqslant j \leqslant n$, y_j 为正整数,

以要素 x 和要素 y 的取值构建一个二维矩阵,如表 7-12 所示。矩阵行值为要素 y 的所有取值,矩阵列值为要素 x 的所有取值。矩阵内 $m \times n$ 个值即为要素 z 的取值,$z = \{z_{11}, z_{12}, \cdots, z_{ij}, \cdots, z_{mn}\}$,$1 \leqslant i \leqslant m, 1 \leqslant j \leqslant n$, z_{ij} 为正整数。

表 7-12 矩阵构造

	y	y_1	y_2	...	y_j	...	y_n
	x_1	z_{11}	z_{12}	...	z_{1j}	...	z_{1n}
	x_2	z_{21}	z_{22}	...	z_{2j}	...	z_{2n}
	...	...	...	...	...	...	...
x	x_i	z_{i1}	z_{i2}	...	z_{ij}	...	z_{in}
	...	...	...	...	...	...	...
	x_m	z_{m1}	z_{m2}	...	z_{mj}	...	z_{mn}

对于 z_{ij} 的计算,可以采取以下计算公式,

$z_{ij} = x_i + y_j$,

或 $z_{ij} = x_i \times y_j$,

或 $z_{ij} = \alpha \times x_i + \beta \times y_j$,其中 α 和 β 为正常数。

z_{ij} 的计算需要根据实际情况确定,矩阵内 z_{ij} 值的计算不一定遵循统一的计算公式,但必

须具有统一的增减趋势,即如果 f 是递增函数,z_{ij} 值应随着 x_i 与 y_j 的值递增,反之亦然。

矩阵法的特点在于通过构造两两要素计算矩阵,可以清晰罗列要素的变化趋势,具备良好灵活性。

在风险值计算中,通常需要对两个要素确定的另一个要素值进行计算,如由威胁和脆弱性确定安全事件发生可能性值、由资产和脆弱性确定安全事件的损失值等,同时需要整体掌握风险值的确定,因此矩阵法在风险分析中得到广泛采用。

2. 计算示例

以下基于 7.3.6 的风险计算原理,具体说明使用矩阵法计算风险的过程。

(1) 条件。

共有三个重要资产,资产 A1、资产 A2 和资产 A3;

资产 A1 面临两个主要威胁,威胁 T1 和威胁 T2;

资产 A2 面临一个主要威胁,威胁 T3;

资产 A3 面临两个主要威胁,威胁 T4 和 T5;

威胁 T1 可以利用的资产 A1 存在的两个脆弱性,脆弱性 V1 和脆弱性 V2;

威胁 T2 可以利用的资产 A1 存在的三个脆弱性,脆弱性 V3、脆弱性 V4 和脆弱性 V5;

威胁 T3 可以利用的资产 A2 存在的两个脆弱性,脆弱性 V6 和脆弱性 V7;

威胁 T4 可以利用的资产 A3 存在的一个脆弱性,脆弱性 V8;

威胁 T5 可以利用的资产 A3 存在的一个脆弱性,脆弱性 V9。

资产价值分别是:资产 A1=2,资产 A2=3,资产 A3=5;

威胁发生频率分别是:威胁 T1=2,威胁 T2=1,威胁 T3=2,威胁 T4=5,威胁 T5=4;

脆弱性严重程度分别是:脆弱性 V1=2,脆弱性 V2=3,脆弱性 V3=1,脆弱性 V4=4,脆弱性 V5=2,脆弱性 V6=4,脆弱性 V7=2,脆弱性 V8=3,脆弱性 V9=5。

(2) 计算重要资产的风险值。

三个资产的风险值计算过程类似,下面以资产 A 为例使用矩阵法计算风险值。

资产 A1 面临的主要威胁包括威胁 T1 和威胁 T2,威胁 T1 可以利用的资产 A1 存在的脆弱性包括两个,威胁 T2 可以利用的资产 A1 存在的脆弱性包括三个,则资产 A1 存在的风险值包括五个。五个风险值的计算过程类似,下面以资产 A1 面临的威胁 T1 可以利用的脆弱性 V1 为例,计算安全风险值。

1) 计算安全事件发生可能性。

威胁发生频率:威胁 T1=2;

脆弱性严重程度:脆弱性 V1=2。

首先构建安全事件发生可能性矩阵,如表 7-13 所示。

然后根据威胁发生频率值和脆弱性严重程度值在矩阵中进行对照,确定安全事件发生可能性值等于 6。

表 7-13　安全事件可能性矩阵

威胁发生频率 \ 脆弱性严重程度	1	2	3	4	5
1	2	4	7	11	14
2	3	6	10	13	17
3	5	9	12	16	20
4	7	11	14	18	22
5	8	12	17	20	25

由于安全事件发生可能性将参与风险事件值的计算，为了构建风险矩阵，对上述计算得到的安全风险事件发生可能性进行等级划分，如表 7-14 所示，安全事件发生可能性值等于 2。

表 7-14　安全事件可能性等级划分

安全事件发生可能性值	1～5	6～11	12～16	17～21	22～25
发生可能性等级	1	2	3	4	5

2）计算安全事件的损失。

资产价值：资产 A1=2；

脆弱性严重程度：脆弱性 V1=2。

首先构建安全事件损失矩阵，如表 7-15 所示。

表 7-15　安全事件损失矩阵

资产价值 \ 脆弱性严重程度	1	2	3	4	5
1	2	4	6	10	13
2	3	5	9	12	16
3	4	7	11	15	20
4	5	8	14	19	22
5	6	10	16	21	25

然后根据资产价值和脆弱性严重程度值在矩阵中进行对照，确定安全事件损失值等于 5。

由于安全事件损失将参与风险事件值的计算，为了构建风险矩阵，对上述计算得到的安全事件损失进行等级划分，如表 7-16 所示，安全事件造成的损失值等于 1。

表 7-16　安全事件损失等级划分

安全事件损失值	1～5	6～10	11～15	16～20	21～25
安全事件损失等级	1	2	3	4	5

3）计算风险值。

安全事件发生可能性=2；安全事件损失=1。

首先构建风险矩阵，如表 7-17 所示。

表 7-17　风险矩阵

	可能性	1	2	3	4	5
损失	1	3	6	9	12	16
	2	5	8	11	15	18
	3	6	9	13	17	21
	4	7	11	16	20	23
	5	9	14	20	23	25

然后根据安全事件发生可能性和安全事件损失在矩阵中进行对照，确定安全事件风险等于6。按照上述方法进行计算，得到资产 A 的其他的风险值，以及资产 A2 和资产 A3 的风险。然后再进行风险结果等级判定。

（3）结果判定。

确定风险等级划分，如表 7-18 所示。

表 7-18　风险等级划分

风险值	1~6	7~12	13~18	19~23	24~25
风险等级	1	2	3	4	5

根据上述计算方法，以此类推，得到三个重要资产的风险值，并根据风险等级划分表，确定风险等级，结果如表 7-19 所示。

表 7-19　风险结果

资产	威胁	脆弱性	风险值	风险等级
资产 A1	威胁 T1	脆弱性 V1	6	1
	威胁 T1	脆弱性 V2	8	2
	威胁 T2	脆弱性 V3	3	1
	威胁 T2	脆弱性 V4	9	2
	威胁 T2	脆弱性 V5	3	1
资产 A2	威胁 T3	脆弱性 V6	11	2
	威胁 T3	脆弱性 V7	8	2
资产 A3	威胁 T4	脆弱性 V8	20	4
	威胁 T5	脆弱性 V9	25	5

重要资产的风险值等级柱状图如图 7-4 所示。

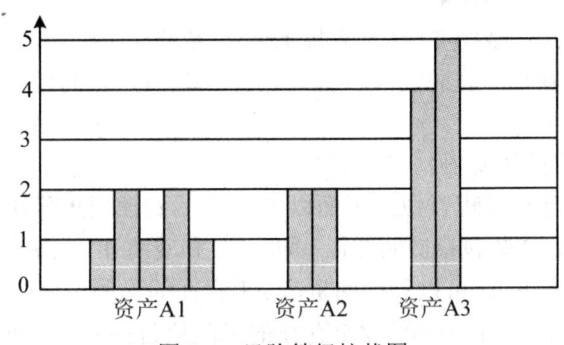

图 7-4　风险等级柱状图

7.4.2　使用相乘法计算风险

1. 相乘法原理

相乘法主要用于两个或多个要素值确定一个要素值的情形。即 $z = f(x,y)$，函数 f 可以采用相乘法。

相乘法的原理是：$z = f(x,y) = x \otimes y$。

当 f 为增量函数时，$\otimes$ 可以为直接相乘，也可以为相乘后取模等，例如：$z = f(x,y) = x \times y$，或 $z = f(x,y) = \sqrt{x \times y}$，或 $z = f(x,y) = \left[\sqrt{x \times y}\right]$，或 $z = f(x,y) = \left[\dfrac{\sqrt{x \times y}}{x+y}\right]$ 等。

相乘法提供一种定量的计算方法，直接使用两个要素值进行相乘得到另一个要素的值。相乘法的特点是简单明确，直接按照统一公式计算，即可得到所需结果。

在风险值计算中，通常需要对两个要素确定的另一个要素值进行计算，如由威胁和脆弱性确定安全事件发生可能性值、由资产和脆弱性确定安全事件的损失值，因此相乘法在风险分析中得到广泛采用。

2. 计算示例

以下基于 7.3.6 的风险计算原理，具体说明使用相乘法计算风险的过程。

（1）条件。

共有两个重要资产，资产 A1 和资产 A2；

资产 A1 面临三个主要威胁，威胁 T1、威胁 T2 和威胁 T3；

资产 A2 面临两个主要威胁，威胁 T4 和威胁 T5；

威胁 T1 可以利用的资产 A1 存在的一个脆弱性，脆弱性 V1；

威胁 T2 可以利用的资产 A1 存在的两个脆弱性，脆弱性 V2、脆弱性 V3；

威胁 T3 可以利用的资产 A1 存在的一个脆弱性，脆弱性 V4；

威胁 T4 可以利用的资产 A2 存在的一个脆弱性，脆弱性 V5；

威胁 T5 可以利用的资产 A2 存在的一个脆弱性，脆弱性 V6。

资产价值分别是：资产 A1=4，资产 A2=5；

威胁发生频率分别是：威胁 T1=1，威胁 T2=5，威胁 T3=4，威胁 T4=3，威胁 T5=4；

脆弱性严重程度分别是：脆弱性 V1=3，脆弱性 V2=1，脆弱性 V3=5，脆弱性 V4=4，脆弱性 V5=4，脆弱性 V6=3。

（2）计算重要资产的风险值。

两个资产的风险值计算过程类似，下面以资产 A 为例使用矩阵法计算风险值。

资产 A1 面临的主要威胁包括威胁 T1、威胁 T2 和威胁 T3，威胁 T1 可以利用的资产 A1 存在的脆弱性有一个，威胁 T2 可以利用的资产 A1 存在的脆弱性有两个，威胁 T3 可以利用的资产 A1 存在的脆弱性有一个，则资产 A1 存在的风险值包括四个。四个风险值的计算过程类似，下面以资产 A1 面临的威胁 T1 可以利用的脆弱性 V1 为例，计算安全风险值。其中计算公式使用：

$$z = f(x, y) = \sqrt{x \times y}$$

并对 z 的计算值四舍五入取整得到最终结果。

1）计算安全事件发生可能性。

威胁发生频率：威胁 T1=1。

脆弱性严重程度：脆弱性 V1=3。

计算安全事件发生可能性，安全事件发生可能性=$\sqrt{1 \times 3} = \sqrt{3}$。

2）计算安全事件的损失。

资产价值：资产 A1=4。

脆弱性严重程度：脆弱性 V1=3。

计算安全事件的损失，安全事件损失=$\sqrt{4 \times 3} = \sqrt{12}$。

3）计算风险值。

安全事件发生可能性=2。

安全事件损失=3。

安全事件风险值=$\sqrt{3} \times \sqrt{12} = 6$。

按照上述方法进行计算，得到资产 A1 的其他风险值，以及资产 A2 和资产 A3 风险值。然后再进行风险结果等级判定。

（3）结果判定。

确定风险等级划分如表 7-20 所示。

表 7-20　风险等级划分

风险值	1～5	6～10	11～15	16～20	21～25
风险等级	1	2	3	4	5

根据上述计算方法，以此类推，得到两个重要资产的风险值，并根据风险等级划分表，

确定风险等级，结果如表 7-21 所示。

表 7-21 风险结果

资产	威胁	脆弱性	风险值	风险等级
资产 A1	威胁 T1	脆弱性 V1	6	2
	威胁 T2	脆弱性 V2	4	1
	威胁 T2	脆弱性 V3	22	5
	威胁 T3	脆弱性 V4	16	4
资产 A2	威胁 T4	脆弱性 V5	15	3
	威胁 T5	脆弱性 V6	13	3

重要资产的风险值等级柱状图，如图 7-5 所示。

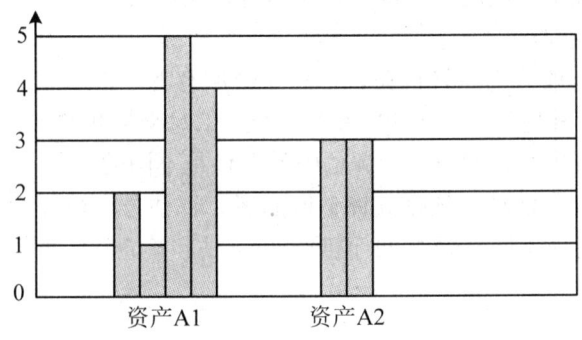

图 7-5 风险等级柱状图

7.5 风险评估的角色与工具

7.5.1 风险评估的形式及角色运用

1. 风险评估的形式

根据评估发起者的不同，可以将风险评估形式分为自评估和检查评估两类。自评估是由被评估组织发起的，依据国家法规与标准，对其所管理的信息系统进行的风险评估活动。检查评估则是被评估组织的上级主管机关或业务主管机关发起的，具有强制性的检查活动，是通过行政手段加强信息安全的重要措施。

检查评估是在对自评估过程记录与评估结果的基础上，验证和确认系统存在的技术、管理、运行风险，以及用户实施自评估后采取风险控制措施取得的效果。

检查评估可以依据本标准的要求，对自评估的实施过程、风险计算方法、评估结果等重要环节的科学合理性进行分析，并制定检查列表。检查列表应覆盖以下内容，但不限于：

(1) 风险自评估方法的检查。
(2) 风险自评估过程记录检查。
(3) 风险自评估结果跟踪检查。
(4) 现有安全措施的检查。
(5) 系统输入输出控制的检查。
(6) 软硬件维护制度及实施状况的检查。
(7) 突发事件应对措施的检查。
(8) 数据完整性保护措施的检查。
(9) 物理环境的检查。
(10) 审计追踪的检查。

信息安全风险评估应以自评估为主,自评估和检查评估相互结合、互为补充。自评估和检查评估可依托自身技术力量进行,也可委托具有相应资质的第三方机构提供技术支持。

2. 风险评估的角色与运用

风险评估的角色一般分为主管机关、信息系统所有者、信息系统承建者、信息安全风险评估服务技术支持方、其他相关者(即因系统互联、信息交换和共享、系统采购等行为与该系统发生关联的组织)五类。它们在风险评估中的责任是不同的。

不同形式的风险评估活动,依据其评估发起者、评估方、被评估方等的角色不同,目的不同,其适用情况也有所不同。表 7-22 说明了自评估和检查评估两类评估形式的特点、适用情况和各类角色。

表 7-22 风险评估的角色运用

评估形式	自评估	检查评估
评估发起者	信息系统所有者	主管机关
通常适用情况	对自身的信息系统进行安全风险的识别、评价,从而进一步选择合适的控制措施,降低被评估信息系统的安全风险,可纳入整个组织安全管理体系的要求中	通常都是定期的、抽样进行的评估模式,旨在检查关键领域、或关键点的信息安全风险是否在可接受的范围内
特点	优点:无论是发起方实施的自评估,还是由发起方委托评估机构实施的自评估,都有利于发挥行业和部门内人员的业务特长;提高组织的风险评估技能与信息安全知识;加强信息系统相关人员的安全意识。由发起方实施的评估可以降低实施的费用、提高信息的保密性。 缺点:发起方实施的自评估可能由于缺乏风险评估的专业技能,其结果可能不深入。同时,受到机构内部各种不利因素的影响,自评估的结果可能损失一定的客观性,从而降低评估结果的置信程度	优点:由于检查评估是由被评估方的主管机关实施的,因此,其评估结果具有一定的权威性。 缺点:单次检查评估的间隔时间比较长,检查时间比较短,很难对信息系统的整体风险状况做出完整的评价,只能就特定的关键点检查被评估系统是否达到要求。检查评估符合要求也不表明系统的整体风险状况已经达到要求

续表

评估形式	自评估	检查评估
评估方	信息系统所有者（自评估）和信息安全风险评估服务技术支持方	业务主管机关（检查评估）、信息安全风险评估服务技术支持方
被评估方	信息系统所有者	信息系统所有者
评估配合方	信息系统承建者或其他相关者	信息系统承建者或其他相关者

表 7-22 中提及的信息安全风险评估服务技术支持方具有风险评估的专业人才，风险评估的经验比较丰富，评估的过程比较规范，评估结果的客观性比较好，置信度较高；但由于受到行业知识技能以及评估时间的限制，一般对被评估系统的了解有限。

7.5.2 风险评估的工具

风险评估工具是保证风险评估结果可信度的一个重要因素。风险评估的工具包括风险评估辅助工具、系统软件评估工具、安全管理评价系统三类。风险评估辅助工具是一套集成了风险评估各类知识和判据的管理信息系统，以规范风险评估的过程和操作方法，或者是用于收集评估所需要的数据和资料，监控某些网络行为的日志系统。系统软件评估工具主要用于对一些信息系统的部件（如操作系统、数据库系统、网络设备等）的漏洞进行分析，或实施基于漏洞的攻击；安全管理评价工具则根据一定的安全管理模型，基于专家经验，对输入输出进行模型分析。

1. 安全管理评价系统

此类工具主要从安全管理方面入手，评估资产所面临的威胁。评估的方式可以通过问卷的方式、也可以通过结构化的推理过程，建立模型、输入相关信息，得出评估结论。通常这种系统在对信息安全风险进行评估后都会有针对性地提出风险管理措施。这种风险评估工具通常建立在一定的算法之上，风险由重要资产、所面临的威胁以及威胁所利用的脆弱点三者来确定，如 RA。也有通过建立专家系统，利用专家经验进行风险分析，给出专家结论，这种评估工具需要不断进行知识库的扩充，以适应不同的需要。

常用的评估工具包括：CRAMM（CCTA Risk Analysis arid Management Method）、COBRA（Consultative, Objective and Bi-functional Risk Analysis）、ASSET、@RISK 等。

2. 系统软件评估工具

系统软件评估工具包括脆弱点扫描工具和渗透性测试工具。脆弱点扫描工具也称为安全扫描器、漏洞扫描仪，用于识别网络、操作系统、数据库系统的安全漏洞。通常情况下，这些工具能够发现软件和硬件中已知的安全漏洞，以决定系统是否易受已知攻击的影响，并且寻找系统脆弱点。渗透性测试工具是根据漏洞扫描工具扫描的结果，进行模拟黑客测试，判断是否这些漏洞能够被他人利用。这种工具可以是针对某个漏洞攻击的软件，也可以是一些脚本文件。渗透性测试的目的是检测已发现的漏洞是否真正会给系统或网络环境带来威胁。通常渗透性工具与漏洞扫描工具一起使用。比较常用的系统软件评估工具有：ISS Internet Scanner、Nessus 等。

3. 风险评估辅助工具

风险评估辅助工具主要用来收集评估所需要的数据和资料，帮助完成现状分析和趋势分析。如入侵监测系统，帮助检测各种攻击试探和误操作；同时也可以作为一个警报器，提醒管理员发生的安全状况。

安全审计工具主要是用来记录网络行为，分析系统或网络安全现状，其所提供的审计记录为风险评估提供安全现状数据。

科学的风险评估需要大量的实践数据和经验数据的支持，因此历史数据和技术数据的积累是风险评估科学性和预见性的基础。根据各种评估过程中需要的数据和知识，可以将风险评估辅助工具分为：评估指标库、知识库、漏洞库、算法库、模型库。

7.6 不同阶段的不同评估要求

7.6.1 信息系统生命周期概述

信息系统生命周期包含五个基本阶段：规划阶段、设计阶段、实施阶段、运维阶段和废弃阶段。图 7-6 列出了生命周期各阶段中的安全活动。

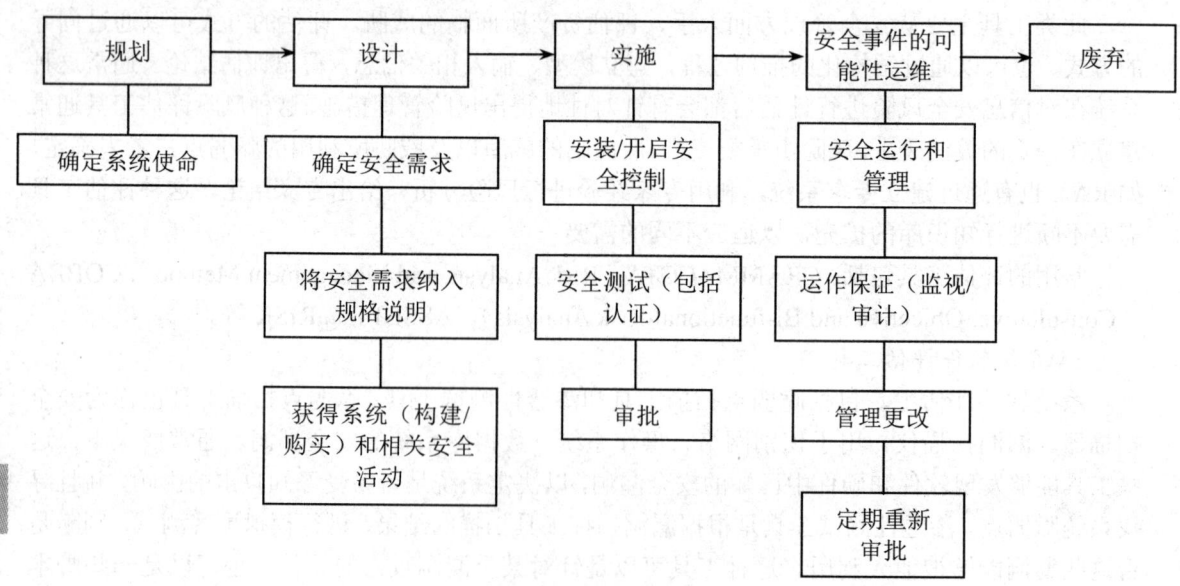

图 7-6　信息系统生命周期各阶段的安全活动

7.6.2　生命周期各阶段的风险评估

风险评估应贯穿于信息系统的整个生命周期的各阶段中。信息系统生命周期各阶段中涉及的风险评估的原则和方法是一致的，可按照本标准中的风险评估实施过程进行适当的简化与裁剪加以实施。但由于各阶段实施的内容、对象、安全需求不同，使得风险评估的对象、目的、要求等各方面也有所不同。具体而言，在规划设计阶段，通过风险评估以确定系统的安全目标；在建设验收阶段，通过风险评估以确定系统的安全目标达成与否；在运行维护阶段，要不断地实施风险评估以识别系统面临的不断变化的风险和脆弱性，从而确定安全措施的有效性，确保安全目标得以实现。因此，各阶段风险评估的具体实施也将根据该阶段的特点有所侧重进行。

1. 规划阶段

规划阶段风险评估的目的是识别系统的使命，用以支撑系统安全需求及安全战略等。规划阶段的评估应能够描述信息系统建成后对现有业务模式的作用，包括技术、管理等方面，并根据其作用确定系统建设应达到的安全目标。

本阶段评估中，资产、脆弱性不需要识别；威胁应根据未来系统的应用对象、应用环境、业务状况、操作要求等方面进行分析。评估着重以下几方面：

（1）是否从组织上依据相关规则确立信息系统整体规划，是否与业务战略相一致，并得到最高管理者的认可。

（2）整体规划中是否明确系统开发的组织、业务变更的管理、开发优先级。

（3）整体规划中是否考虑系统的威胁、环境和制定总体的安全方针。

（4）描述信息系统预期使用的信息，包括预期的应用、信息资产的重要性、潜在的价值、可能的使用限制、对业务的支持程度等。

（5）描述所有与信息系统安全相关的运行环境，包括物理和人员的安全配置，以及明确相关的法规、组织安全政策、习惯、专门技术和知识等。

规划阶段的评估结果应体现在信息系统整体规划或项目建议书中。

2. 设计阶段

设计阶段的风险评估需要根据规划阶段所明确的系统运行环境、资产重要程度，提出安全功能需求。设计阶段的风险评估结果应对设计开发计划中所提供的安全功能符合性进行判断，作为采购过程风险控制的依据。

本阶段评估中，应详细评估设计开发计划中对系统面临威胁的描述、将使用的具体设备、软件等资产的列表，以及这些资产的安全功能需求。评估对象是开发设计计划和安全需求分析，对部分将二者合一的系统建设方案，则直接评审系统建设方案。

对开发设计计划的评估包括以下内容：

（1）设计开发计划是否符合系统建设规划，并得到最高管理者的认可。

（2）是否对系统建设后面临的威胁进行了分析。重点分析来自物理环境和自然的威胁，及由于内、外部入侵等造成的威胁。

（3）设计开发计划是否明确目的、业务对象、费用、效果等各项内容。

（4）是否采取了一定的手段应对系统可能的故障。

（5）对设计或者原型中的技术实现以及人员、组织管理等各方面的脆弱性进行评估，包括设计过程中的管理脆弱性和技术平台固有的脆弱性。

系统分析及需求定义的评估要点包括：是否符合规划阶段的安全目标，并基于威胁的分析，制定系统建设的总体安全策略；是否考虑可能随着其他系统接入而产生的风险；信息系统建成后可能对业务、管理体制及各种规程等的影响；是否根据开发的规模、时间及系统的特点选择开发方法，并根据设计开发计划及用户需求，对系统涉及的软件、硬件与网络进行分析和选型；系统的性能是否满足潜在用户需求，并考虑到峰值的影响，是否在技术上考虑了满足系统性能要求的方法；数据库是否根据业务需要进行设计；设计活动中所采用的安全控制措施、安全技术保障手段对风险结果的影响。在安全需求变更和设计变更后，也需要重复这项评估。

设计阶段的评估可以以安全建设方案评审的方式进行，判定方案所提供的安全功能与信息技术安全技术标准的符合性。评估结果最终应体现在系统的需求分析报告或建设实施方案中。

3. 实施阶段

实施阶段风险评估的目的是根据系统安全需求和运行环境对系统开发实施过程进行风险识别，并对系统建成后的安全功能进行验证。根据设计阶段分析的威胁和建立的安全控制措施，在实施及验收时进行质量控制。

基于设计阶段的资产列表、安全措施以及评估开发过程中对上述要求的保障，实施阶段应对规划阶段的安全威胁进行进一步细分，同时评估安全措施的实现程度，从而确定上述安全措施能否抵御现有威胁、脆弱性的影响。实施阶段风险评估包括开发与获取阶段、实施交付阶段两部分评估。

开发与获取阶段的具体评估要点包括。

（1）法律、政策、适用标准和指导方针：评估直接或间接影响信息安全需求的特定法律；评估政府政策、国际或国家标准对系统安全需求的影响。

（2）系统的功能需要：安全需求是否有效地支持系统的功能。

（3）成本效益风险：系统的资产、威胁和弱点，以确定在符合相关法律、政策、标准和系统功能需要下最合适的防范措施。

（4）评估保证级别，指明系统建设后应进行怎样的测试和检查，从而确定是否满足项目建设、实施规范。

（5）评估系统开发/获取阶段的安全活动，包括系统安全开发的内容、开发过程的监视、安全问题的防范、需求更改的响应以及监视外来的威胁。

实施交付阶段的具体评估要点包括：根据实际建成的系统，详细分析其面临的威胁；根据系统建设目标和安全需求，对系统的安全功能进行验收测试；评价安全功能能否抵御安全威胁；评估是否建立了与整体安全策略一致的组织管理制度；对系统实现的风险控制效果与预期设计的符合性进行判断，如存在较大的不符合，应重新进行系统安全策略的设计与调整。

本阶段风险评估可以采取对照实施方案和标准要求的方式对实际建设结果进行测试、分析。

4. 运维阶段

运维阶段风险评估的目的是了解和控制运行过程中的信息系统安全风险，是一种较为全面的风险评估。评估内容包括对真实运行的信息系统、资产、威胁、脆弱性等各方面。

（1）资产评估：对真实环境下较为细致的评估，包括实施阶段采购的软硬件资产、系统运行过程中生成的信息资产、相关的人员与服务等。本阶段资产识别是前期资产识别的补充与增加。

（2）威胁评估：真实环境中的威胁分析，应全面地评估威胁的可能性和影响程度。对非故意威胁产生安全事件的评估可以参照事故发生率；对故意威胁主要由评估人员就威胁的各个影响因素做出专业判断，同时考虑已有控制措施。

（3）脆弱性评估：是全面的脆弱性评估。包括运行环境下物理、网络、系统、应用、安全保障设备、管理的脆弱性。对于技术的脆弱性评估采取核查、扫描、案例验证、渗透性测试的方式验证脆弱性；对安全保障设备脆弱性评估时考虑安全功能的实现情况和安全措施本身的脆弱性。对于管理脆弱性采取文档、记录核查进行验证。

（4）风险计算：根据本标准的相关方法，对主要资产的风险进行定性或定量的风险分析，描述不同资产的风险高低状况。

运维阶段的风险评估应定期执行；当组织的业务流程、系统状况发生重大变化时，也应进行风险评估。重大变更时包括以下变更（但不限于）：增加新的应用或应用发生较大变更；网络结构和连接状况发生较大变更；技术平台大规模的更新；系统扩容或改造后进行；发生重大安全事件后，或基于某些运行记录怀疑将发生重大安全事件；组织结构发生重大变动对系统产生影响。

5. 废弃阶段

废弃阶段风险评估的目的是确保硬件和软件等资产及残留信息得到了适当的废弃处置，并确保系统更新过程在一个安全、系统化的状态下完成。

本阶段应重点对废弃资产对组织的影响进行分析，并根据不同的影响制定不同的处理方式。对由于系统废弃可能带来的新的威胁进行分析，并改进新系统或管理模式。对废弃资产的处理过程应在有效的监督之下实施，同时对废弃的执行人员进行安全教育。

维护工作的技术人员和管理人员均应该参与此阶段的评估。

思考与练习

1. 简述风险评估准备阶段的主要工作内容是什么？

2. 简述资产识别的工作内容和工作方式。
3. 简述威胁识别的工作内容和参加人员。
4. 简述风险计算的原理。
5. 简述信息系统的生命周期分为几个阶段?每个不同阶段对风险评估的要求有什么不同?
6. 数据库常见威胁有哪些?针对于工具测试需要注意哪些内容?

附录1
信息系统安全等级保护定级报告

信息系统安全等级保护定级报告

（定级报告起草参考实例）

一、X省邮政金融网中间业务系统描述

（1）该中间业务于*年*月*日由*省邮政局科技立项，省邮政信息技术局自主研发。目前该系统由技术局运行维护部负责运行维护。省邮政局是该信息系统业务的主管部门，省邮政局委托技术局为该信息系统定级的责任单位。

（2）此系统是计算机及其相关和配套的设备、设施构成的，是按照一定的应用目标和规则对邮储金融中间业务信息进行采集、加工、存储、传输、检索等处理的人机系统。整个网络分为两部分，第一部分为省数据中心，第二部分为市局局域网。

在省数据中心的核心设备部署了华为的 S**三层交换机……

在省数据中心的网络中配置了两台与外部网络互联的边界设备：天融信 NGFW 4**防火墙和 Cisco 2**路由器……

省数据中心网络中剩下的一部分就是与下面各个地市的互联。其中主要设备部署的是……整个省数据中心网络中的所有设备系统都按照统一的设备管理策略，只能现场配置，不可远程拨号登陆。

整个信息系统的网络系统边界设备可定为 NGFW 4** 与 Cisco 2**。Cisco 2** 外联的其他系统都划分为外部网络部分，而 NGFW 4** 以内的部分包括与各地市互联的部分都可归为中心的内部网络，与中间业务系统相关的省数据中心网络边界部分和内部网络部分都是等级保

护定级的范围和对象。在此次定级过程中,将各市的网络和数据中心连同省中心统一作为一个定级对象加以考虑,统一进行定级、备案。各市的网络和数据中心还要作为整个系统的分系统分别进行定级、备案。

(3) 该信息系统业务主要包含:中国移动代收费、中国联通代收费、代理国债、批量工资代发、批量水电气等费用代扣、代收烟草款等业务,并新增加了代收国税、地税,代办保险等业务。系统针对业务实现的差异分别提供实时联机处理和批量处理两种方式。其中:通过网络与第三方机构的连接,均采用约定好的报文格式进行通讯,业务处理流程实时完成。

业务处理系统以省集中结构模式,负责各类中间业务的业务处理,包括与第三方实时连接、接口协议转换、非实时批量数据的采集、业务处理逻辑的实现、与会计核算系统的连接等。

二、X省邮政金融网中间业务系统安全保护等级的确定

(1) 业务信息安全保护等级的确定。

1) 业务信息描述。

金融网中间业务信息包括:代收费情况信息,缴费公民、法人和其他组织的个人(单位)信息,欠费情况,以及代收费的银行、电信、燃气、税务、保险等部门的信息等。属于公民、法人和其他组织的专有信息。

2) 业务信息受到破坏时所侵害客体的确定(侵害的客体包括:①国家安全;②社会秩序和公共利益;③公民、法人和其他组织的合法权益等,共三个客体)。

该业务信息遭到破坏后,所侵害的客体是公民、法人和其他组织的合法权益。

侵害的客观方面(客观方面是指定级对象的具体侵害行为、侵害形式以及对客体造成的侵害结果)表现为:一旦信息系统的业务信息遭到入侵、修改、增加、删除等不明侵害(形式可以包括丢失、破坏、损坏等),会对公民、法人和其他组织的合法权益造成影响和损害,可以表现为:影响正常工作的开展,导致业务能力下降,造成不良影响,引起法律纠纷等。

3) 信息受到破坏后对侵害客体的侵害程度(即上述分析结果的表现程度)。

上述结果的程度表现为严重损害,即工作职能受到严重影响,业务能力显著下降,出现较严重的法律问题,较大范围的不良影响等。

4) 确定业务信息安全等级。

查看《信息安全技术 信息系统安全等级保护定级指南》(以下简称《定级指南》)得知,业务信息安全保护等级为第二级。

业务信息安全被破坏时所侵害的客体	对相应客体的侵害程度		
	一般损害	严重损害	特别严重损害
公民、法人和其他组织的合法权益	第一级	第二级	第二级
社会秩序、公共利益	第二级	第三级	第四级
国家安全	第三级	第四级	第五级

（2）系统服务安全保护等级的确定。

1）系统服务描述。

该系统属于为国计民生、经济建设等提供服务的信息系统，其服务范围为全省范围内的普通公民、法人等。

2）系统服务受到破坏时所侵害客体的确定。

该业务信息遭到破坏后，所侵害的客体是公民、法人和其他组织的合法权益，同时也侵害社会秩序和公共利益但不损害国家安全。客观方面表现的侵害结果为：①可以对公民、法人和其他组织的合法权益造成侵害（影响正常工作的开展，导致业务能力下降，造成不良影响，引起法律纠纷等）；②可以对社会秩序和公共利益造成侵害（造成社会不良影响，引起公共利益的损害等）。根据《定级指南》的要求，出现上述两个侵害客体时，优先考虑社会秩序和公共利益，另外一个不做考虑。

3）信息受到破坏后对侵害客体的侵害程度（即上述分析结果的表现程度）。

上述结果的程度表现为：对社会秩序和公共利益造成严重损害，即会出现较大范围的社会不良影响和较大程度的公共利益损害等。

4）确定系统服务安全等级。

查看《定级指南》得知，由于侵害的客体有两个，侵害的程度也有两个，则业务信息安全保护等级为第三级。

系统服务被破坏时所侵害的客体	对相应客体的侵害程度		
	一般损害	严重损害	特别严重损害
公民、法人和其他组织的合法权益	第一级	第二级	第二级
社会秩序、公共利益	第二级	第三级	第四级
国家安全	第三级	第四级	第五级

（3）安全保护等级的确定。

信息系统的安全保护等级由业务信息安全等级和系统服务安全等级的较高者决定。所以，X省邮政金融网中间业务系统安全保护等级为第三级。

信息系统名称	安全保护等级	业务信息安全等级	系统服务安全等级
X省邮政金融网中间业务系统	第三级	第二级	第三级

（附带说明：该信息系统是在2006年全国等级保护试点工作中的一个典型系统。定完级后，信息系统运营使用单位认为其确定的安全保护等级没有错。后在专家评审的过程中，专家们以是否涉及国家安全为第三级以上信息系统的界限，认为由于该信息系统不涉及国家安全，因此不能定为第三级。但是根据《信息安全等级保护管理办法》和《定级指南》的有关内容，第三级以上信息系统不一定都是侵害国家安全的信息系统，对社会秩序和公共利益造成严重损害的信息系统也可以定为第三级，造成特别严重损害的甚至可以定为第四级。如下表所示：

等级	对象	侵害客体	侵害程度	监管强度
第一级	一般系统	合法权益	损害	自主保护
第二级		合法权益	严重损害	指导
		社会秩序和公共利益	损害	
第三级	重要系统	社会秩序和公共利益	严重损害	监督检查
		国家安全	损害	
第四级		社会秩序和公共利益	特别严重损害	强制监督检查
		国家安全	严重损害	
第五级	极端重要系统	国家安全	特别严重损害	专门监督检查

附录 2

信息系统安全等级保护备案表

备案表编号：☐☐☐☐☐☐-☐☐☐☐☐

信息系统安全等级保护备案表

备 案 单 位：_____（盖章）

备 案 日 期：_____

受理备案单位：_____（盖章）

受 理 日 期：_____

中华人民共和国公安部监制

填 表 说 明

一、**制表依据**。根据《信息安全等级保护管理办法》(公通字[2007]43号)之规定,制作本表。

二、**填表范围**。本表由第二级以上信息系统运营使用单位或主管部门(以下简称"备案单位")填写;本表由四张表单构成,表一为单位信息,每个填表单位填写一张;表二为信息系统基本信息,表三为信息系统定级信息,表二、表三每个信息系统填写一张;<u>表四为第三级以上信息系统需要同时提交的内容,由每个第三级以上信息系统填写一张</u>,并在完成系统建设、整改、测评等工作,投入运行后三十日内向受理备案公安机关提交;表二、表三、表四可以复印使用。

三、**保存方式**。本表一式二份,一份由备案单位保存,一份由受理备案公安机关存档。

四、本表中有选择的地方请在选项左侧"□"划"√",如选择"其他",请在其后的横线中注明详细内容。

五、**封面中备案表编号**(<u>由受理备案的公安机关填写</u>并校验):分两部分共11位,第一部分6位,为受理备案公安机关代码前六位(可参照行标GA380-2002)。第二部分5位,为受理备案的公安机关给出的备案单位的顺序编号。

六、**封面中备案单位**:是指负责运营使用信息系统的法人单位全称。

七、**封面中受理备案单位**:是指受理备案的公安机关公共信息网络安全监察部门名称。<u>此项由受理备案的公安机关负责填写并盖章</u>。

八、**表一04行政区划代码**:是指备案单位所在地(区、市、州、盟)行政区划代码。

九、**表一05单位负责人**:是指主管本单位信息安全工作的领导。

十、**表一06责任部门**:是指单位内负责信息系统安全工作的部门。

十一、**表一08隶属关系**:是指信息系统运营使用单位与上级行政机构的从属关系,须按照单位隶属关系代码(GB/T12404—1997)填写。

十二、**表二02系统编号**:是由运营使用单位给出的本单位备案信息系统的编号。

十三、**表二05系统网络平台**:是指系统所处的网络环境和网络构架情况。

十四、**表二07关键产品使用情况**:国产品是指系统中该类产品的研制、生产单位是由中国公民、法人投资或者国家投资或者控股,在中华人民共和国境内具有独立的法人资格,产品的核心技术、关键部件具有我国自主知识产权。

十五、**表二08系统采用服务情况**:国内服务商是指服务机构在中华人民共和国境内注册成立(港澳台地区除外),由中国公民、法人或国家投资的企事业单位。

十六、**表三01、02、03项**:填写上述三项内容,确定信息系统安全保护等级时可参考《信息安全技术 信息系统安全等级保护定级指南》,信息系统安全保护等级由业务信息安全等级和系统服务安全等级较高者决定。01、02项中每一个确定的级别所对应的损害客体及损害程度可多选。

十七、表三 06 主管部门：是指对备案单位信息系统负领导责任的行政或业务主管单位或部门。部级单位此项可不填。

十八、解释：本表由公安部公共信息网络安全监察局监制并负责解释，未经允许，任何单位和个人不得对本表进行改动。

表一　单位基本情况

01 单位名称				
02 单位地址	＿＿＿＿＿＿省（自治区、直辖市）　＿＿＿＿＿＿地（区、市、州、盟）＿＿＿＿＿＿县（区、市、旗）			
03 邮政编码		04 行政区划代码		
05 单位负责人	姓　名		职务/职称	
	办公电话		电子邮件	
06 责任部门				
07 责任部门联系人	姓　名		职务/职称	
	办公电话		电子邮件	
	移动电话			
08 隶属关系	□1 中央　　　　□2 省（自治区、直辖市）　　　□3 地（区、市、州、盟）□4 县（区、市、旗）　□9 其他＿＿＿＿＿＿			
09 单位类型	□1 党委机关　□2 政府机关　□3 事业单位　□4 企业　□9 其他＿＿＿＿＿			
10 行业类别	□11 电信　　　　　□12 广电　　　　　□13 经营性公众互联网　　　　　　　□21 铁路　　　　　□22 银行　　　　　□23 海关　　　　　　□24 税务□25 民航　　　　　□26 电力　　　　　□27 证券　　　　　　□28 保险　　　　　　□31 国防科技工业　□32 公安　　　　　□33 人事劳动和社会保障　□34 财政□35 审计　　　　　□36 商业贸易　　　□37 国土资源　　　　□38 能源□39 交通　　　　　□40 统计　　　　　□41 工商行政管理　　□42 邮政□43 教育　　　　　□44 文化　　　　　□45 卫生　　　　　　□46 农业□47 水利　　　　　□48 外交　　　　　□49 发展改革　　　　□50 科技□51 宣传　　　　　□52 质量监督检验检疫□99 其他＿＿＿＿＿＿			
11 信息系统总数	个	12 第二级信息系统数	个	13 第三级信息系统数	个
		14 第四级信息系统数	个	15 第五级信息系统数	个

表二（ / ）信息系统情况

01 系统名称				02 系统编号		
03 系统承载业务情况	业务类型	□1 生产作业　　□2 指挥调度　　□3 管理控制　　□4 内部办公 □5 公众服务　　□9 其他					
	业务描述					
04 系统服务情况	服务范围	□10 全国　　　　　　　　　　　□11 跨省（区、市）跨　　个 □20 全省（区、市）　　　　　　□21 跨地（市、区）跨　　个 □30 地（市、区）内　　　　　　□99 其他					
	服务对象	□1 单位内部人员　□2 社会公众人员　□3 两者均包括　□9 其他					
05 系统网络平台	覆盖范围	□1 局域网　　　　□2 城域网　　　　□3 广域网　　　　□9 其他					
	网络性质	□1 业务专网　　　□2 互联网　　　　□9 其他					
06 系统互联情况		□1 与其他行业系统连接　　　□2 与本行业其他单位系统连接 □3 与本单位其他系统连接　　□9 其他				

07 关键产品使用情况	序号	产品类型	数量	使用国产品率		
				全部使用	全部未使用	部分使用及使用率
	1	安全专用产品		□	□	□　　　%
	2	网络产品		□	□	□　　　%
	3	操作系统		□	□	□　　　%
	4	数据库		□	□	□　　　%
	5	服务器		□	□	□　　　%
	6	其他		□	□	□　　　%

08 系统采用服务情况	序号	服务类型		服务责任方类型		
				本行业（单位）	国内其他服务商	国外服务商
	1	等级测评	□有□无	□	□	□
	2	风险评估	□有□无	□	□	□
	3	灾难恢复	□有□无	□	□	□
	4	应急响应	□有□无	□	□	□
	5	系统集成	□有□无	□	□	□
	6	安全咨询	□有□无	□	□	□
	7	安全培训	□有□无	□	□	□
	8	其他		□	□	□

09 等级测评单位名称	
10 何时投入运行使用	年　　　月　　　日
11 系统是否是分系统	□是　　　□否（如选择是请填下两项）
12 上级系统名称	
13 上级系统所属单位名称	

表三（ / ）信息系统定级情况

	损害客体及损害程度	级别
01 确定业务信息安全保护等级	□仅对公民、法人和其他组织的合法权益造成损害	□第一级
	□对公民、法人和其他组织的合法权益造成严重损害	□第二级
	□对社会秩序和公共利益造成损害	
	□对社会秩序和公共利益造成严重损害	□第三级
	□对国家安全造成损害	
	□对社会秩序和公共利益造成特别严重损害	□第四级
	□对国家安全造成严重损害	
	□对国家安全造成特别严重损害	□第五级
02 确定系统服务安全保护等级	□仅对公民、法人和其他组织的合法权益造成损害	□第一级
	□对公民、法人和其他组织的合法权益造成严重损害	□第二级
	□对社会秩序和公共利益造成损害	
	□对社会秩序和公共利益造成严重损害	□第三级
	□对国家安全造成损害	
	□对社会秩序和公共利益造成特别严重损害	□第四级
	□对国家安全造成严重损害	
	□对国家安全造成特别严重损害	□第五级
03 信息系统安全保护等级	□第一级　□第二级　□第三级　□第四级　□第五级	
04 定级时间	年　　月　　日	
05 专家评审情况	□已评审　　　　　□未评审	
06 是否有主管部门	□有　　　　　□无（如选择有请填下两项）	
07 主管部门名称		
08 主管部门审批定级情况	□已审批　　　　　□未审批	
09 系统定级报告	□有　　　　　□无　　附件名称_____	
填表人：	填表日期：　年　月　日	

备案审核民警：　　　　　审核日期：　　年　　月　　日

表四（ / ）第三级以上信息系统提交材料情况

01 系统拓扑结构及说明	☐有	☐无	附件名称＿＿＿＿＿＿＿
02 系统安全组织机构及管理制度	☐有	☐无	附件名称＿＿＿＿＿＿＿
03 系统安全保护设施设计实施方案或改建实施方案	☐有	☐无	附件名称＿＿＿＿＿＿＿
04 系统使用的安全产品清单及认证、销售许可证明	☐有	☐无	附件名称＿＿＿＿＿＿＿
05 系统等级测评报告	☐有	☐无	附件名称＿＿＿＿＿＿＿
06 专家评审情况	☐有	☐无	附件名称＿＿＿＿＿＿＿
07 上级主管部门审批意见	☐有	☐无	附件名称＿＿＿＿＿＿＿

附录 3

涉秘信息系统分级保护备案表

涉及国家秘密的信息系统分级保护备案表

单位名称	
涉密信息系统名称	
系统密级（保护等级）	□ 秘密　　□ 机密　　□ 绝密
系统连接范围	□局域网　□城域网　□广域网（跨____个省或地）
系统安全域划分和安全域密级确定	□未划分安全域 □划分安全域（共有____个，其中绝密级____个，机密级____个，秘密级____个，内部级____个）
系统主要承建单位	
系统投入使用时间	
系统运行管理部门	
系统安全保密管理部门	
系统分级保护实施情况	□已经实施　　□正在实施　　□计划____年实施

填报日期：　　年　月　日　　　　　　　填报单位：（盖章）

填表说明：
1. "系统密级"依据《涉及国家秘密的信息系统分级保护管理办法》和国家保密标准 BMB17-2006 确定。
2. 涉密信息系统一般应划分安全域，同一系统内的不同安全域根据所处理信息的重要程度，可分别确定密级。
3. 表中"□"项，确认划"√"。
4. 填报多个涉密信息系统，可复印此表。

国家保密局制

附录 4
信息系统安全等级测评报告模板

报告编号：（XXXX-XX-XXXX-XX）

信息系统安全等级测评报告
模版

系统名称：_____

被测单位：_____

测评单位：_____

报告时间：_____ 年 _____ 月 _____ 日

信息系统等级测评基本信息表

信息系统				
系统名称		安全保护等级		
备案证明编号		测评结论		
被测单位				
单位名称				
单位地址		邮政编码		
联系人	姓　名		职务/职称	
	所属部门		办公电话	
	移动电话		电子邮件	
测评单位				
单位名称			单位代码	
通信地址			邮政编码	
联系人	姓　名		职务/职称	
	所属部门		办公电话	
	移动电话		电子邮件	
审核批准	编制人	(签名)	编制日期	
	审核人	(签名)	审核日期	
	批准人	(签名)	批准日期	

注：单位代码由受理测评机构备案的公安机关给出。

声　明

　　（声明是测评机构对测评报告的有效性前提、测评结论的适用范围以及使用方式等有关事项的陈述。针对特殊情况下的测评工作，测评机构可在以下建议内容的基础上增加特殊声明。）

　　本报告是×××信息系统的等级测评报告。

　　本报告测评结论的有效性建立在被测评单位提供相关证据的真实性基础之上。

　　本报告中给出的测评结论仅对被测信息系统当时的安全状态有效。当测评工作完成后，由于信息系统发生变更而涉及到的系统构成组件（或子系统）都应重新进行等级测评，本报告不再适用。

　　本报告中给出的测评结论不能作为对信息系统内部署的相关系统构成组件（或产品）的测评结论。

　　在任何情况下，若需引用本报告中的测评结果或结论都应保持其原有的意义，不得对相关内容擅自进行增加、修改和伪造或掩盖事实。

报 告 摘 要

（建议不超过 800 字）

简要描述被测信息系统的名称、安全等级、承载的业务等基本情况。

简要描述测评范围和主要内容。

简要描述测评指标的符合性情况，给出测评结论（包括符合、基本符合和不符合）。

简要描述测评中发现的主要问题和危害，并提出安全建设整改建议。

1 测评项目概述

1.1 测评目的

1.2 测评依据

列出开展测评活动所依据的文件、标准和合同等。

1.3 测评过程

描述等级测评工作流程，包括测评工作流程图、各阶段完成的关键任务和工作的时间节点等内容。

1.4 报告分发范围

说明等级测评报告正本的份数与分发范围。

2 被测信息系统情况

参照备案信息简要描述信息系统。

2.1 承载的业务情况

描述信息系统承载的业务、应用等情况。

2.2 网络结构

给出被测信息系统的拓扑结构示意图，并基于示意图说明被测信息系统的网络结构基本情况，包括功能/安全区域划分、隔离与防护情况、关键网络和主机设备的部署情况和功能简介、与其他信息系统的互联情况和边界设备以及本地备份和灾备中心的情况。

2.3 系统构成

2.3.1 业务应用软件

以列表的形式给出被测信息系统中的业务应用软件（包括含中间件等应用平台软件），描述项目包括软件名称、主要功能简介。

序号	软件名称	主要功能	重要程度[1]
……	……	……	……

2.3.2 关键数据类别

以列表形式描述具有相近业务属性和安全需求的数据集合。

序号	数据类别	所属业务应用	主机/存储设备	重要程度
……	……	……	……	……

2.3.3 主机/存储设备

以列表形式给出被测信息系统中的主机设备，描述主机设备的项目包括设备名称、操作系统、数据库管理系统以及承载的业务应用软件系统。

序号	设备名称	操作系统/数据库管理系统	业务应用软件系统
……	……		……

2.3.4 网络互联设备

以列表形式给出被测信息系统中的网络互联设备。

序号	设备名称	用　途	重要程度
……	……	……	……

---

[1] 依据《信息安全技术　信息系统安全等级保护测评过程指南》判定

2.3.5 安全设备

以列表形式给出被测信息系统中的安全设备。

序号	设备名称	用途	重要程度
……	……	……	……

2.3.6 安全相关人员

以列表形式给出与被测信息系统安全相关的人员情况。相关人员包括（但不限于）安全主管、系统建设负责人、系统运维负责人、网络（安全）管理员、主机（安全）管理员、数据库（安全）管理员、应用（安全）管理员、机房管理人员、资产管理员、业务操作员、安全审计人员等。

序号	姓名	岗位/角色	联系方式
……	……	……	……

2.3.7 安全管理文档

以列表形式给出与信息系统安全相关的文档，包括管理类文档、记录类文档和其他文档。

序号	文档名称	主要内容
……	……	……

2.4 安全环境

描述被测信息系统的运行环境中与安全相关的部分，并以列表形式给出被测信息系统的威胁列表并赋值。威胁赋值是基于历史统计或者行业判断进行的，具体内容可参考《信息安全技术　信息安全风险评估规范》。

序号	威胁分（子）类	描述	威胁赋值
……	……	……	……

2.5 前次测评情况

简要描述前次等级测评发现的主要问题和测评结论。

3 等级测评范围与方法

3.1 测评指标

测评指标包括基本指标和特殊指标两部分。

3.1.1 基本指标

依据信息系统确定的业务信息安全保护等级和系统服务安全保护等级,选择《基本要求》中对应级别的安全要求作为等级测评的基本指标。

鉴于信息系统的复杂性和特殊性(如某些信息系统未部署数据库服务器),基本指标中可能存在部分不适用项,可以在单元测评时进行识别。

安全分类[2]	安全子类[3]	测评项数	备注
……	……	……	

3.1.2 特殊指标

结合行业和系统的实际,以列表形式给出《基本要求》未覆盖或者高于《基本要求》的安全要求。

安全分类	安全子类	特殊要求描述	测评项数
……	……		……

3.2 测评对象

3.2.1 测评对象选择方法

描述测评对象的选择规则和方法。

3.2.2 测评对象选择结果

(1)机房。

序号	机房名称	物理位置

---

[2] 安全分类对应基本要求中的物理安全、网络安全、主机安全、应用安全、数据安全与备份恢复、安全管理制度、安全管理机构、人员安全管理、系统建设管理和系统运维管理等10个安全要求类别。

[3] 安全子类是对安全分类的进一步细化,在《基本要求》目录级别中对应安全分类的下一级目录。

（2）业务应用软件。

序号	软件名称	主要功能
……	……	……

（3）主机（存储）操作系统。

序号	设备名称	操作系统/数据库管理系统
……	……	……

（4）数据库管理系统。

序号	设备名称	操作系统/数据库管理系统
……	……	……

（5）网络互联设备操作系统。

序号	操作系统名称	设备名称
……	……	……

（6）安全设备操作系统。

序号	操作系统名称	设备名称
……	……	……

（7）访谈人员。

序号	姓名	岗位/职责
……	……	……

（8）安全管理文档。

序号	文档名称	主要内容
……	……	……

3.3 测评方法

描述等级测评工作中采用的访谈、检查、测试和风险分析等方法。

4 单元测评

等级测评内容包括"3.1 测评指标"中涉及的物理安全、网络安全、主机安全等 10 个安全分类，具体内容由结果记录、问题分析和结果汇总等三部分构成。

4.1 物理安全

4.1.1 结果记录

以表格形式给出物理安全的现场测评结果。

安全子类	测评指标	结果记录	符合情况
物理位置的选择	……	……	……
	……	……	……
物理访问控制	……	……	……
……	……	……	……

4.1.2 结果汇总

针对不同测评指标子类对物理安全的单项测评结果进行汇总和统计。

4.1.3 问题分析

针对物理安全测评结果中存在的部分符合项或不符合项加以汇总和分析，形成安全问题描述。

4.2 网络安全

4.2.1 结果记录

4.2.2 结果汇总

4.2.3 问题分析

4.3 主机安全

4.3.1 结果记录

4.3.2 结果汇总

4.3.3　问题分析
4.4　应用安全
4.4.1　结果记录
4.4.2　结果汇总
4.4.3　问题分析
4.5　数据安全及备份恢复
4.5.1　结果记录
4.5.2　结果汇总
4.5.3　问题分析
4.6　安全管理制度
4.6.1　结果记录
4.6.2　结果汇总
4.6.3　问题分析
4.7　安全管理机构
4.7.1　结果记录
4.7.2　结果汇总
4.7.3　问题分析
4.8　人员安全管理
4.8.1　结果记录
4.8.2　结果汇总
4.8.3　问题分析
4.9　系统建设管理
4.9.1　结果记录
4.9.2　结果汇总
4.9.3　问题分析
4.10　系统运维管理
4.10.1　结果记录
4.10.2　结果汇总
4.10.3　问题分析

5　整体测评

从安全控制间、层面间、区域间和系统结构等方面对单元测评的结果进行验证、分析和整体评价。具体内容参见《信息安全技术　信息系统安全等级保护测评要求》。

5.1　安全控制间安全测评
5.2　层面间安全测评

5.3　区域间安全测评
5.4　系统结构安全测评

6　测评结果汇总

一是以表格形式汇总测评结果。表格以不同颜色对测评结果进行区分，部分符合的安全子类采用黄色标识，不符合的安全子类采用红色标识。

序号	安全分类	安全子类	符合情况		
			符合	部分符合	不符合
1	物理安全	物理位置的选择			✓
2		物理访问控制	✓		
3		防盗窃和防破坏		✓	
4		防雷击	✓		
5		防火	✓		
6		防水和防潮	✓		
7		防静电	✓		
8		温湿度控制	✓		
9		电力供应	✓		
10		电磁防护		✓	
……	……	……	……	……	……
统计			7	2	1

二是以柱状图形式统计不同设备和安全子类的测评结果。
三是以表格形式汇总信息系统中存在的安全问题。

7　风险分析和评价

依据等级保护的相关规范和标准，采用风险分析的方法分析信息系统等级测评结果中存在的安全问题（等级测评结果中部分符合项或不符合项的汇总结果）可能对信息系统安全造成的影响。

分析过程包括：
（1）判断安全问题被威胁利用的可能性，可能性的取值范围为高、中和低。
（2）判断安全问题被威胁利用后，对信息系统安全（业务信息安全和系统服务安全）造成的影响程度，影响程度取值范围为高、中和低。
（3）综合（1）和（2）的结果对信息系统面临的安全风险进行赋值，风险值的取值范围为高、中和低。

（4）结合信息系统的安全保护等级对风险分析结果进行评价，即对国家安全、社会秩序、公共利益以及公民、法人和其他组织的合法权益造成的风险。

以列表形式给出等级测评发现的安全问题以及风险分析和评价情况。

系统安全问题风险分析和评价表

序号	问题描述	关联资产[4]	关联威胁[5]	风险值	风险评价
1					
2					
3					
……					

8　等级测评结论

综合第 5、6、7 章的测评与分析结果，对信息系统基本安全保护状态进行综合判断，并给出等级测评结论，应表述为"**符合**、"**基本符合**"或者"**不符合**"。

测评结论的判别依据如下：

测评结论	判别依据
符合	等级测评结果中不存在部分符合项或不符合项
基本符合	等级测评结果中存在部分符合项或不符合项，但不会导致信息系统面临高等级安全风险
不符合	等级测评结果中存在部分符合项或不符合项，导致信息系统面临高等级安全风险

9　安全建设整改建议

针对系统存在的主要安全问题提出安全建设整改建议。

说明：

（1）每个备案信息系统单独出具测评报告。

（2）测评报告编号为四组，第一组为公安机关颁发的备案证明（或备案回执）证书编号的前 11 位，第二组为年份（2 位），第三组为测评机构代码，第四组为测评次数。

---

[4] 如风险值和评价相同，可填写多个关联资产。
[5] 对于多个关联的情况，应分别填写。

附录 5
信息系统安全风险评估报告模板

XXXXX 信息系统
信息安全风险评估报告

项目名称：_____

项目建设单位：_____

风险评估单位：_____

年　月　日

一、风险评估项目概述

1.1 工程项目概况

1.1.1 建设项目基本信息

工程项目名称		
工程项目批复的建设内容	非涉密信息系统部分的建设内容	
	相应的信息安全保护系统建设内容	
项目完成时间		
项目试运行时间		

1.1.2 建设单位基本信息

工程建设牵头部门

部门名称	
工程责任人	
通信地址	
联系电话	
电子邮件	

工程建设参与部门

部门名称	
工程责任人	
通信地址	
联系电话	
电子邮件	

如有多个参与部门,分别填写上。

1.1.3 承建单位基本信息

如有多个承建单位,分别填写下表。

企业名称	
企业性质	是国内企业/还是国外企业
法人代表	
通信地址	
联系电话	
电子邮件	

1.2　风险评估实施单位基本情况

评估单位名称	
法人代表	
通信地址	
联系电话	
电子邮件	

二、风险评估活动概述

2.1　风险评估工作组织管理

描述本次风险评估工作的组织体系（含评估人员构成）、工作原则和采取的保密措施。

2.2　风险评估工作过程

工作阶段及具体工作内容。

2.3　依据的技术标准及相关法规文件

2.4　保障与限制条件

需要被评估单位提供的文档、工作条件和配合人员等必要条件，以及可能的限制条件。

三、评估对象

3.1 评估对象构成与定级

3.1.1 网络结构

文字描述网络构成情况、分区情况、主要功能等,提供网络拓扑图。

3.1.2 业务应用

文字描述评估对象所承载的业务,及其重要性。

3.1.3 子系统构成及定级

描述各子系统构成。根据安全等级保护定级备案结果,填写各子系统的安全保护等级定级情况表:

各子系统的定级情况表

序号	子系统名称	安全保护等级	其中业务信息安全等级	其中系统服务安全等级

3.2 评估对象等级保护措施

按照工程项目安全域划分和保护等级的定级情况,分别描述不同保护等级保护范围内的子系统各自所采取的安全保护措施,以及等级保护的测评结果。

根据需要,以下子目录按照子系统重复。

3.2.1 XX 子系统的等级保护措施

根据等级测评结果,XX 子系统的等级保护管理措施情况见附件1。
根据等级测评结果,XX 子系统的等级保护技术措施情况见附件2。

3.2.2 子系统 N 的等级保护措施

四、资产识别与分析

4.1 资产类型与赋值

4.1.1 资产类型

按照评估对象的构成,分类描述评估对象的资产构成。详细的资产分类与赋值,以附件形式附在评估报告后面,见附件3《资产类型与赋值表》。

4.1.2 资产赋值

填写《资产赋值表》。

资产赋值表

序号	资产编号	资产名称	子系统	资产重要性

4.2 关键资产说明

在分析被评估系统的资产基础上,列出对评估单位十分重要的资产,作为风险评估的重点对象,并以清单形式列出如下:

关键资产列表

资产编号	子系统名称	应用	资产重要程度权重	其他说明

五、威胁识别与分析

对威胁来源（内部/外部；主观/不可抗力等）、威胁方式、发生的可能性，威胁主体的能力水平等进行列表分析。

5.1 威胁数据采集

5.2 威胁描述与分析

依据附件4《威胁赋值表》，对资产进行威胁源和威胁行为分析。

5.2.1 威胁源分析

填写《威胁源分析表》。

5.2.2 威胁行为分析

填写《威胁行为分析表》。

5.2.3 威胁能量分析

5.3 威胁赋值

填写《威胁赋值表》。

六、脆弱性识别与分析

按照**检测对象**、**检测结果**、**脆弱性分析**分别描述以下各方面的脆弱性检测结果和结果分析。

6.1 常规脆弱性描述

6.1.1 管理脆弱性
6.1.2 网络脆弱性
6.1.3 系统脆弱性
6.1.4 应用脆弱性

- 6.1.5 数据处理和存储脆弱性
- 6.1.6 运行维护脆弱性
- 6.1.7 灾备与应急响应脆弱性
- 6.1.8 物理脆弱性

6.2 脆弱性专项检测

- 6.2.1 木马病毒专项检查
- 6.2.2 渗透与攻击性专项测试
- 6.2.3 关键设备安全性专项测试
- 6.2.4 设备采购和维保服务专项检测
- 6.2.5 其他专项检测

包括：电磁辐射、卫星通信、光缆通信等

- 6.2.6 安全保护效果综合验证

6.3 脆弱性综合列表

填写附件 5《脆弱性分析赋值表》。

七、风险分析

7.1 关键资产的风险计算结果

填写《风险列表》。

风险列表

资产编号	资产风险值	资产名称

7.2 关键资产的风险等级

7.2.1 风险等级列表

填写《资产风险等级表》。

资产风险等级表

资产编号	资产风险值	资产名称	资产风险等级

7.2.2 风险等级统计

资产风险等级统计表

风险等级	资产数量	所占比例

7.2.3 基于脆弱性的风险排名

基于脆弱性的风险排名表

脆弱性	风险值	所占比例

7.2.4 风险结果分析

八、综合分析与评价

九、整改意见

附件1：管理措施表

序号	层面/方面	安全控制/措施	落实	部分落实	没有落实	不适用
	安全管理制度	管理制度				
		制定和发布				
		评审和修订				
	安全管理机构	岗位设置				
		人员配备				
		授权和审批				
		沟通和合作				
		审核和检查				
	人员安全管理	人员录用				
		人员离岗				
		人员考核				
		安全意识教育和培训				
		外部人员访问管理				
	系统建设管理	系统定级				
		安全方案设计				
		产品采购				
		自行软件开发				
		外包软件开发				
		工程实施				
		测试验收				
		系统交付				
		系统备案				
		安全服务商选择				
	系统运维管理	环境管理				
		资产管理				
		介质管理				
		设备管理				
		监控管理和安全管理中心				
		网络安全管理				
		系统安全管理				
		恶意代码防范管理				
		密码管理				
		变更管理				
		备份与恢复管理				
		安全事件处置				
		应急预案管理				
小计						

附件2：技术措施表

序号	层面/方面	安全控制/措施	落实	部分落实	没有落实	不适用
	物理安全	物理位置的选择				
		物理访问控制				
		防盗窃和防破坏				
		防雷击				
		防火				
		防水和防潮				
		防静电				
		温、湿度控制				
		电力供应				
		电磁防护				
	网络安全	网络结构安全				
		网络访问控制				
		网络安全审计				
		边界完整性检查				
		网络入侵防范				
		恶意代码防范				
		网络设备防护				
	主机安全	身份鉴别				
		访问控制				
		安全审计				
		剩余信息保护				
		入侵防范				
		恶意代码防范				
		资源控制				
	应用安全	身份鉴别				
		访问控制				
		安全审计				
		剩余信息保护				
		通信完整性				
		通信保密性				
		抗抵赖				
		软件容错				
		资源控制				
	数据安全及备份与恢复	数据完整性				
		数据保密性				
		备份和恢复				

附件3：资产类型与赋值表

针对每一个系统或子系统，单独建表

类别	项目	子项	资产编号	资产名称	资产权重	赋值说明

附件4：威胁赋值表

资产名称	编号	威胁															总分值	威胁等级
		操作失误	滥用授权	行为抵赖	身份假冒	口令攻击	密码分析	漏洞利用	拒绝服务	恶意代码	窃取数据	物理破坏	社会工程	意外故障	通信中断	数据受损	电源中断	灾害	管理不到位	越权使用		

附件5：脆弱性分析赋值表

编号	检测项	检测子项	脆弱性	作用对象	赋值	潜在影响	整改建议	标识
1	管理脆弱性检测	机构、制度、人员						
		安全策略						
		检测与响应脆弱性						
		日常维护						
		……						
2	网络脆弱性检测	网络拓扑及结构脆弱性						
		网络设备脆弱性						
		网络安全设备脆弱性						
		……						
3	系统脆弱性检测	操作系统脆弱性						
		数据库脆弱性						
		……						
4	应用脆弱性检测	网络服务脆弱性						
		……						

续表

编号	检测项	检测子项		脆弱性	作用对象	赋值	潜在影响	整改建议	标识
5	数据处理和存储脆弱性	数据处理							
		数据存储脆弱性							
		……							
6	运行维护脆弱性	安全事件管理							
		……							
7	灾备与应急响应脆弱性	数据备份							
		应急预案及演练							
		……							
8	物理脆弱性检测	环境脆弱性							
		设备脆弱性							
		存储介质脆弱性							
		……							
		……							
9	木马病毒检测	远程控制木马							
		恶意插件							
		……							
10	渗透与攻击性检测	现场渗透测试	办公区						
			生产区						
			服务区						
			跨地区						
		远程渗透测试							
11	关键设备安全性专项检测	关键设备1							
		关键设备2							
		……							
12	设备采购和维保服务	设备采购环节							
		维护环节							
		……							
13	其他检测	……							

附录 6
等级测评师培训及考试指南

为指导等级保护测评师培训和考试工作的顺利开展,公安部信息安全等级保护评估中心于 2011 年 1 月发布了本培训与考试指南的第 1 版。

为加强信息安全等级保护测评机构建设和管理,规范等级测评活动,保障信息安全等级保护测评工作的顺利开展,公安部下发了《关于推动信息安全等级保护测评体系建设和开展等级测评工作的通知》(公信安[2010]303 号),对等级测评工作、等级测评机构建设以及等级测评人员进行了规范。要求开展等级测评的人员参加专门的培训和考试,并取得《信息安全等级测评师证书》(等级测评师分为初级、中级和高级)。等级测评人员需持《等级测评师证》上岗。

公安部信息安全等级保护评估中心(以下简称"评估中心")是由公安部为建立信息安全等级保护制度,构建国家信息安全保障体系而专门批准成立的专业技术支撑机构,评估中心受国家信息安全等级保护工作协调小组办公室委托,对从事等级测评的人员进行培训和考试,对考试合格人员颁发《信息安全等级测评师》证书。

1. 等级测评师的分类及能力要求

信息安全等级测评师分为初级等级测评师、中级等级测评师和高级等级测评师三级。其中,初级等级测评师又分为技术和管理两类。三级等级测评师能力要求如下:

(1)初级等级测评师。
- 了解信息安全等级保护的相关政策、标准。
- 熟悉信息安全基础知识。
- 熟悉信息安全产品分类,了解其功能、特点和操作方法。
- 掌握等级测评方法,能够根据测评指导书客观、准确、完整地获取各项测评证据。
- 掌握测评工具的操作方法,能够合理设计测试用例获取所需测试数据。
- 能够按照报告编制要求整理测评数据。

（2）中级等级测评师。
- 熟悉信息安全等级保护相关政策、法规。
- 正确理解信息安全等级保护标准体系和主要标准内容，能够跟踪国内、国际信息安全相关标准的发展。
- 掌握信息安全基础知识，熟悉信息安全测评方法，具有信息安全技术研究的基础和实践经验。
- 具有较丰富的项目管理经验，熟悉测评项目的工作流程和质量管理的方法，具有较强的组织协调和沟通能力。
- 能够独立开发测评指导书，熟悉测评指导书的开发、版本控制和评审流程。
- 能够根据信息系统的特点，编制测评方案，确定测评对象、测评指标和测评方法。
- 具有综合分析和判断的能力，能够依据测评报告模板要求编制测评报告，能够整体把握测评报告结论的客观性和准确性，具备较强的文字表达能力。
- 了解等级保护各个工作环节的相关要求。能够针对测评中发现的问题，提出合理化的整改建议。

（3）高级等级测评师。
- 熟悉和跟踪国内、外信息安全的相关政策、法规及标准的发展。
- 对信息安全等级保护标准体系及主要标准有较为深入的理解。
- 具有信息安全理论研究的基础、实践经验和研究创新能力。
- 具有丰富的质量体系管理和项目管理经验，具有较强的组织协调和管理能力。
- 熟悉等级保护工作的全过程，熟悉定级、等级测评、建设整改各个工作环节的要求。

2. 培训及考试对象

信息安全等级测评师培训及考试的对象是等级测评机构中从事等级测评工作的测评人员。要求这些人员在具备信息安全基础知识及相关测评经验的前提下，参加初级、中级或高级等级测评师的专门培训和考试，从而满足等级测评工作岗位的需要。

（1）初级等级测评师。

初级等级测评师的培训对象是网络安全、主机安全、应用安全、安全管理和工具测试人员等。

报考人员需要具备信息安全基础知识和信息安全相关工作经验，熟悉 TCP/IP 网络协议，了解标识与鉴别、访问控制等安全技术及原理，熟悉主流服务器操作系统、路由器、交换机、防火墙等设备的操作与配置。

（2）中级等级测评师。

中级等级测评师的培训对象是项目负责人（或项目组长）。

报考人员需要具备信息安全理论基础，对系统安全、网络安全、应用安全等有深入了解，作为项目负责人组织实施过信息系统安全测评项目，熟悉国内、外信息安全相关产品的特性，具有较丰富的测评实践经验、良好的沟通协作和文字表达能力。

（3）高级等级测评师。

高级等级测评师的培训对象是技术负责人（或技术总监）。

报考人员需要具备信息安全理论基础，具有信息安全理论、信息安全技术的研究和实践经验，从事过网络信息安全方面的测评、规划、设计、实施、运维等工作。熟悉信息安全标准和产品特性，熟悉信息安全技术发展动向。

3. 报名

3.1 报名申请

各测评机构依照"岗位对应，比例协调"的原则组织本单位测评人员报名参加等级测评师培训和考试。测评机构的一般测评人员、项目负责人（或项目组长）和技术负责人（或技术总监）三个工作岗位分别报考初级、中级和高级等级测评师。测评机构按照65%、30%和5%的比例推荐本单位测评人员报名参加初、中、高级等级测评师的培训和考试（其中，初级等级测评师又分为技术和管理两类）。如一个测评机构有测评人员15名，按照初级（技术）8名、初级（管理）2名，中级4名，高级1名的比例报名。

3.2 报名确认

申报单位要确保报名人员信息填写真实、完整，并提供相关证明材料。一旦发现弄虚作假、隐瞒情况等将取消报考资格。评估中心将对测评机构的报名比例和人员信息进行核实。

3.3 报名交费

培训和考试费以测评机构为单位，依据《等级测评师培训及考试收费标准》统一交纳。报名交费可以采用汇款或支票的方式。

4. 培训

评估中心组织对报考初、中和高级等级测评师考试的人员进行专门的培训，通过培训后方可参加相应的等级测评师考试。人员培训采用网上培训和集中培训相结合的方式。网上培训要求学员通过互联网登陆培训系统在线接受培训。网上培训完成后，参加集中培训。集中培训以重点内容、复习、现场答疑和考前辅导为主。评估中心提前公布集中培训计划，集中培训原则上根据报名情况具体安排培训时间和地点。

4.1 培训课程安排

级别	培训课程	课程设置目的
初级	信息安全等级保护政策	了解信息安全等级保护的相关政策、标准
	等级保护相关标准应用	了解信息安全等级保护的相关标准及应用
	网络安全测评	熟悉网络测评内容、要求和方法，能够根据测评指导书客观、准确、完整地获取各项测评证据 能够按照报告编制要求整理测评数据，开展等级测评工作

续表

级别	培训课程	课程设置目的
初级	主机安全测评	熟悉主机测评内容、要求和方法,能够根据测评指导书客观、准确、完整地获取各项测评证据; 能够按照报告编制要求整理测评数据,开展等级测评工作
初级	应用和数据安全测评	熟悉应用和数据库安全测评内容、要求和方法,能够根据测评指导书客观、准确、完整地获取各项测评证据; 能够按照报告编制要求整理测评数据,开展等级测评工作
初级	安全管理和物理测评	熟悉安全管理和物理测评内容、要求和方法,能够根据测评指导书客观、准确、完整地获取各项测评证据; 能够按照报告编制要求整理测评数据,开展等级测评工作
初级	工具测试方法	掌握测评工具的操作方法,能够合理设计测试用例获取所需测试数据
中级	信息安全等级保护政策	熟悉信息安全等级保护相关政策、法规
中级	等级保护相关标准应用	正确理解信息安全等级保护标准体系和主要标准内容
中级	信息系统安全等级保护基本要求	熟悉标准结构,熟悉不同级别系统之间的差别,熟悉各级安全要求内容
中级	信息系统安全等级保护测评方法	熟悉信息安全等级测评方法,能够独立开发测评指导书,并熟悉测评指导书的开发、版本控制和评审流程; 能够根据信息系统的特点,编制测评方案,确定测评对象、测评指标和测评方法; 能够依据测评报告模板要求编制测评报告,能够整体把握测评报告结论的客观性和准确性
中级	信息系统安全等级保护测评实施	熟悉等级测评项目的工作流程和质量管理的方法
中级	项目管理	熟悉项目管理的主要内容和关键环节。掌握项目质量管理、进度管理、风险管理方法
高级	信息安全等级保护政策	熟悉信息安全等级保护相关政策、法规
高级	等级保护相关标准应用	正确理解信息安全等级保护标准体系和主要标准内容
高级	美国信息系统安全保护政策和标准	熟悉和跟踪国外信息安全的相关政策、法规及标准的发展
高级	我国信息安全标准体系	熟悉信息安全等级保护标准体系及主要标准
高级	信息安全技术发展趋势	掌握网络与信息安全的理论基础和发展趋势
高级	信息系统测评原理与方法	掌握系统测评的原理和方法以及测评过程
高级	测评机构的质量体系建设	熟悉质量体系和制度建设的主要内容

4.2 参考教材

信息安全等级测评师培训主要参考教材：

《信息安全等级保护政策培训教程》（电子工业出版社）

《信息安全等级测评师培训教程（初级）》（电子工业出版社）

《信息安全等级测评师培训教程（中级）》（电子工业出版社）

5. 考试

5.1 考试方式

（1）初级等级测评师。

初级测评师考试采用笔试的方式，满分 100 分，合格分数线为 60 分；笔试时间为 120 分钟。

（2）中级等级测评师。

中级等级测评师考试采用笔试加面试的方式，满分 100 分，笔试和面试成绩各占 50 分，合格分数线为 60 分；笔试时间为 120 分钟，面试时间为 15 分钟。

评估中心组织专家对参加中级等级测评师考试的考生进行面试。参加面试人员需要介绍本人参加过的系统测评项目的情况及承担的主要工作（5 分钟），专家通过质询及评审相关材料对面试人员的能力进行考评。（评审相关材料主要包括测评指导书和等级测评报告，等级测评机构派专人将面试人员负责编写的测评指导书和测评报告送达面试现场，面试结束后收回，做好报告在外出携带期间的安全保管。）

（3）高级等级测评师。

高级等级测评师考试采用笔试加面试的方式，满分 100 分，笔试占 40 分，面试占 60 分；笔试时间为 100 分钟，面试时间为 20 分钟。

评估中心组织专家对参加高级等级测评师考试的考生进行面试。参加面试人员需要提交本人工作总结，并简要介绍主要项目经历（5 分钟）。专家通过质询及评审相关材料对面试人员的能力进行考评。

5.2 考试时间

等级测评师笔试时间安排在集中培训后进行，在笔试结束后进行中、高级等级测评师的面试。评估中心将提前公布笔试及面试具体时间安排。

5.3 成绩公布

考试结束五个工作日后，评估中心公布考试通过人员名单。应考人员对考试结果有异议的，应当在考试结果公布之日起五日内向评估中心提出成绩查询申请。评估中心按照成绩查询程序受理，并在五个工作日内反馈查询结果。

未通过考试的人员，可以免费参加一次集中培训，但参加考试需要重新报名和交费。

5.4 考试纪律

考生参加考试时凭身份证和准考证入场，否则不允许参加考试。考生应当遵守《等级测评师考试考场规则》，违反考场规则的，将依据《等级测评师考试违纪作弊处理规则》对其进行处理。

报名参加考试的人员，有违反考试规定或弄虚作假的，两年内不受理其考试报名申请；已经参加考试的，取消考试成绩。

6. 证书

6.1 证书获取

在考试结果公布后，评估中心统一印制并颁发《信息安全等级测评师证书》和《等级测评师证》。证书颁发以测评机构为单位，通过测评机构转发给获证人员。

6.2 证书使用

等级测评人员工作期间需佩戴《等级测评师证》，接受公安部门和评估委托单位的监督。

《信息安全等级测评师证书》和《等级测评师证》应当妥善保管，不得涂改、出借、出租和转让。

6.3 证书换发

《信息安全等级测评师证书》和《等级测评师证》如有遗失，应当由所在测评机构出具证明，并向评估中心申请挂失。《信息安全等级测评师证书》和《等级测评师证》因损毁影响使用的，可以向评估中心申请更换新证书，更换新证书的，原证书应当收回。

6.4 证书查询

评估中心及时更新《信息安全等级测评师证书》持有人目录，并向社会公布，公众可以通过访问中国信息安全等级保护网：www.djbh.net 查询相关信息。

参考文献

[1] 公安部信息安全等级保护评估中心. 信息安全等级保护安全建设整改技术工作主要内容及相关标准应用, 2009.

[2] 公安部信息安全等级保护评估中心. 信息安全等级保护安全建设整改工作指南, 2009.

[3] GB/T 20269-2006. 信息安全技术 信息系统安全管理要求.

[4] GB/T 20282-2006. 信息安全技术 信息系统安全工程管理要求.

[5] GB/T 22239-2008. 信息安全技术 信息系统安全等级保护基本要求.

[6] GB/T 22240-2008. 信息安全技术 信息系统安全保护等级定级指南.

[7] GBT 25058-2010. 信息安全技术 信息系统安全等级保护实施指南.

[8] GB/T 25070-2010. 信息安全技术 信息系统等级保护安全设计技术要求.

[9] GA/T 713-2007. 信息安全技术 信息系统安全管理测评.

[10] GA/T 710-2007. 信息安全技术 信息系统安全等级保护基本配置.

[11] Information technology - Security techniques - Information security management systems requirements（ISO/IEC 27001: 2005）

[12] Information technology - Security techniques - Code of practice for information security management（ISO/IEC 17799: 2005）

[13] 向宏, 艾鹏, 刘嘉伟. 电子政务系统安全域的划分与等级保护. 重庆工学院学报（自然科学）, 2008, (22).

[14] 赵刚. 信息安全管理与风险评估. 北京：清华大学出版社, 2014.

[15] BMB17-2006. 涉及国家秘密的信息系统分级保护技术要求.

[16] BMB20-2007. 涉及国家秘密的信息系统分级保护管理规范.

[17] 胡志昂, 范红. 信息系统等级保护安全建设技术方案设计实现与应用. 北京：电子工业出版社, 2010.